CON GANAS DE VIVIR

CON GANAS DE VIVIR

MARIO KREUTZBERGER

Con ganas de vivir

Primera edición: mayo de 2021
© 2021, Mario Kreutzberger
© 2021, de la presente edición en castellano para todo el mundo:
Penguin Random House Grupo Editorial, S.A.
Merced 280, piso 5, Santiago de Chile
Teléfono: 22782 8200
© 2021, de la presente edición en castellano:
Penguin Random House Grupo Editorial USA, LLC.
8950 SW 74th Court, Suite 2010
Miami, FL 33156

Adaptación del diseño de cubierta de Amalia Ruiz Jeria:
Penguin Random House Grupo Editorial
Fotografía de cubierta: © GIO ALMA
Composición: Alexei Alikin G.

www.penguinlibros.com

ISBN: 978-1-64473-389-9

Impreso en Estados Unidos – *Printed in USA*

24 23 22 21   10 9 8 7 6 5 4 3 2 1

Dedico estas páginas a quienes me han acompañado
en este hermoso recorrido.

En especial a mi esposa Temy,
mi hermano René, mis hijos Patricio, Vivian
y Francisco, mis nietos Ilan, Amir, Yael, Nicole,
Gigi, Tamy, Sharon, Sofi y Gaby,
y a todos los que se han incorporado
a la familia en el camino.

A la memoria de mis padres,
Erich Kreutzberger y Anni Blumenfeld.

A Canal 13 de Chile, Univisión y
Telemundo en Estados Unidos por darme
el privilegio de comunicar.

Al público, que me ha permitido entrar
en sus hogares por tanto tiempo.

A los periodistas y críticos, que me han
enseñado el valor de escuchar.

A mis colaboradores en Chile, Estados Unidos
y en cualquier rincón del mundo.
Sin ellos esta historia no habría sido posible.

Un agradecimiento doble a quienes aún tienen
la paciencia de empujar mis sueños:
Marcelo Amunátegui, María Luisa Calderón
y Astrid Kuhl, mis tres mosqueteros.

Índice

Capítulo 1

¿POR QUÉ?

¿Por qué quiero escribir un libro? Me lo pregunté muchas veces antes de comenzar, y siempre llegué a la misma conclusión: porque soy un comunicador y vivo y respiro del ejercicio diario de comunicar. Es una necesidad de la cual no me puedo divorciar, que se ha convertido casi en una obsesión en mi vida, que me ha dado grandes satisfacciones y uno que otro inconveniente, en especial con mi esposa, quien a menudo me critica por comunicar públicamente más de lo necesario.

Los expertos dicen que la palabra «comunicar» viene del latín *communicare*, que significa compartir información, difundir, entregar a otros, poner en común, participar a los demás de un contenido. Definitivamente, y sin ánimo de innecesaria soberbia, siento que he disfrutado desde mi juventud de una gran facilidad para interactuar con los demás, observando, aprendiendo, descubriendo, transmitiendo sentimientos, conocimientos, informaciones. Soy patológicamente curioso, y no me avergüenzo de serlo.

En muchas cosas también soy contradictorio, y esta es una de ellas. Porque si bien me considero un buen comunicador en lo público, en mi vida personal, en la intimidad de mi familia, me cuesta compartir mis sentimientos, dolores, frustraciones, incluso mis alegrías. Tal vez todos estos años me he sentido protegido por la pantalla, pero me vuelvo vulnerable cuando no la tengo. Es como si Don Francisco tuviera un acuerdo unilateral para entrometerse en el mundo interior de Mario Kreutzberger, y eso también le da el derecho a exponerlo ante los demás. He vivido en medio de una bipolaridad que yo mismo fui modelando, y el resultado de esta dinámica son dos personalidades que, si algún día se parecieron, hoy están muy distantes una de otra.

Porque creo que esto es más común de lo que relato, también pienso que cualquiera puede ser un buen comunicador si tiene el genuino interés en serlo. Esta vocación ha sido el gran motor de mi vida, lo que me impulsa a levantarme todas las mañanas pensando cuál será el gran mensaje que me tiene preparado el nuevo día, y luego, al final de la jornada, repaso todo lo que hice y no pude hacer, con un sentido de autocrítica despiadado, que me ha servido para estar siempre alerta frente al ego y a lo que puedo mejorar, cambiar o borrar. No tengo miedo a reconocer mis errores, pero me aterra repetirlos.

Por eso, en este libro quiero empezar por el final. Estoy transitando por el último sendero de mi existencia, en una dimensión impredecible, misteriosa. Escribo estas primeras líneas a comienzos de 2019, en la antesala de mi octava década, y por primera vez en mi vida no tengo un proyecto concreto al cual dedicarme. He trabajado sin detenerme desde los dieciséis años, y los últimos cincuenta y ocho con dedicación casi exclusiva a la televisión y a diversas actividades siempre relacionadas con los medios de comunicación. He estado todos estos años expuesto las veinticuatro horas de cada día a la agotadora tensión de la competencia, la popularidad y los rigores de la vida pública.

Estoy algo desorientado. No sé muy bien en qué voy a ocupar las horas, cómo me voy a sentir en esta nueva etapa, y de qué manera me adaptaré a los inevitables cambios cronológicos que impone la vida. Pensé que después de tanto imaginarme esta parte del camino, sería más fácil transitarlo, pero sin duda no es así. Me parece que esta vez voy a tener que afirmarme del viejo dicho popular «Otra cosa es con guitarra», pero me tomaré la libertad de hacerle una modificación: «Otra cosa es sin televisión y sin aplausos».

El aplauso, debo decirlo, es el verdadero sueldo y alimento del artista, y al mismo tiempo una droga dramáticamente adictiva. Tal vez eso explica por qué en este momento me niego a prescindir de él y me consuelo pensando «sin aplausos por el momento». Nunca dejaré de creer que «mientras haya vida, todo es posible».

En mi libro anterior, la autobiografía *Entre la espada y la tv*, publicada a fines de 2001, hice un recuento de importantes hechos que habían impactado mi vida hasta ese momento, cuando me preparaba para celebrar el 2002 mis cuatro décadas en televisión. Sabía que la prensa me haría muchas entrevistas, pero yo quería contar con mis propias palabras cómo pasé de ser un joven graduado de técnico modelista al orgulloso conductor y creador del programa de más larga duración de la historia de la televisión en el mundo.

Quise hacerlo por escrito, al igual que en mi telebiografía *Quién soy* de 1987, porque considero que en un papel la palabra queda para siempre, y si mil ejemplares de mi historia ocupan un lugar en algún rincón de mil hogares del mundo, sentiré que parte de mi alma está ahí, junto a los que siempre me brindaron su afecto y aplauso.

Son curiosos los ciclos de la existencia humana. Hoy me siento como si hubiera regresado a mis comienzos en muchas cosas. Durante toda mi carrera he estado rodeado de mucha gente, con un gran equipo de profesionales acompañándome en cada nuevo desafío. Podrían contarse en varios cientos los compañeros de ruta. Pero hoy, como en los comienzos, solo somos cuatro mosqueteros en busca de la espada de D'Artagnan para recomenzar y enfrentar alguna batalla en la que podamos dar la estocada final al éxito.

Tengo muchos sueños e ilusiones dando vueltas en mi cabeza, como si tuviera veinte años, pero con una gran diferencia: ya no soy el mismo. Con algo de dificultad y mucho de rebeldía, he tomado conciencia de que mi mente es mucho más joven que mi cuerpo, y que ambos muestran signos claros de fatiga de materiales.

He decidido esperar con gran respeto la llegada de las ocho décadas porque me doy cuenta de que aun cuando ya jugué mi partido (como en el fútbol) y estoy en los descuentos (tiempo agregado), sigue siendo una buena oportunidad para vivir lo que me queda en esta parte de la vida. Aunque todos me acusen de pesimista y derrotista, debo decirles con firmeza que se equivocan. En el fondo soy un gran optimista y estoy convencido de que hay algo bueno a la vuelta de la esquina.

Para guiarme en esta parte del camino, recurro al GPS más eficiente que he conocido, mi propio instinto, el que ahora me indica claramente que es buen momento para compartir lo que aprendí en el trayecto. Es un gran estímulo y una esperanza saber que estas reflexiones pudieran ser útiles para alguien.

Además, lo hago porque me siento privilegiado. Dios, una fuerza superior o el destino me han regalado una vida hermosa. Con Temy, mi esposa, hemos disfrutado de un matrimonio que ya transita en los cincuenta y ocho años. Construimos un hermoso hogar que tuvo como fruto estelar el nacimiento de nuestros tres hijos, y a ellos se sumaron con el tiempo nueve nietos muy consentidos, algunos casados, otros enamorados y varios decepcionados del amor (por el momento). Todos, cabalgando en medio de la apasionante búsqueda de un lugar propio en el extraño planeta de los adultos.

Nuestro matrimonio y la familia creció en paralelo a mi vida profesional. Gracias al tiempo y el espacio que ellos me permitieron, o mejor dicho que les quité irreversiblemente, pude desarrollarme como comunicador y dar rienda suelta a mis proyectos y sueños. He recorrido prácticamente el mundo entero, y si saco bien las cuentas, he conversado con cientos de miles de personas de diversas nacionalidades y culturas y realizado más de cien mil entrevistas, muchas de las cuales me dejaron imborrables enseñanzas y huellas. He conocido la grandeza y la miseria humanas en palacios llenos de lujos, y la humildad y la riqueza en los rincones más modestos de nuestro injusto pero maravilloso mundo. Son miles de historias que me han enseñado algo fundamental: si hay vida, nunca es tarde para vivirla.

En estas páginas quisiera contarles de mis aprendizajes, mis éxitos y mis derrotas, aunque estas últimas sean las más difíciles de sacar a la luz. La mente humana tiene un extraño y perverso mecanismo que trata de esconder nuestros dolores y hacer brillar nuestras proezas. A continuación, haré un esfuerzo para equilibrar estas fuerzas, ser transparente y honesto, y llegar hasta lo más profundo de aquellos momentos difíciles que me ha tocado vivir.

Como todo proyecto, me lleno de inseguridades y dudas al comenzar, pero también pongo toda mi energía para conseguir el propósito de comunicar. Reconozco que me asusta que el relato no sea un aporte o no les resulte entretenido, y más aún que lo abandonen en las primeras páginas. Por esta razón, trataré en este libro de poner en práctica una de mis «frases para el cobre». Las llamo así porque todos conocemos las «frases para el bronce», que citamos a menudo y que fueron dichas por grandes personajes de la historia. Las mías no son famosas, pero son «del cobre» porque vengo de Chile, principal productor de este mineral en el mundo.

Aunque la frase fue pensada para expresarla oralmente, espero que también sea válida en la palabra escrita: «Para comunicar bien, hay que usar la menor cantidad de palabras, que expresen la mayor cantidad de conceptos».

Espero que resulte, les guste y lo disfruten.

Capítulo 2

MEDIO SIGLO COMUNICANDO

Escribir «de uno mismo» es un ejercicio muy difícil, y con frecuencia caigo en la tendencia fácil de hablar «sobre mí» como si se tratara de una persona diferente. Pero me niego a eso, porque además de impersonal, siento que no soy transparente con el lector. Estoy tratando de plasmar en estas páginas de qué modo yo me veo y mostrarme tal como creo que soy. Esto me genera muchas incógnitas, porque al tener una vida tan expuesta al público, lo que trato de hacer no necesariamente va a coincidir con la visión que ustedes tienen de mí. Además, confieso que me da cierto pudor hablar en primera persona, y pido una vez más disculpas por hacerlo, pero me han dicho que en una autobiografía como esta es absolutamente necesario.

Fui educado en un mundo totalmente machista, donde me enseñaron desde muy joven el arte de conquistar mujeres, y me convencieron de que solo después de tener una amplia experiencia, debía buscar una esposa para que estuviera en la casa y criara a mis hijos. Suena fuerte, pero así se enfrentaba la vida hace setenta años. Aprendí que mi rol debía ser de proveedor y líder de la familia que proyectara formar.

Fui un estudiante promedio. La verdad es que, como hijo mayor, mi padre me estaba preparando para continuar con el trabajo de su pequeña fábrica de confecciones y no le preocupaban mucho mis aciertos o desaciertos académicos. Sin embargo, lo que él nunca calculó, es que desde siempre fui un soñador con un desarrollado sentido de la curiosidad, y sentía una atracción especial por el espectáculo y los aplausos.

Junto con la escuela tomé clases en una academia de teatro, lo cual me permitió, como aficionado, subirme a temprana edad a un escenario y saborear mis primeras bocanadas de reconocimiento y sentir la adictiva brisa de la adrenalina que aporta el riesgo de fracasar o triunfar frente al público.

Al cumplir los diecinueve años, mi padre decidió enviarme a Nueva York para especializarme como técnico modelista en confecciones. Al llegar, después de un eterno vuelo con una docena de escalas, me enfrenté al impacto de esta gran ciudad que no duerme, llena de luces y de una energía desbordante. En la habitación del hotel tuve mi primer encuentro con un televisor, el que supuse como una especie de radio pero que podía verse y escucharse. Se parecía a la radio que había en mi casa, pero tenía un vidrio adelante. ¡Era una radio que se escuchaba y se veía! Fue amor a primera vista. Me pareció algo extraordinario, mágico, y sentí claramente que en ese instante estaba enfrentado al futuro.

Pasaba horas, tardes, noches, sentado en mi cuarto con la mirada fija en esa pantalla. Registraba en mi mente cada movimiento, sonido, diálogo, escenografía. No solo creí aprender cómo era el trabajo de este nuevo medio de comunicación que no se conocía masivamente en Chile, sino además me sirvió mucho para aprender y mejorar mi inglés.

Con mi título de Técnico Modelista bajo el brazo regresé a Chile en 1962, cuando el país se preparaba para la realización del Campeonato Mundial de Fútbol, evento que sirvió para que la televisión llegase al país. Los tres canales que existían (Canal 9, Canal 13 y UCV TV) realizaron importantes inversiones para adquirir equipos móviles, y la gente se agolpaba en las vitrinas de las grandes tiendas para ver las transmisiones en vivo de los partidos.

No fue fácil que me dieran una oportunidad en esta naciente industria, ya que lo único que podía exhibir como experiencia eran mis largas horas mirando la pantalla en Estados Unidos. La perseverancia que ha dominado todas las etapas de mi vida me permitió un espacio y mi primer trabajo como animador. Tal vez fue por cansancio, pero lo primero que conseguí fue conducir lo que se llamó «El Show Dominical», que se realizó en una sala de clases del cuarto piso de la Pontificia Universidad Católica de Chile.

En el primer programa recuerdo que hice una breve rutina de humor, una mímica del bolero *Abrázame así*, de Mario Clavell. Tuve de invitados al acordeonista húngaro Thomas Zombori, al pianista Roman Knoller, a la cantante nacional Fresia Soto, hice una nota sobre la persona que disparaba el antiguo «cañonazo de las 12» que marcaba el mediodía en Santiago, y una entrevista al popular personaje conocido como «el Rey del Mote con Huesillos» (popular postre chileno, hecho con jugo acaramelado, mote de trigo y duraznos deshidratados).

Al parecer esta mescolanza totalmente ajena a lo que se mostraba en la televisión de entonces no fue bien recibida, y luego de unas pocas semanas el programa se canceló y me echaron. La presión del público, sumada a la que de manera encubierta ejerció mi familia y amigos, me regresó a la pantalla, aunque esta vez lo único que estuvieron dispuestos a ofrecerme fue el sábado, día en que no se transmitía y se reservaba para la limpieza de los equipos y estudios.

Me dieron una hora y mi tarea, bastante elemental, consistía en presentar espacios de dibujos animados. Tenía veintidós años y muchas ganas, pero ningún conocimiento del medio. Pienso ahora que el director del canal quiso probarme en estas improvisaciones que debieron resultarle interesantes, porque al final me dio luz verde para hacer *Sábados Gigantes*, que fue realmente mi primer programa de televisión.

Les menciono esto porque pienso que es importante para entender una historia conocer el entorno y el contexto donde nace y se desarrolla. En más de medio siglo he sido testigo de innumerables cambios en el mundo de las comunicaciones, y esos cambios están absolutamente unidos a mi historia personal, al comportamiento y la reacción de la gente frente a los medios de comunicación, y a los avances que hemos experimentado como sociedad.

Cuando entré por primera vez a un estudio de televisión, me di cuenta de que el público estaba tan asustado como yo, y tal vez por eso desde el comienzo formamos una buena dupla; ellos querían entretenerse, y yo estaba decidido a entretenerlos.

Casi naturalmente y sin proponérmelo, desde esos modestos inicios generábamos un ambiente muy cómodo, en especial para quienes venían desde barrios más modestos, ya que en el estudio podían sentirse reconocidos y representados por primera vez en este medio de comunicación que estaba dando sus primeros pasos. Para mí era como estar de nuevo en una escuela, y aunque públicamente me acusaban de ser «ignorante en varios idiomas», yo sabía que entre el público y yo se estaba construyendo una gran historia.

En ese entonces no había en Chile más de veinte mil televisores y solo un canal con programación regular. Han pasado cincuenta y ocho años, hay más de veinte millones de aparatos de televisión en los hogares chilenos (los expertos dicen que son 2.7 por hogar), y el televidente tiene cientos o tal vez infinitas alternativas de contenidos a través de los canales abiertos, el cable e internet. El público y yo sin duda hemos cambiado juntos.

A los veintidós años no tenía mucho que perder. Como cualquier joven de ayer o de hoy, no tenía miedo al riesgo, pero sí una energía desbordante para perseguir mi sueño de convertirme en comunicador. No sabía muy bien cómo lo haría, pero desde el primer día supe que para crecer necesitaba rodearme de profesionales mayores que yo, periodistas con experiencia, que me aportaran el conocimiento y las herramientas que me faltaban. A ellos reconozco y agradezco el haber sido mis primeros guías en este largo caminar por el sendero de las comunicaciones.

Sin embargo, desde ese modesto primer programa del 8 de agosto de 1962, quienes se convirtieron en mis verdaderos maestros fueron los que se sentaban cada semana en las graderías o me acompañaban en vivo a través de la pantalla. Ellos fueron aceptando, criticando y construyendo *Sábados Gigantes* y moldeando mi carrera. Al interactuar directamente con ellos a través de la animación, pude entrar en sus vidas, conocer sus tristezas, alegrías, sueños y esperanzas. Para muchos debió ser muy difícil entender lo que hacíamos y decíamos, pero estábamos construyendo un espacio muy diferente y tuvimos que establecer formas y lenguajes que hasta entonces no existían en este medio.

Eran los tiempos del reinado absoluto de la radio, que ofrecía grandes espectáculos en vivo con orquestas y cantantes, en teatros que se repletaban de personas que tenían pocas opciones de entretenimiento. Las tardes familiares eran amenizadas por largas tertulias, los almuerzos con entretenidas sobremesas, y una que otra apacible lectura de libros a la sombra de algún árbol al atardecer, con alguna radio a transistores tocando la música del momento. Y la única posibilidad que teníamos de ver imágenes en movimiento, cuando la economía lo permitía, eran las esporádicas salidas al cine para lucirse con alguna nueva novia, o para celebrar entre amigos algún acontecimiento.

De esas primeras ediciones de *Sábados Gigantes* recuerdo en especial a una persona que había venido tres semanas seguidas a sentarse en el mismo lugar. Tendría no más de treinta años, es decir, ocho o nueve más que yo. Me llamó la atención y me acerqué a entrevistarlo usando la jerga popular chilena, inspirado seguramente en el lenguaje simple que había visto en la televisión norteamericana:

—Oiga, don Luis, ¿por qué se ha repetido el plato tres veces? —me miró con susto cuando le pedí que se levantara de su asiento mientras le repetía la pregunta:

—Don Luis, ¿por qué ha venido tres veces seguidas al programa? —Su respuesta fue una gran enseñanza y se me quedó grabada para siempre:

—Mire, Don Francisco. En mi barrio hay tres teles. Una en el almacén, otra en un Centro de Madres, y una en la casa de un vecino que tiene una pieza como un teatro y nos cobra por entrar. Desde que aparecí en su programa me hice muy popular allá donde vivo. Todos me han visto aplaudiendo y cantando. Ahora muchos me conocen y me hablan porque quieren venir y ganarse algún premio.

En los años de don Luis nuestros premios eran modestos, pero se convertían en verdaderos trofeos para quienes los recibían. Regalábamos radios a batería, cuchillos eléctricos, cocinas, televisores en blanco y negro. Precisamente a don Luis le di un cuchillo eléctrico por ser uno de nuestros primeros fieles televidentes, y el gesto fue respaldado con un emocionado y efusivo aplauso del público. Aprendí con don Luis que las personas disfrutaban viéndose en pantalla, participando, siendo reconocidas por su entorno, y de paso por supuesto soñaban con ganar algún buen premio.

Y quiero hacer hincapié en esto, porque desde entonces supe que, aunque los premios son uno de los atractivos principales en los programas de concursos y entretenimiento, muchas veces lo que buscan los participantes es una oportunidad para salir del anonimato, y aunque sea por unos segundos o minutos convertirse en una estrella y disfrutar de la sensación adictiva del aplauso y el reconocimiento.

Desde ese encuentro con don Luis, nunca dejé de conversar con el público entre segmento y segmento, como pretexto para presentar a un cantante, un concurso o los momentos de humor. De esta manera fuimos estableciendo una relación muy cercana con la gente y juntos perdimos los miedos iniciales.

Con más confianza fui atreviéndome a improvisar diálogos más indiscretos, como en una ocasión en que le pedí a una señora que se pusiera de pie y le pregunté:

—¿Con quién vino, señora?

A lo que me respondió sin pensarlo:

—Con mi marido Eduardo.

Y dirigiéndose al esposo, le dijo:

—¡¡Ya poh, Eddy, párate!!

Por supuesto él se levantó un poco avergonzado y yo les pregunté:

—Señora María, ¿y cuánto tiempo llevan de matrimonio?

—Quince años, Don Francisco.

Y luego me lanzó una frase que se volvería un clásico de *Sábados Gigantes*:

—¿Y cómo se porta su marido?

—Ella lo miró de arriba hacia abajo con rostro desafiante y le dijo como desahogándose: «Dile la verdad. Que me trajiste a la tele porque no llegaste anoche».

El marido bajó la vista humillado y yo aproveché para decirle:

—Eduardo, cómo se le ocurre hacer eso a su mujer.

La esposa no se demoró ni un segundo en girarse hacia mí con algo de rabia y olvidando por completo que estaba en vivo y frente a miles de personas, me replicó:

—Y usted no se me haga el santito. Con estas linduras que tiene aquí en el programa, seguro debe ser peor que mi marido.

Todos en el estudio rieron a carcajadas y aplaudieron la espontánea reacción de María, que no tuvo problemas en hablarme con total confianza, como si yo fuera parte de su círculo más cercano. Me di cuenta de que la gente tenía gran necesidad de expresarse, contar sus historias de todos los días y, como María, a veces también de quejarse libremente.

Estos diálogos que se volvieron habituales cada semana me hicieron tomar una decisión que marcó para siempre la historia del programa. Mi animación tenía que hacerse junto al público, relacionándome con ellos como uno más. Esto, que parece tan simple y obvio, fue parte fundamental del éxito de nuestro trabajo, que consideró desde el inicio al público y no a los invitados como los protagonistas de nuestros programas.

Cuando comenzamos, eran los años de la televisión en blanco y negro, con dominio amplio del machismo en los contenidos, y en los que el humor estaba inclinado a lo sexual. Esto último seguramente porque casi todo lo relacionado con el sexo era considerado un tema prohibido en una sociedad llena de prejuicios, con una cuota importante de hipocresía, y que por la vía del chiste podía expresar una forma de rebeldía disfrazada.

Por eso, todo lo que contenía algo de sexo era criticado, pero tenía gran éxito de sintonía. Para nosotros había una dificultad adicional, ya que el programa se transmitía a través del Canal 13, que dependía en esos años de la Pontificia Universidad Católica de Chile, y los contenidos sexuales, entre otros, eran por completo censurados.

De manera subliminal, buscando atraer sobre todo a la audiencia masculina, en la animación recurría bastante al doble sentido y con frecuencia hacíamos concursos con exhibiciones de mujeres hermosas y «bien dotadas». Hoy, a nadie se le ocurriría usar esa expresión ni poner este tipo de eventos en el aire, y aplaudo que así sea, ya que el machismo está en retirada y el respeto a la imagen de la mujer es un comportamiento que todos debemos defender y aplaudir. Los tiempos cambian y es importante asumir errores y corregir rumbos.

Todo esto ocurría a comienzos de la década del setenta, cuando llevábamos ocho años en el aire con el programa, y en Chile se había profundizado una grave crisis de enfrentamiento social y político que derivó en un doloroso quiebre de la institucionalidad y finalmente en el golpe militar del 11 de septiembre de 1973, con el derrocamiento y posterior suicidio del presidente socialista Salvador Allende.

Fueron tiempos en que el miedo, la inseguridad, la censura y la incertidumbre afectaron y condicionaron mi relación con el público, y tuvimos que aprender a buscar los pocos espacios que nos dejaban las circunstancias para mantener viva la comunicación. Estas dificultades sin duda impactaron a la televisión en muchos aspectos, entre otros en lo económico, y sufrimos el primer apretón de cinturón de la historia.

Hacíamos nuestro trabajo en medio de un país quebrado, herido, y con una dictadura militar que limitaba las libertades. Se imponía un toque de queda total a las siete de la tarde, que hizo desaparecer la vida nocturna y nos transformamos en un país taciturno.

Pero estas restricciones le dieron una oportunidad al entretenimiento de ocupar un espacio a través de la televisión. Si el fin de semana todos debían estar en sus casas al atardecer, con *Sábados Gigantes* nos transformamos en una opción casi monopólica. Comenzamos con dos horas de transmisión y nos fueron alargando poco a poco, hasta llegar a ocho horas en el aire. Íbamos en vivo desde la una de la tarde hasta las nueve de la noche sin interrupción.

Era una verdadera maratón televisiva de artistas, concursos, entrevistas y segmentos de humor en la práctica sin competencia. A esto se sumó que en 1978 comenzaron a llegar al país los primeros televisores a color, lo cual desató una verdadera fiebre por comprar aparatos más modernos, y la audiencia creció en números que jamás habíamos tenido.

El público lentamente dejó de hablar de la situación política que los afectaba, y aún con los temores que todos teníamos, poco a poco comenzó a producirse un cambio. Las personas querían distraerse sin pensar demasiado en lo que estaba ocurriendo en el país.

Nuestras producciones artísticas se hicieron más espectaculares y teníamos gran participación del público en todos los segmentos, llegando a poner en juego seis automóviles cada semana. En mi opinión, aquí se inició la época de oro de *Sábados Gigantes*, cuando nos ganamos el reinado absoluto del entretenimiento televisivo en Chile.

En ese tiempo hubo dos hechos que no tienen relación entre sí, pero que también afectaron la forma en que la gente empezó a relacionarse con la televisión. Por un lado, se masificó el uso de anticonceptivos y eso liberalizó la relación de pareja. El sexo dejó de ser un tema pecaminoso y ya no se le consideró un acto cuyo único fin era la procreación. Los medios de comunicación dedicaban importantes espacios a tratar las relaciones de pareja, de modo que los prejuicios machistas comenzaron su lenta retirada, y nosotros creamos concursos en los que el amor y la búsqueda de pareja era la característica principal.

El segundo elemento que impactó la forma de enfrentar la televisión al interior de los hogares fue la aparición del control remoto, ya que desde ese momento era el televidente quien tenía el poder de cambiar de canal sin tener que moverse de su asiento en una acción que conocimos como «zapping». Esto nos perjudicó mucho con los anunciantes, porque existía la posibilidad de ver otros canales mientras se estaban pasando las tandas comerciales, y además nos obligó a acelerar el ritmo del programa para mantener cautivo al público frente a la pantalla.

Fuimos impulsores de los «jingles publicitarios», que el público del estudio cantaba y bailaba mencionando a los anunciantes, o de la opción de integrar los mensajes comerciales a los contenidos para que fueran parte orgánica del programa.

A mediados de los ochenta mi relación con la audiencia chilena se había consolidado y era muy estable. Por eso, en 1986 decidimos intentar la exportación del programa a Estados Unidos, donde también fuimos pioneros en este tipo de producciones maratónicas de entretenimiento.

El público hispano no me conocía, pero tenían acceso a programaciones muy variadas y estaban familiarizados con formatos similares. Con la experiencia aprendida en los veinticuatro años anteriores, decidimos intentar la misma fórmula, dándole a la gente una visibilidad que nunca había tenido y una participación que los convertía en protagonistas de una pantalla donde jamás habían estado.

Pero aquí encontré una gran diferencia con el público chileno, porque era una audiencia heterogénea, con realidades, orígenes, lenguajes y muchas veces costumbres muy diferentes, y en su mayoría era la primera generación en Estados Unidos. Aunque venían desde distintos países de Sudamérica, Centroamérica o el Caribe, logramos aglutinarlos en torno al concepto de «comunidad hispana» a pesar de la diversidad. Por eso en sus comienzos el lema de *Sábado Gigante* (en la etapa internacional desapareció la «s») fue «Separados por la distancia, unidos por un mismo idioma».

Tuvimos que aprender a usar un lenguaje neutro que pudiera ser comprendido por todos, y a elegir contenidos que fueran de interés para los distintos grupos, comenzando por lo básico: la salud, el servicio público y la orientación general frente a temas que preocupaban (y después de tres décadas siguen preocupando), en especial a los inmigrantes.

El éxito con el público local hizo que la compañía tomara la decisión en 1988 de llevar el programa de costa a costa en Estados Unidos. Esto nos obligó a concentrar toda nuestra energía en la tarea de unir a los hispanos en torno al mensaje de que realmente somos una comunidad con intereses comunes, aunque formada por grupos con identidades diversas.

Tuve que estudiar los modismos de cada lugar y aprender que el set también podía llamarse «foro», que la gradería era una «luneta», o que un pavo podía ser un «guanajo» en cubano o un «guajolote» en mexicano. Diálogos como este, se hicieron muy frecuentes:

—¿De dónde viene, don Heraclio?

—Pos de Coahuila, México.

—¿Y qué lo trae por acá?

—Pos, la doña lo quería conocer.

—¿Solo vino por eso?

—Bueno, también por mi hermano Nicanor, que anda por acá y hace veinticinco años que no lo miro.

La historia de don Heraclio la conocíamos previamente y él no estaba en el programa por casualidad. Teníamos la complicidad de su esposa, quien lo había traído engañado para que pudiera reencontrarse en el estudio con su hermano perdido. Luego de una pausa, le dije:

—Aquí está su hermano Nicanor, quien ha viajado desde Carolina del Norte para abrazarlo después de tantos años.

En ese momento se produjo ese interminable abrazo emocionado que tantas veces vivimos en la historia del programa, que atravesó la pantalla y llegó al corazón y el hogar de miles de personas que también abrazaban en ese momento a sus seres queridos que estaban lejos y en situaciones muy similares a las de Heraclio y Nicanor.

Segmentos como este se transformaron con rapidez en clásicos de *Sábado Gigante* en su etapa internacional, tal como ocurrió con el Chacal de la Trompeta, La Cuatro, el concurso final del automóvil y tantos otros que se convirtieron en referente para la comunidad hispana en este país.

Este recomienzo, junto a un público diferente con el cual construimos rápidamente una estrecha relación, no fue fácil para mí en lo personal y profesional. Desde que debutamos en Miami en 1986 hasta 1992, debíamos hacer dos programas, uno en Chile y otro en Estados Unidos, para lo cual viajábamos todas las semanas entre los dos países. Tenía en mi cabeza una especie de interruptor que cambiaba entre dos formas tan diferentes de comunicarme con la gente.

Afortunadamente, era más joven para resistir el esfuerzo de los viajes y las dos grabaciones, aunque el 31 de diciembre de 1992 tomé la decisión de terminar con la producción chilena después de celebrar en grande los treinta años del programa. Claro, el público siguió viendo en Chile la versión que hicimos en Miami por las siguientes dos décadas, con algunas incorporaciones de contenidos de producción local.

En esta etapa se estableció en definitiva la relación con esta nueva audiencia internacional, que ya era oficialmente conocida como «comunidad hispana» en Estados Unidos, gracias al esfuerzo que hicimos para aglutinar a los distintos grupos de inmigrantes. También el programa había logrado abrirse paso en casi todos los países del continente y nos transformamos en una influyente vitrina para anunciantes y artistas.

Comenzamos a recibir honores que jamás imaginamos: Estrella en el Paseo de la Fama en Hollywood (2001), Medalla Benemerenti otorgada por el papa Juan Pablo Segundo (2002), nuevo certificado del libro de los Record Guinness como el programa de más larga duración en la historia de la televisión (2003), Salón de la Fama Broadcast & Cable USA (2004), Premio Emmy especial a la trayectoria (2005), Homenaje del Congreso de Estados Unidos (2006), Premio especial TV y Novelas en México (2012), ingreso al Salón de la Fama de los Emmy (2012), etcétera.

El crecimiento vertiginoso de la inmigración latina a Estados Unidos ayudó a que la importancia del programa fuera creciendo en la misma medida. La comunidad hispana comenzó a tener mejores oportunidades de trabajo, y las grandes marcas nos reconocían como un importante mercado para invertir. Los anunciantes hacían fila para estar en el programa, los premios crecían en calidad y cantidad, y podíamos darnos el lujo de traer quince o veinte participantes de diferentes lugares de Estados Unidos para cada grabación.

Muchas cosas evolucionaban, pero el machismo seguía presente; y con gran éxito realizábamos eventos que hoy serían duramente criticados en los que estaba presente la belleza y sensualidad femenina, como Miss Colita, Miss Petit, Miss Piel Canela, Miss Pechonalidad (Busto), etcétera. También tenían gran aceptación los concursos relacionados con el amor y la convivencia de pareja, y como reflejo de los cambios, comenzamos a notar, por ejemplo, que cada vez con mayor frecuencia los que participaban no eran necesariamente matrimonios, y cuando les preguntábamos por su relación respondían simplemente «somos pareja», lo cual indicaba que no estaban casados.

En este tiempo, mi relación con el público era más bien relajada, familiar y coloquial hasta el boom de la suscripción a la TV de cable en los primeros años del nuevo milenio, cuando el 90 por ciento de los hogares en Estados Unidos tenía la llamada «TV de pago», lo cual no solo daba al televidente miles de opciones, sino que además afectaba la medición del rating al tener el público la posibilidad de grabar contenidos y verlos en otro momento.

Hoy vivimos una nueva revolución, porque las estadísticas nos muestran que cada año abandonan el cable más de veinte millones de suscriptores en favor de las plataformas digitales que ofrecen contenidos a la carta, sin publicidad (por ahora) y con muy pocas regulaciones en relación con la calidad, restricciones y propiedad intelectual.

Las nuevas generaciones van sumándose a esta nueva era digital y se alejan cada vez más de la televisión abierta. También los contenidos van cambiando a una velocidad tan elevada que a mi generación se nos hace muy difícil el proceso de adaptación. La incorporación en plenitud, por ejemplo, de minorías con diferentes orientaciones sexuales, con quienes debíamos hablar muy en serio de los temas que por décadas fueron inspiración importante de nuestros contenidos de humor, es un conflicto que para los jóvenes no existe, porque nacen sabiendo que la diversidad es un derecho indiscutible.

Mi grupo demográfico ha tenido que pasar por un complejo camino de aprendizaje, mea culpa, y por supuesto por la aceptación y comprensión de una realidad que ayer no supimos enfrentar y que tanto daño ocasionó a muchas personas. La primera vez que tuve que entrevistar a una pareja homosexual, por ejemplo, debo reconocer que me puse extraordinariamente nervioso, y me costó encontrar el lenguaje adecuado para preguntar, escuchar y no caer en alguna expresión que pudiera ofender a los invitados.

Sabía también que era importante para mí y para todos conocer y entender la problemática de una persona transgénero, pero tenía gran preocupación por interpretar adecuadamente las inquietudes del público, sin violar ningún código ni traspasar las fronteras entre la curiosidad y la morbosidad.

Haciendo gran esfuerzo por conseguir avanzar en esta adaptación llegamos a la celebración de los cincuenta años de *Sábado Gigante* en 2012, un hito que jamás soñé alcanzar. Me entregaron nuevos premios y reconocimientos, y Univisión me ofreció un nuevo contrato por tres años, que como soy inseguro por naturaleza siempre pensé que sería el último. Festejamos estas cinco décadas con programas especiales en Chile y Estados Unidos, y una gran fiesta de gala en Miami, donde pude expresar mi gratitud y reconocimiento a mi familia, a mis compañeros y sobre todo al público, del cual aprendí todo lo que sé de este noble oficio de comunicar.

Lo que vino para mí desde 2012 en mi relación con el público no es fácil, porque se trata ahora de recalcular la nueva década en un mundo con ocho mil millones de tarjetas SIM (*Subscriber identity module* o «módulo de identificación de abonado» en español), con igual número de dispositivos móviles, que sobrepasa incluso a los siete mil seiscientos millones de habitantes que ocupamos temporalmente este planeta. Son personas interconectadas todo el día y de forma instantánea, y que pueden acceder a contenidos infinitos hasta donde la imaginación se los permita.

Lo que aprendí en esta dinámica de amor y desamor con el público es que pueden pasar los años, las décadas y los siglos, pero sin duda la frase del naturalista inglés Charles Darwin es constante y aplica a todas las actividades de la vida: «No sobrevive el más fuerte ni el más inteligente, sino el que se adapta mejor a los cambios».

Creo en definitiva que junto al público me adapté hasta donde pude, y pido disculpas a las nuevas generaciones porque no fui capaz de encontrar la mejor manera de comunicarme con ellas. Hoy hago ensayos con mis nietos, pero me parece que de aquí en adelante solo serán experiencias de uso reservado.

Capítulo 3

LA OPINIÓN PÚBLICA

Una de las cosas más difíciles de manejar en estas casi seis décadas de actividad artística ha sido mi relación con la «opinión pública», porque el ser «conocido» sin duda me ha dado ventajas y oportunidades que han alimentado con generosidad mi ego, pero también he recibido algunos golpes duros, de esos que dejan huella en el alma.

Tener la etiqueta de «popular» a ratos se ha transformado en una pesada carga, porque constantemente he estado sometido al escrutinio, la crítica y el cuestionamiento público, y en muchas ocasiones de manera muy odiosa, injusta y despiadada. Con frecuencia se pierde la intimidad y basta un comentario, un gesto, una palabra mal dicha, una expresión inadecuada, para encontrarse de pronto, sin buscarlo ni quererlo, de protagonista de alguna «noticia exclusiva» que se difunde como onda expansiva por cuanto medio o plataforma esté disponible, aunque lo que se informe no tenga un ápice de veracidad, investigación o haya sido confirmado por ninguna fuente responsable.

Esto se ha acentuado desde la llegada del nuevo milenio, con el nacimiento y desarrollo explosivo de las redes digitales (2004 Facebook y Gmail; 2005 YouTube; 2006 Twitter; 2010 Instagram), que han democratizado las comunicaciones y en especial la información, transformando a cada usuario de estas plataformas en potenciales difusores de noticias. En algunos casos estos sujetos se amparan en las sombras del anonimato, convirtiéndose en francotiradores virtuales, y en ocasiones consiguen un fuerte impacto en las audiencias, muchas veces superando incluso a los medios tradicionales. Las llamadas *fake news* han pasado a ser parte de este nuevo mundo, y debemos aprender a vivir y convivir con esta nueva y curiosa forma de comunicarnos.

Estas «noticias falsas» se difunden con la voluntad deliberada de engañar. Tienen la apariencia de una noticia o contenido real, precisamente para llamar la atención. Es como un relato alternativo de la realidad. Esto no es nuevo, pero lo que ha cambiado es que esas mentiras antes quedaban reducidas a los círculos de vecinos o amigos del que las emitía, y hoy se difunden masivamente por el espacio virtual sin fronteras y a una velocidad que nada ni nadie es capaz de detener. La «verdad» es la que el inventor de la noticia falsa quiere que los demás crean, en un proceso de manipulación que en muchos casos se convierte en algo aterrador. La internet tal cual está concebida lamentablemente no premia las verdades, sino el tráfico y el alcance de los contenidos, no importando si son falsos o verdaderos.

Estoy convencido del gran aporte que hacen estas nuevas herramientas de comunicación a nuestra convivencia social en temas tan importantes como la libertad de expresión, el acceso al conocimiento y, sobre todo, la posibilidad real de expresión que han dado a grupos que antes estaban marginados o aislados. En definitiva, las nuevas redes digitales se han convertido en una palanca importantísima para los cambios sociales modernos.

Claramente, quienes estamos en el ojo de este huracán somos en parte los que trabajamos de cara al público. Estar veinticuatro horas del día en una vitrina nos obliga a extremar los cuidados en todo lo que hacemos y decimos, porque vivimos en riesgo permanente de ver afectada nuestra integridad, intimidad, imagen y nuestras carreras.

Recuerdo, por ejemplo, hace unos cinco años haber estado almorzando solo en un restaurante, y alguien me sacó una fotografía sin que me diera cuenta y la subió a las redes con un texto que decía: «Don Francisco, sinvergüenza. Lo trataron como toda una celebridad, comió como un animal y se fue sin dejar ni un centavo de propina».

Sé que soy despistado, pero en este caso el ocasional reportero se había equivocado por completo. Había comido un trozo de carne con ensalada, conversado cordialmente con el personal del local, me tomé varias fotografías con ellos, pagué mi cuenta como cualquier cliente y dejé una buena propina.

Sin embargo, a los pocos minutos me llamó uno de mis hijos para preguntarme qué había hecho. La información se había difundido por las redes, y tenía a cientos de personas atacándome y acusándome de todo tipo de situaciones inverosímiles. Con algo inexistente, absolutamente falso y que me afectaba de manera directa, alguien produjo una gran polémica con quien sabe qué intención contra mí, o solo por llamar la atención y obtener más «seguidores» y «likes» o «me gusta» en sus redes.

No dudo que, a través de este mismo mecanismo, usuarios de las redes sociales han captado y difundido imágenes donde se exponen abusos de poder, acoso, violencia innecesaria y un sinnúmero de actos deleznables, que han servido para frenar una situación que de otra manera habría sido muy difícil denunciar y/o llevar a la justicia.

Otro ejemplo de esto me ocurrió no hace mucho en un país centroamericano, hasta donde llegué de visita en un crucero con mi esposa. Tomamos un taxi en el puerto para no tener que caminar hasta un restaurante cercano, ya que mi señora tenía dificultades en una pierna, y el conductor me cobró una cifra elevada para una distancia que era evidentemente muy corta.

Al llegar, mientras hacíamos el pedido de nuestro almuerzo, se acercó una persona y comenzó a grabarme con su celular. Me preguntó si era mi primera experiencia en ese lugar y qué me parecía lo que había visto hasta ahora. Casi como una broma, le respondí que no habíamos conocido mucho todavía y que nuestra única experiencia había sido subir a un taxi que nos había cobrado veinte dólares por dos cuadras.

Bastó esa frase publicada en las redes de la persona que me grabó para desatar una tormenta que rápidamente saltó a los medios tradicionales, y en pocas horas el reportero misterioso era entrevistado por canales de televisión y medios de varios países. La gente tomaba posiciones en ambos sentidos. Unos decían que me habían estafado y condenaban al taxista, y otros me acusaban de que yo no quería pagar y de que con mis palabras había ofendido a los habitantes de ese país. Durante una semana la noticia dio vueltas por el mundo, y se inventaron y tejieron todo tipo de historias y conjeturas en torno a lo ocurrido, que no era más que un comentario, sin ninguna intención ni importancia, de un hecho también sin ninguna relevancia.

Los personajes conocidos o «populares» somos de alguna manera prisioneros o rehenes de la buena o mala voluntad de la gente que se nos acerca. Somos vulnerables, y con la irrupción masiva de los dispositivos móviles, es muy difícil protegerse de estos verdaderos depredadores digitales que se esconden entre el bullicio y están al acecho permanente para vivir a costa nuestra su minuto de fama, o para usarnos sin control en su búsqueda de fáciles beneficios económicos.

Insisto en que entiendo y aplaudo las bondades que nos ha traído esta nueva era, que nos permiten emitir información con solo apretar un botón o acceder a ella desde cualquier lugar del mundo, pero también estimo que con el tiempo las sociedades tendrán que regular el uso de esta herramienta, para que no se convierta en un instrumento para dañar, difundir odio, injuriar, calumniar, usando como defensa el paraguas de la «libertad de expresión». Una mentira difundida y amplificada es casi imposible de aclarar en la mente de la opinión pública, y aunque se intente enfrentar con la verdad siempre quedará en el ambiente una duda dando vueltas.

En mi caso personal, en estas décadas de vida pública, he recibido de todo: desde inmerecidos reconocimientos y alabanzas, insultos anecdóticos de los *haters* (esos indeseables «odiadores» que inundan las redes sociales) hasta expresiones de impresionante violencia, acusaciones llenas de falsedades y ofensas de todo tipo.

Quienes me conocen habrán sido testigos de que no tengo por costumbre responder ni defenderme públicamente de este tipo de ataques, porque considero que quienes los realizan buscan precisamente mi reacción para dar mayor publicidad al daño que ya se hizo. La vida expuesta al público tiene este riesgo personal y familiar, y hay que estar dispuesto a manejar estas situaciones con tranquilidad y la mente fría, aunque a veces cueste, para no alimentar situaciones que después pudieran salirse de control.

Pero entre todas las acusaciones falsas que me han hecho, hubo una que me afectó duramente en lo personal, que hirió en lo profundo a mi familia y me hizo vivir semanas y meses muy difíciles.

Hay antecedentes escabrosos en esta historia que, por compromisos legales, no podré nunca revelar, pero que darían no solo para un capítulo especial de este libro, sino que servirían de trama a una gran película llena de acción, intriga y misterio. De igual manera, quiero compartir con ustedes lo que aprendí de este episodio de mi vida que, aunque quisiera olvidar, estará siempre presente por la huella dolorosa que me dejó.

Todo comenzó a mediados de 2010, cuando al salir del evento de lanzamiento de la campaña para la Teletón chilena de fines de ese año se acercó un desconocido a la ventana de mi automóvil, golpeó el vidrio para que le abriera, me entregó un papel y se fue sin decir nada. Esto no me llamó la atención, porque es muy frecuente que la gente me aborde de esta manera para compartirme sus problemas o pedir ayuda frente a una situación personal o familiar. El mensaje, lleno de faltas de ortografía, decía: «Soi su ijo. Tengo 44 años y nesesito ablar con usted».

Lo primero que pensé es que quien lo escribió no estaba en su sano juicio. Me parecía absolutamente surreal haber tenido un hijo hace más de cuatro décadas, del cual hasta ese momento no sabía nada. En algún momento pensé incluso que alguien conocido me estaba jugando una broma de muy mal gusto. Pero al pasar de los días, incidentes similares comenzaron a reiterarse. El sujeto me dejaba cartas en la oficina o se aproximaba a personas cercanas a mí, con mensajes pidiéndome que lo atendiera porque tenía algo que decirme. En cada oportunidad, la persona entregaba un poco más de información de la historia y de la supuesta relación que yo habría tenido con su madre. Decía, por ejemplo, que nos habíamos conocido en una plaza del sector alto de la ciudad, y que yo había pasado una noche con ella en un hotel del centro de Santiago.

Había datos que no me cuadraban y que de inmediato me hicieron pensar que podría tratarse de un montaje. Por ejemplo, la plaza del supuesto encuentro se había construido diez años después de la fecha que me señalaba. Además, algo de lo cual estaba totalmente seguro era que jamás había faltado una noche a mi casa. Por supuesto me negué a la posibilidad de tener ese encuentro que la persona pedía y por razones de seguridad, comencé a registrar todos los antecedentes para ponerlos en manos de mis abogados.

A mediados de octubre de ese año regresaba de Copiapó (ciudad del norte de Chile) al atardecer, desde donde inicié una transmisión en vivo a Estados Unidos del mundialmente famoso rescate de los treinta y tres mineros atrapados por un derrumbe en la mina San José, y esa misma noche tomaba un vuelo a Miami para continuar desde nuestro estudio con el espectacular proceso que culminó con la salida de todos los mineros con vida, después de setenta días atrapados a ochocientos metros de profundidad. La cadena Univisión me había pedido encabezar una edición especial de *Don Francisco Presenta* con las imágenes de esta dramática pero exitosa historia.

Caminaba desde el terminal nacional del aeropuerto de Santiago hacia el sector de embarque internacional, agotado por las largas horas que llevábamos trabajando, cuando un reportero me enfrentó con una inesperada vehemencia. Me sentí extrañamente atacado, arrinconado, y la persona me repetía con insistencia: «¿Por qué se niega a atender a su hijo que lo reclama?».

No respondí a las preguntas, que tenían un tono más bien acusatorio y muy agresivo, y en ese instante me di cuenta de que ese intento de extorsión que hasta ahí se había mantenido en el terreno privado había saltado al ámbito público. Me acompañaba en ese viaje el periodista y antiguo colaborador Marcelo Amunátegui, a quien le señalé con tristeza que estaba seguro de que a partir de ese momento tendría que enfrentar un duro y difícil capítulo de mi vida, y me tenía que preparar para escuchar todo tipo de mentiras sobre mí que ensuciarían mi nombre y ofenderían a mi familia.

Tal como lo había hecho en ocasiones anteriores en que había sido acusado falsamente, decidí que enfrentaría con firmeza lo que parecía venir y que no me dejaría extorsionar, pese al costo personal y familiar que esto pudiera significar. Consideraba que permitir este ataque me dejaba vulnerable frente a cualquier intento de inescrupulosos que por obtener beneficios económicos estaban dispuestos a cualquier tipo de artimañas para doblegarme.

Fue a comienzos de 2011 cuando un periódico chileno lanzó con gran publicidad la exclusiva de que había una demanda de paternidad en mi contra, entregó detalles del demandante y contó parte de la supuesta historia. La noticia encendió las alarmas de buena parte de los medios en Chile y de varios países del mundo donde disfrutábamos de una gran popularidad. Revistas, diarios, programas de radio y televisión dedicaron cientos de páginas y minutos a difundir cualquier información que aparecía, fuera falsa o verdadera.

Se dijeron cosas horribles de mí y de miembros de mi familia. Algunos reporteros aseguraban incluso que la madre del supuesto hijo había trabajado como empleada doméstica en mi casa, y ella, que en ese momento hacía el papel de mi «supuesta amante», se paseaba «emperifollada» (como se dice en Chile a los que se adornan o arreglan en exceso) por casi todos los medios relatando la historia de cómo supuestamente nos habíamos conocido y engendrado este hijo que hoy reclamaba públicamente mi paternidad.

A medida que pasaban los días, mi demandante comenzó a experimentar una curiosa transformación, cultivando poco a poco una apariencia pública muy similar a la mía, vistiendo trajes parecidos a los que yo usaba en televisión, el mismo tipo de corbatas, incluso el detalle del pañuelo saliendo del bolsillo y un peinado como el mío. Desfilaba por los medios repitiendo su bien hilvanada historia y aparecía casi todos los días en las portadas de diarios y revistas.

Entretanto, yo guardaba silencio absoluto e imaginaba que el público y por supuesto también mis cercanos, en especial mi familia, comenzaban a dudar de mí, aunque supieran, porque me conocen, que mucho de lo que se difundía era absolutamente falso. El acusador había construido una historia muy bien montada, con un personaje y un relato que parecían creíbles.

A fines de enero entregué al tribunal una respuesta escrita a la demanda que se me hacía, en la que por supuesto rechazaba todo lo que se estaba difundiendo, indicaba que no conocía a las personas que me habían demandado, y que los antecedentes indicaban que estaba enfrentando una extorsión. Incluso señalé, con las pruebas correspondientes, que en la fecha de la supuesta relación con la madre del demandante yo me encontraba fuera de Chile, grabando reportajes para el segmento «La Cámara Viajera».

La jueza me respondió que a su tribunal no le importaba la historia previa del demandante ni toda mi explicación tratando de probar que no podía ser el padre, porque según establece la ley la única prueba válida para esto es un examen de ADN realizado en una institución competente, como el Servicio Médico Legal (SML), el organismo forense oficial de Chile. Esto me preocupó bastante, ya que este servicio había sido acusado en años anteriores de falsear resultados, hechos que al investigarse y probarse luego de la dictadura militar fueron motivo de gran escándalo en el país.

Me pareció entonces que la magistrada tuvo preocupaciones similares a las mías, ya que para asegurarse frente a este caso que estaba teniendo gran impacto en la opinión pública, pidió que me tomaran la muestra de sangre con un funcionario de su juzgado presente, y además quiso quedarse con una contramuestra ante cualquier duda que surgiera en el proceso.

Mientras los trámites burocráticos de la demanda seguían su curso, los medios mantenían un total asedio conmigo y mi familia, sumando todos los días antecedentes inexistentes, y relatando situaciones que a ratos parecían el libreto de una descabellada ficción.

En marzo llegó la fecha para conocer el resultado del examen de ADN. Un enjambre de periodistas de medios chilenos y extranjeros invadían el tribunal. Transmitían en vivo y directo todo lo que ocurría, como si fuera un partido de fútbol. Recuerdo haber visto a un periodista que decía: «Faltan solo cinco minutos para saber si Don Francisco es o no es el padre». Otro periodista muy conocido en Chile decía tener antecedentes exclusivos de fuentes que estaban al interior del tribunal, que le aseguraban que Don Francisco sí era el padre. Lo publicó incluso en sus redes con carácter de gran golpe noticioso.

A la hora en punto que se había señalado, el juzgado informó oficialmente que la prueba indicaba con un 99 por ciento de seguridad que yo no era el padre del demandante. El periodista que publicó la «exclusiva» con la que pensó hacer historia tuvo que desdecirse de sus palabras, borrar lo que había publicado en sus redes y entregar la información oficial. Mientras esto ocurría, yo estaba en un restaurante cercano almorzando con mis abogados, quienes al escuchar el resultado del examen me decían: «Ya, Mario. Tranquilízate. Terminó la pesadilla».

Me despedí de ellos agradeciéndoles el trabajo y el apoyo, y quise subir al auto para irme al canal. La gente en la calle se abalanzaba sobre mí y muchos me abrazaban; las mujeres me daban besos, y todos me felicitaban por el resultado. Recuerdo que me decían cosas como: «Qué bien, Don Francisco, estamos con usted»; «Nos alegramos porque usted no merecía esto»; «Ganó usted y triunfó la verdad». Confieso que se me cayeron un par de lágrimas ante las muestras espontáneas de afecto de la gente, que de alguna manera percibía lo difícil que había sido para mí enfrentar todas las falsedades que se difundían en los medios.

Me demoré como veinte minutos en llegar al auto que estaba estacionado frente al restaurante. Tenía sensaciones muy contradictorias. Por supuesto, una parte de mí estaba satisfecha porque al fin se probaba que tenía razón y que todo no era más que un gran montaje, pero también sentía una profunda rabia, como pocas veces en mi vida he experimentado. Durante meses había sido objeto de acusaciones infundadas y eso no dejaba de doler. Estaba cansado, y tenía que calmarme. Cosa muy extraña en mi comportamiento, en el trayecto a la oficina no crucé una sola palabra con la persona que conducía, a quien conozco desde hace años, y con quien habitualmente converso de lo humano y lo divino.

Lamentablemente para mí, ese día la pesadilla no había terminado. El demandante volvió a la carga en los medios de comunicación, acusando y asegurando que la toma de muestra que me habían hecho para el examen de ADN estaba «viciada», y a través de su abogado exigía que se repitiera. Su presencia en los medios con el personaje perfeccionado en sus más mínimos detalles regresó con nuevas energías, y en varios de los programas incluso recibió un pago importante por entregar sus declaraciones. Parecía que este repentino estrellato le había despertado la codicia y el reconocimiento público lo estaba seduciendo más allá de lo razonable.

Mis temores también regresaron. ¿Qué pasa si es verdad que pueden manipular la muestra? ¿Habrá interés en perjudicarme de verdad? ¿Quién estará detrás de todo esto? ¿Qué busca esta persona con esta demanda? Muchas preguntas, miedos, inquietudes que se resuelven con la decisión inapelable de la jueza: hay que repetir la prueba de ADN, y otra vez con la solicitud de que hubiera un funcionario del juzgado presente que guardara una contramuestra. Acudí al SML, aunque esta vez ya no había presencia de los medios, lo cual claramente demostraba que el interés mediático comenzaba a declinar. A los pocos días se anunció oficialmente que el resultado era igual al anterior: 99 por ciento negativo. Aun con ambos resultados, el supuesto hijo insistía públicamente en que como yo era «poderoso», tenía la posibilidad hasta de alterar el resultado de un examen tan delicado como ese.

Aunque en las redes sociales se me seguía atacando con gran violencia, en los medios tradicionales la noticia había perdido protagonismo. Aun así, tal vez por las presiones que todavía quedaban en el ambiente, en especial promovidas por el demandante, la jueza decidió hacer un tercer examen, esta vez en un laboratorio privado, para lo cual se designó a Genética y Tecnología (GenyTec), una empresa especializada en pruebas de paternidad y en investigación biológica y biotecnológica. En un hecho inédito, según me dijeron entonces mis propios abogados, debí acudir por tercera vez a la rutina de tomarme una muestra, la cual por supuesto reiteró los resultados anteriores: 99 por ciento negativo. Con todos estos antecedentes, la jueza dio por terminado el caso y el 15 de junio del 2011 nos citó para dictar sentencia.

Por primera vez debí enfrentarme cara a cara con el demandante, aunque ahora no había periodistas ni transmisiones en vivo, no ya no tenía interés noticioso. Solo estábamos la magistrada, el personaje (al que deliberadamente no he querido nombrar), sus representantes legales, mi abogada, y yo. ¿Curioso, no? Ya se sabía que yo no era el padre, entonces la noticia perdía interés, y todos aquellos que se habían cansado de atacarme injustamente a mí, a mi esposa y a mi familia habían desaparecido.

Para el día de la sentencia había preparado un gran discurso que me sirviera como una suerte de catarsis, tratando de entregar también un mensaje que pudiera aportar a otros con mi amarga experiencia de lo vivido. Lo había escrito en papel para no olvidar nada, y en algunas de sus partes decía: «Nadie está por sobre la ley, y porque creo firmemente en eso, me he sometido en estos meses a todo lo que se me ha solicitado sin expresar una palabra de reclamo o rebeldía. Pero al mismo tiempo debo señalar que aquí se ha comprobado que una persona puede ser difamada y declarada culpable públicamente, sin prueba alguna, quedando a merced de un extorsionador que solo busca dinero fácil. Este calvario que he vivido, y mi familia también, no tendrá castigo alguno para el responsable, porque la ley no considera la intención de dolo del demandante como un agravante del montaje que ha realizado buscando mi perjuicio».

Lo que había preparado era bastante más largo, manifestando todos mis dolores y sinsabores, pero confieso que cuando la jueza me dio la palabra lo que me salió de la garganta fue una especie de sonido gutural que nació desde mis entrañas más profundas. No sé bien qué fue lo que pasó, ni lo que escucharon los presentes. Es difícil entender que, con mis cincuenta años de experiencia frente al público y las cámaras, haya quedado mudo. Era tanta la tristeza y la rabia acumuladas en ese tiempo, que al parecer mi cerebro se bloqueó, no fui capaz de hablar, y solo expresé un par de frases confusas agradeciendo porque había terminado este inmerecido juicio.

Me senté, y la jueza entregó su veredicto, rechazando las demandas interpuestas en mi contra, no solo porque las pruebas de ADN salieron negativas, sino expresando, además, textualmente, que «el demandante había actuado de mala fe», y por lo tanto lo condenaba a pagar «las costas» (gastos en que han incurrido ambas partes en el juicio), algo muy inusual en este tipo de demandas, tal como me lo señaló posteriormente mi abogada.

Han pasado los años y espero que los legisladores perfeccionen estas leyes que sin duda han traído tranquilidad a muchos y están hechas para defender injusticias y abusos, pero que, en manos irresponsables, al no tener penalidad, pueden ocasionar gran perjuicio y destrucción. Una sociedad tiene que ser justa para todos, y quienes falsamente acusan, mienten, extorsionan y difaman deben recibir severos castigos que además sirvan como ejemplo para impedir que otros hagan lo mismo.

Ser conocido, popular, famoso o «poderoso», como algunos me han tildado, en ocasiones me ha jugado en contra y me ha dejado peligrosamente expuesto y vulnerable ante los deshonestos. Ellos, a través de las mentiras y en sociedad con medios irresponsables y francotiradores anónimos que se esconden tras las redes sociales, forman una improvisada organización cuyo único objetivo es aprovecharse y obtener compensaciones a través de la extorsión, el minuto de fama, el rating o la búsqueda de más seguidores para sus redes.

Como toda herramienta que hemos inventado a través de la historia de la humanidad, las antiguas y las nuevas plataformas para comunicarnos pueden ser usadas positivamente para construir sociedades mejores y más justas y democráticas, pero también para destruir, expandir ideologías extremistas, o para canalizar nuestras más bajas pasiones.

Como protagonista de una larga vida ligada a las comunicaciones, actividad que me apasiona y por la cual me he visto expuesto a la opinión pública por casi seis décadas, considero que la existencia de todas estas nuevas formas de comunicación en sí mismas no son el problema, sino el mal uso que hacemos de ellas. Si queremos construir un mundo mejor, debemos entender que la forma de comunicarnos entre nosotros determinará la calidad de nuestras vidas y las de las futuras generaciones.

Capítulo 4

MISTER PRESIDENT

Cuando iniciamos *Sábado Gigante* en Estados Unidos en abril de 1986, se reconocían catorce millones de hispanos en este país, cerca de 7 por ciento de la población. La mayoría venía huyendo de sus países por violencia o de una situación económica precaria, y aquí tenían fácil acceso a los trabajos menos solicitados por los norteamericanos, sobre todo en labores agrícolas cosechando frutas y verduras (lo que se conoce popularmente como «pizcadores»), en cocinas de restaurantes, haciendo aseo en hoteles o casas particulares, como jardineros o limpiando piscinas.

El programa de legalización de inmigrantes más grande en la historia de Estados Unidos fue firmado por el presidente Ronald Reagan el 6 de noviembre de 1986, y otorgó residencia a casi tres millones de trabajadores indocumentados, la mayoría de origen mexicano.

Esta amnistía nos confirmó que estábamos en el camino correcto al debutar ese mismo año con las transmisiones de *Sábado Gigante* en Miami, para atender las necesidades de información y entretenimiento de una comunidad que se sentía marginada y en las sombras, pero que con esta reforma histórica podía ver con más claridad la esperanza de alcanzar el anhelado sueño americano.

Fue quizás ese impulso que dio Reagan a millones de inmigrantes con la entrega de un estatus legal lo que permitió que al final de la década del ochenta ya sumáramos 22.6 millones en Estados Unidos, equivalentes al 10 por ciento de la población. Estas cifras despertaron el apetito de las grandes marcas de consumo masivo, y por supuesto de los políticos, quienes pusieron más atención a esta comunidad que se convertía aceleradamente en una minoría–mayoría, y con un poder adquisitivo y electoral que hasta ese momento nadie había dimensionado.

Este crecimiento demográfico de los hispanos tuvo varias consecuencias que impactaron positivamente en la industria de los medios hispanos en Estados Unidos, y en especial dieron un fuerte impulso al desarrollo de las dos cadenas de televisión en español en el país: Univisión y Telemundo. Por supuesto, también favoreció el rating de programas como el nuestro, que ya se había establecido como una importante compañía de los sábados en los hogares latinos y que por su alcance y los ingresos que generaba era una de las producciones más relevantes de la compañía.

Tras el éxito del programa comenzaron a llegarme invitaciones para importantes eventos, como los «State Dinner» (Cenas de Estado) en la Casa Blanca, convocados por el presidente de Estados Unidos y la primera dama, que están destinados principalmente a homenajear la visita de mandatarios y representantes diplomáticos de países considerados como socios y amigos. Son cenas muy formales, con reglas de etiqueta y seguridad muy rigurosas, y asistir a ellas se considera un gran privilegio y un honor porque se puede compartir con bastante libertad con altos funcionarios del gobierno, que se mezclan entre los asistentes en diez mesas para diez personas cada una. Incluso el presidente y la primera dama se ubican estratégicamente en grupos diferentes para compartir con los invitados.

Recuerdo que en noviembre de 1991, con motivo de la visita a Washington del presidente de Argentina Carlos Menem, fui invitado por George Bush (padre) al primero de estos elegantes eventos en la Casa Blanca. Bush y Menem se consideraban grandes amigos, y hacía poco menos de un año el mandatario norteamericano lo había visitado en Argentina dando públicas muestras de apoyo a su gestión.

Luego, en febrero de 1997, el entonces presidente Bill Clinton y su esposa Hillary me invitaron a otro de estos eventos de gala, ahora en honor del presidente de Chile Eduardo Frei Ruiz-Tagle y su esposa Marta Larraechea, quienes estaban en visita oficial al país promoviendo acuerdos comerciales bilaterales y regionales. Nada tenía que ver yo con estos temas, pero me imagino que en ambos casos nuestra presencia respaldaba la importancia que estaba teniendo la comunidad hispana en Estados Unidos ante las máximas autoridades de este país y del continente.

El 1 abril de 2000 se realizó el primer censo del nuevo milenio, que determinó que la población de este país era de poco más de 281 millones, y de ellos un 12,5 por ciento eran de origen latino, es decir, ya estábamos sobrepasando los 35 millones. De acuerdo con los expertos, este incremento considerable se debía al aumento de los nacimientos de hispanos en Estados Unidos, y también a las elevadas cifras de inmigración.

Como además el 2000 era año de elecciones, decidí que era buen momento para intentar entrevistar por primera vez en un programa de entretenimiento de la televisión en español a los candidatos que buscaban ocupar la Casa Blanca para el periodo 2001-2005, luego de los ocho años de gobierno de Bill Clinton. Lo peor que podría ocurrir es que nos dijeran que no.

Los aspirantes eran el gobernador republicano de Texas George W. Bush y el entonces vicepresidente demócrata Al Gore. Una vez más comprobamos la fuerza de los hispanos, ya que de inmediato recibimos respuestas positivas para iniciar la coordinación de las entrevistas, que saldrían al aire en *Sábado Gigante* el sábado 4 de noviembre de 2000. Entendimos que para ellos, contar con los votos de nuestra comunidad podía ser gravitante para ganar la elección.

Era primera vez que George Bush, hijo mayor del expresidente, se presentaba a una contienda presidencial, y su experiencia política se reducía a los cinco años que estuvo al frente de la gobernación de su estado. Para realizar la entrevista tuvimos que viajar hasta su rancho «Praire Chapel Ranch» (Rancho Capilla de la Pradera) en Crawford, Texas, que durante su presidencia fue conocido como «La Casa Blanca del Oeste», y que actualmente es su residencia oficial. Sus asesores nos señalaron que esta deferencia de invitarnos al rancho era bastante inusual, ya que a ningún periodista hasta ese momento, en inglés o en español, se le había concedido ese honor.

Llegamos de madrugada para instalar cámaras y elegir el lugar para la entrevista bajo las tenues luces del amanecer, y con una temperatura cercana a cero. Estábamos en medio del campo cuando recibimos la visita de un motociclista, vestido con botas y sombrero de cowboy, con la cara y la ropa cubiertas por el barro, para ofrecernos café y algo para desayunar. Era el mismísimo candidato, quien decidió visitarnos en su paseo matinal, y que al bajarse de su vehículo todo terreno se mostró muy afectuoso y cercano conmigo y con cada uno de los integrantes del equipo.

La entrevista se realizó sin contratiempos, y cuando terminamos le dije: «Señor Bush, seguramente si sale elegido no se acordará de mí, pero igual me atrevo a pedirle que si llega a la Casa Blanca podamos hacerle ahí una nueva entrevista». Me respondió entre sonriente y desafiante: «Usted está equivocado. Al primero que le voy a dar esa entrevista es a usted». Poco le creí, pero por supuesto le agradecí con mucha cortesía tamaña promesa.

George W. Bush ganó la elección con un apretado y polémico recuento de votos, y por decisión de la Corte Suprema, ya que por primera vez en 112 años se daba ganador a un candidato que tenía menos votos populares (Al Gore lo superó por medio millón), y la elección se decidió por el llamado Colegio Electoral, que es lo que realmente cuenta a la hora de ganar o perder. Un sistema que los expertos conocen como «democracia indirecta», muy extraño y difícil de comprender.

El 20 de enero de 2001 Bush asumió como el presidente número 43 de la historia política norteamericana, y hasta fines de abril de ese año no habíamos recibido ni un mensaje de la Casa Blanca. «A los políticos no se les puede creer», pensaba con algo de enojo. Mi sorpresa fue grande cuando el lunes 30 de abril recibimos un llamado de la Casa Blanca con el siguiente mensaje: «El presidente Bush pocos días antes de su elección le prometió a Don Francisco que le daría su primera entrevista. Hasta ahora solo ha dado conferencias de prensa, y según lo prometido lo espera este viernes 4 de mayo en la "Sala de Mapas" de la Casa Blanca».

Cuando comenzamos a coordinar el viaje, nos dimos cuenta de que la invitación no solo era para una entrevista con el presidente Bush, sino además me pedían conducir el evento de celebración del 5 de mayo (fecha elegida por la Casa Blanca para celebrar la herencia hispana) en los jardines de la famosa casa presidencial norteamericana y a la cual ya habían comprometido su asistencia figuras como Thalía, Emilio Estefan, Pablo Montero y una serie de líderes hispanos y representantes de distintas comunidades del país. El presidente me presentó en este evento con unas pocas palabras en español bien agringado: «Don Francisco, mi Casa Blanca es su Casa Blanca. Don Frrrancisco, la carrra de los hispanos».

Todo esto ocurrió el viernes 4 de mayo. A las pocas horas teníamos *Sábado Gigante* en vivo con un programa especial dedicado precisamente a esta celebración de nuestra cultura como inmigrantes en Estados Unidos. Llegamos esa misma tarde a

Miami para revisar el material, editar y estar listos para el día siguiente. Por supuesto fuimos la envidia de todos los colegas, ya que el presidente nos había dado preferencia con una entrevista que ni los medios norteamericanos habían podido conseguir hasta ese momento. Otra muestra de la importancia que estábamos conquistando los 36 millones de hispanos que integrábamos esta apetecida comunidad de inmigrantes que poco a poco conseguía nuevas cuotas de influencia en Estados Unidos.

Se acercaba el final del primer periodo de Bush en la presidencia y para conseguir un segundo término debía enfrentar en las elecciones del 2 de noviembre de 2004 al influyente senador demócrata por Massachusetts John Kerry. En todas las encuestas los dos candidatos se mostraban empatados, y para los expertos era muy difícil predecir quién sería el ganador. Volvimos a la carga para intentar entrevistar a los aspirantes, y aquí ocurrió algo que me sorprendió, y me mostró claramente cómo a veces los norteamericanos enfrentan la ley.

La libertad de expresión y de religión en este país es un derecho establecido en la primera enmienda de la constitución, y se respeta como un deber sagrado. Ni el gobierno ni los propietarios o ejecutivos de los medios de comunicación pueden interferir en el trabajo de un periodista cuando se trata de entrevistar, sobre todo a los políticos. Hay códigos no escritos de respeto mutuo que hacen muy difícil, por ejemplo, que un entrevistado pida las preguntas con anticipación, o que un jefe pretenda un sesgo determinado al realizar la entrevista.

Por eso, me sorprendí profundamente cuando el mismo día en que el senador John Kerry nos había concedido la entrevista en un acto de campaña en Scranton, Pensilvania, y a solo dos días de las elecciones, recibí un inusual llamado de Jerrold Perenchio, Chief Executive Officer (CEO) de Univisión, uno de los principales accionistas de la compañía, y además presidente del directorio.

Debo decir que siempre tuvimos una buena relación, se declaraba admirador de nuestro trabajo y reconocía el impacto y la importancia del programa en Estados Unidos, pero muy pocas veces habíamos hablado por teléfono. Por eso me resultó doblemente curioso cuando me dijo al otro lado de la línea mientras nos dirigíamos al lugar del encuentro con el senador Kerry:

—*Hey Mario, how are you?* (Hola, Mario, ¿cómo estás tú?)

Tratando de pensar a gran velocidad por qué me estaba llamando, le dije:

—*Well. Thank you, Jerry. I'm here in Washington* (Bien, gracias Jerry. Ahora estoy en Washington).

Extrañamente me preguntó:

—*Holiday trip?* (¿Viaje de vacaciones?)

Rápidamente contesté:

—*No, Jerry. I'm on a business trip. I'm going to interview John Kerry* (No Jerry, estoy trabajando. Voy a entrevistar a John Kerry).

Su voz sonó más fuerte y clara:

—*Well Mario, hope all goes well. ¿You know I'm a republican, don't you?* (Bueno Mario, espero que todo salga bien. Sabes que yo soy republicano, ¿no?).

Me sentí algo incómodo, y sin saber cómo responder cerré la conversación diciéndole:

—*Now I know Jerry. See you in Miami* (Ahora lo sé, Jerry. Nos vemos en Miami).

Esta anécdota del llamado telefónico de Jerry Perenchio no fue obstáculo para hacerle al senador Kerry todas las preguntas que tenía preparadas, en especial aquellas que se referían a la forma en que enfrentaría los temas que más preocupaban a los hispanos si era elegido presidente. Soy de los que piensan que todo se puede preguntar, sin censura, con respeto y poniéndose en el lugar del lector, auditor o televidente, sin caer en la agresión o en la ofensa.

Para estas elecciones, tanto el senador Kerry como el presidente Bush y sus asesores en la Casa Blanca quedaron conformes con las entrevistas y nos hicieron llegar sus agradecimientos por la oportunidad de entregar su mensaje al votante hispano a través de nuestro programa. Al final, el presidente Bush ganó la elección por un estrecho margen, y siguió en la Casa Blanca hasta 2008.

Lamentablemente debo reconocer que si estas entrevistas hubiera que hacerlas hoy, quince años después, las preguntas serían casi las mismas, lo cual indica que los problemas de nuestra comunidad, lejos de solucionarse, siguen siendo materia de permanente preocupación. Temas como el drama de la separación familiar, las deportaciones, la posibilidad de legalización de los indocumentados, las leyes de protección temporal (TPS), el futuro de los estudiantes «Dreamers» o soñadores (Programa DACA) se transforman en recurrentes promesas de campaña, pero hasta ahora ni demócratas ni republicanos han tenido verdadera voluntad política de buscar una solución definitiva.

Tal vez por la manera respetuosa de relacionarnos con nuestros entrevistados hemos tenido el privilegio de mantener buen contacto con las máximas autoridades de los gobiernos tanto en Chile como en Estados Unidos.

Por eso no fue tan sorpresivo que María Luisa Calderón, quien maneja mágicamente mi agenda y todas mis actividades, me llamara de Miami a Santiago a mediados de 2006 para informarme que el presidente Bush me invitaba a cenar en los próximos días en un lugar determinado de Miami.

Me insistió varias veces que le habían advertido no comentar esta invitación con nadie por razones de seguridad. Habían pasado solo cinco años de los atentados a las Torres Gemelas de Nueva York y al edificio del Pentágono, y todo lo que se relacionara con actividades oficiales estaba rigurosamente protegido por el servicio secreto.

Con bastante curiosidad, al día siguiente nos comunicamos de nuevo con María Luisa para saber si tenía más detalles de la misteriosa invitación, y le pedí entre otras cosas que preguntara si era con esposa. La respuesta no demoró mucho. En efecto, Temy estaba incluida.

Ella estaba en Miami y yo en Santiago y la llamé de inmediato para contarle: «Mi amor, el presidente Bush nos está invitando a cenar el próximo domingo 26 de julio, pero por favor, no podemos decírselo a nadie». Ella con su suavidad acostumbrada me preguntó: «¿Y por qué no podemos decírselo a nadie?». Le respondí tratando de conservar la calma: «Temy, es lógico. No podemos decirle a nadie por razones de seguridad. Te repito. Por favor, no vayas a comentarlo con nadie».

Pasaron unas pocas horas y recibí un nuevo llamado de María Luisa. Un representante de la Casa Blanca se había comunicado para reiterar que esta era una invitación privada y que por favor no volviéramos a comentarla con nadie. ¿Qué había pasado, entonces? Temy había llamado a su peluquero a Washington para decirle que lo necesitaba porque estaba invitada a una cena con el presidente Bush.

Con toda mi delicadeza de esposo amoroso la llamé para decirle: «Temy, te dije que no lo podías comentar con nadie. Además, ¿para qué llamaste al peluquero a Washington si la cena será en Miami? Y no te preocupes tanto, porque será informal, incluso sin corbata».

Hasta hoy me pregunto, ¿cómo supo el servicio secreto que mi linda esposa necesitaba un peluquero? Creo que nunca tendremos la respuesta, pero ella con su inocente y doméstica necesidad de peinarse para la cena secreta casi provoca una crisis de seguridad nacional.

Llegó el día esperado. La cita era a las cinco de la tarde en el hotel Four Season del downtown de Miami. Llegamos diez minutos antes vestidos con nuestro estilo «chic de playa», que es una manera cursi de llamar a una tenida elegante pero deportiva. Había un gran contingente policial custodiando la entrada, helicópteros sobrevolando el área, platos satelitales y personajes vestidos como Rambo ubicados de manera estratégica.

Nos indicaron que debíamos mantenernos en el auto y esperar nuestro turno para avanzar. Estábamos en eso cuando un policía afroamericano se acercó a la ventanilla y nos dijo con gran autoridad: *«Yes, sir?»* (¿Sí, señor?). Con una sonrisa y voz impostada le dije en tono seguro: *«I'm invited by the president»* (Estoy invitado por el presidente). Obviamente mi respuesta no fue suficiente para él y me contestó: *«Your name?»* (¿Su nombre?). Entiendo que mi apellido no es fácil de leer así que lentamente le dije: «Mario y Temy Kreutzberger». El oficial revisó un pequeño papel, y diría que casi disfrutando de su momentánea cuota de poder nos respondió: *«You are not invited»* (Usted no está invitado).

Sorprendidos y algo desorientados tratamos de retroceder, cuando vi por el espejo que venía otra policía, esta vez rubia, bajita y con algunos kilos de más, que me saludó amablemente dándome la mano: *«Hey, Don Francisco... How are you...?»*. El oficial que me había interrogado antes escuchó ese nombre y miró otra vez su papelito y se acercó a nosotros diciéndonos: *«Don Francisco is invited»* (Don Francisco sí está invitado). ¡Qué locura!, pensé de inmediato. Don Francisco existe solo en la tele, ¿y ahora qué hacemos si hay que mostrar identificación? Por suerte no fue necesario mostrar nada más, y entramos Temy y yo de la mano al hotel convertidos en Don Francisco y su esposa, pensando que por poco no tuvimos que devolvernos a la casa con nuestra elegancia y frustrados por el fracaso de una cena con el presidente de Estados Unidos.

Llegamos a un salón escoltados por personal de seguridad, donde había otra pareja un poco mayor a la que saludamos respetuosamente moviendo la cabeza. Nos sentamos a esperar hasta que apareció otro matrimonio que se mostró muy afectuoso con los anteriores, por lo que imaginamos que ya se conocían.

Una de las señoras me miraba con insistencia hasta que no pudo más y se acercó para decirme: «*Sorry, sir. Your voice is very familiar to me. Are you Don Francisco from* Sábado Gigante?» (Perdón, señor. Su voz me suena muy familiar. ¿Es usted Don Francisco de *Sábado Gigante?*). Le respondí que sí, y se sentó sorprendida a conversar con nosotros. Nos dijo que no hablaba español, pero que la señora que trabajaba en su casa era de Guatemala y era algo sagrado para ella ver todos los sábados el programa. Casi susurrando nos preguntó si sabíamos por qué el presidente nos había extendido esa invitación. Nos dijo que su marido era jefe de obras en una construcción, y ni siquiera eran republicanos. Le dijimos que tampoco sabíamos por qué estábamos allí, ya que no estábamos relacionados con ningún partido ni con temas políticos.

Tomé a mi señora del brazo para alejarnos un poco del grupo y le dije: «Temy, creo que hemos sido invitados a la cena más cara de nuestra vida. Me imagino que ahora pasaremos a otro salón lleno de mesas, y ahí nos van a pedir una donación para algo».

Estábamos en eso, cuando entró el popular actor de origen cubano Andy García y su esposa, a quienes ya conocíamos. Después de saludarnos afectuosamente con abrazos y besos, me repitió la misma pregunta de la señora: «Mario, ¿sabes por qué nos invitaron a esto? Yo no soy republicano». Con más confianza y tratando de hacerme el entendido le comenté: «No te preocupes, Andy. Esto debe ser como las State Dinner (Cenas de Estado) de la Casa Blanca. Deben tener como diez salones chicos como este, y en cada uno van a ir juntando a la gente que ocupará cada mesa». Andy me respondió: «Entiendo Mario, pero eso no explica para qué es la cena». Tenía razón, y me encogí de hombros sin saber qué decir.

Me salvó en ese momento la entrada de Dan Marino y su esposa, el famoso *quarterback* (líder ofensivo) del fútbol norteamericano, un histórico del equipo de los Miami Dolphins, que llegó junto a otra pareja de similar edad. Después de la formalidad de los saludos, de nuevo, casi como un libreto cómico, surgió la pregunta de por qué estábamos ahí.

Ya habían comenzado incluso algunas bromas en el momento en que entró un personaje corpulento y con cara de pocos amigos, quien nos señaló: «Señores, sus automóviles se quedan aquí. Por razones de seguridad serán transportados en un vehículo del servicio presidencial a un lugar que les vamos a comunicar oportunamente. Al terminar la cena, todos serán regresados a este hotel».

La curiosidad aumentaba a cada momento. Caminamos en una silenciosa y disciplinada fila hasta una camioneta negra y de vidrios oscuros estacionada en la puerta del hotel. Mientras nos subíamos, Andy me volvió a preguntar si tenía alguna idea de adónde nos llevaban y para qué. Haciéndome el experto de nuevo, le contesté: «Andy, estas cosas son así. Seguro hay diez camionetas como esta saliendo de distintos hoteles, y todos vamos al mismo lugar donde nos reuniremos unas cien personas».

Avanzamos escoltados por calles y autopistas de Miami en medio de un intenso tráfico, hasta que de pronto enfilamos hacia Miami Beach y nos detuvimos frente al exclusivo y centenario restaurante Joe's Stone Crab de la avenida Washington, famoso por sus deliciosas patas de cangrejo de roca.

Entramos por una puerta lateral rodeados por el servicio secreto hasta llegar a un comedor privado, donde había una mesa decorada para catorce personas. Todas mis especulaciones de experto se derrumbaron. Lo exclusivo de la cena inquietó aún más a todo el grupo. Solo estaríamos nosotros y el presidente de Estados Unidos.

El maître era chileno y con Temy lo conocíamos de visitas anteriores. Nos sentimos un poco más en confianza. Aparte de darnos la bienvenida con una gran sonrisa, nos indicó los lugares de cada uno y para mí surgió una nueva preocupación, ya que frente a nosotros estaban los dos únicos asientos vacíos de toda la mesa.

Estábamos degustando un champagne cuando sin mucho anuncio ingresó el presidente Bush y su hermano Jeb, quien entonces era gobernador del estado de La Florida. El primer mandatario se sentó justo frente a mí, y de manera muy afectuosa nos agradeció a todos el que hubiéramos aceptado la invitación y nos invitó a disfrutar de una relajada cena. Entretanto, los meseros nos ponían los tradicionales «baberos» (delantales) para protegernos del banquete de cangrejos que venía en camino y que, como es tradición, se debe comer con las manos.

Por unos segundos pasaron por mi cabeza mil imágenes. Pensaba en mi vida llena de experiencias tan diversas, y lo que significaba que un modesto hijo de inmigrantes nacido en Talca, Chile, estuviera sentado con su esposa cenando frente a frente con el presidente de Estados Unidos, considerado por muchos como el hombre más poderoso del planeta. Sentí un escalofrío que recorrió mi espalda, y también pensé en la responsabilidad que tenía en ese momento como parte de la comunidad hispana de este país, para expresar algunas de nuestras inquietudes y preocupaciones.

El presidente se dirigió a los mayores y les dijo que era admirador de todos ellos, y recordó con detalles la participación de cada uno en el equipo de los Miami Dolphins de 1972 cuando al mando de Don Shula terminaron como el único invicto del campeonato, y derrotando en el Super Bowl a los Washington Redskins (todo esto lo tuve que aprender después).

Contaron anécdotas de la época, entretelones de esos partidos históricos, hazañas de las estrellas presentes, y yo solo atinaba a mover la cabeza de un lado a otro escuchando la conversación y tratando de buscar algo en lo que pudiera meterme y participar. Me sentía bastante perdido, ya que al no entender absolutamente nada de fútbol americano y no ser el inglés mi primera lengua, estaba en un lugar de privilegio de la mesa, pero impedido de aportar y opinar. Tampoco en esos años existía la gran tabla de salvación de hoy en casos como este, que con el celular uno rápidamente busca en google algún dato que no lo haga parecer tan ajeno a lo que se está conversando.

El presidente se dirigió a uno de los exjugadores, que debió ser muy importante por los recuerdos que hizo de sus proezas en la cancha, y le preguntó con algo de nostalgia cómo estaba su vida. El invitado le respondió: *«Well, I'm a foreman of a construction and these days we could do anything because "la migra" came and we ran out of workers»* (Bueno, soy capataz de una construcción y en estos días no hemos podido hacer nada porque vino «la migra» y nos quedamos sin trabajadores). Jeb se giró hacia su hermano y le dijo: *«George, I insist to you that this system of persecution does not work»* (George, te insisto que este sistema de persecuciones no funciona). El presidente le respondió: *«Yes, Jeb. I know. We have to solve it»* (Sí, Jeb, lo sé. Tenemos que resolverlo).

Para tratar de intervenir, hice un chiste muy tonto en español que por supuesto nadie entendió: «Es que la migra da migraña». Todos me miraron con cara de pregunta, y yo, tratando de salir del embrollo, decidí ponerme serio y comentar con el presidente algunos temas relacionados con Chile, que me respondió amablemente, aunque al final dijo: *«But where we really have problems is in the Middle East»* (Pero donde realmente tenemos problemas es en el Medio Oriente). Recordamos en ese momento que solo dos semanas antes de la cena se había declarado la sangrienta guerra del Líbano, que duró treinta y tres días y dejó más de mil quinientas víctimas.

La conversación recorría diversos temas, y el presidente aprovechaba de matizar con anécdotas de sus viajes por el mundo y contar sabrosas intimidades de sus encuentros con los líderes de las naciones más poderosas de la tierra, que por su contenido quedarán guardadas solo en la memoria de quienes estábamos esa noche reunidos.

Fue una cena distendida, en la que reímos, conversamos como grandes amigos, y terminamos alegremente sacándonos fotos con el presidente, incluido el personal de Joe's Stone Crab, que nos atendió con gran amabilidad y discreción. Todo estuvo de primer nivel, pero hasta hoy sigo sin una respuesta a la pregunta sobre el motivo de la invitación. Para mi ego serviría mucho decir que estuve ahí porque soy simpático o famoso, pero en esa mesa había varios que respondían mejor que yo a esas generosas calificaciones.

Se acercaba el 2008 y por lo tanto nuevas elecciones en Estados Unidos en medio de una grave situación económica que afectaba al país tras la quiebra de Lehman Brothers, el cuarto banco de inversiones más importante del país, lo que desencadenó una grave recesión mundial. Como siempre en estas crisis, los más afectados son los que menos tienen, y eso ocurrió al explotar también la llamada «burbuja hipotecaria» norteamericana que dejó a muchos debiendo el doble y hasta el triple por sus casas porque los valores del mercado se fueron al piso. La gente devolvía masivamente sus propiedades al no poder pagarlas, y las grandes empresas sacaban a miles y miles de trabajadores para reducir gastos y evitar el desplome junto al aterrado mundo de Wall Street.

Los candidatos que llegaban a disputarse el siguiente periodo presidencial eran dos senadores de larga trayectoria en la política y con características muy particulares. Por el partido demócrata se presentaba el joven afroamericano Barack Obama, de cuarenta y siete años, y por el partido republicano John

McCain, de setenta y dos años, reconocido héroe de la guerra de Vietnam. Ambos sabían que para ganar la elección no solo debían redoblar sus esfuerzos para enfrentar con claridad los delicados temas que preocupaban en ese momento al electorado, sino que también debían captar la simpatía de los cincuenta millones de hispanos que ya eran el 15 por ciento de la población del país.

En ese entonces, *Sábado Gigante* llevaba veintitrés años liderando la sintonía de la televisión en español en Estados Unidos, con una sólida historia de éxitos y adaptaciones, que nos impulsaron el 2008 a intentar un salto tecnológico y cambiar nuestros clásicos concursos corpóreos por grandes pantallas digitales incorporando por primera vez sofisticados equipos de computación y programación a nuestros juegos. La comunidad hispana nos regalaba su aplauso y reconocimiento, y por esta razón seguíamos siendo una plataforma interesante para que los candidatos buscaran empatizar con los votantes en estos periodos de elecciones.

La primera entrevista la realizamos al senador Obama el 21 de octubre de 2008 en un acto de campaña en el centro de Miami. Lo había visto un par de veces en entrevistas para la televisión norteamericana. Era una calurosa y húmeda tarde en una explanada a orillas de la bahía, bajo una carpa que nos sirvió de improvisado set. Al saludarlo me sorprendió por su estatura y juventud, su buen estado físico, casi atlético, su facilidad para comunicarse, y porque en la entrevista entregó respuestas sólidas y bien documentadas a cada una de nuestras preguntas.

Como todo candidato nos dio un mensaje lleno de esperanza y su visión de cómo enfrentar la peor crisis económica del mundo en noventa años bajo el lema de su campaña «*Yes we can*» (Sí podemos») y «*Change we can believe in*» (Un cambio en el que podemos creer). Sobre temas de inmigración, que eran los que más nos preocupaba preguntarle, ofreció soluciones que parecían posibles, sobre todo para un sector de los doce millones de indocumentados que había en el país.

Y para dar oportunidad a los aspirantes de ambos partidos, también entrevistamos al senador John McCain en su rancho «Hidden Valley» (Rancho Escondido) cerca de Cornville, un poblado campestre ubicado a más de 160 kilómetros (100 mi) de Phoenix, capital del estado de Arizona. No entiendo por qué algunos de los candidatos tienen sus casas de campo o ranchos en lugares tan remotos y de difícil acceso, o como dicen en mi tierra «donde el diablo perdió el poncho». ¿Será para arrancar de la presión que significa la política en Washington? ¿O tal vez para que la prensa tenga tantas dificultades para llegar que prefiera desistir del intento? No lo sabemos, pero a veces son viajes muy complicados.

Recuerdo que para llegar al hogar de la familia McCain alquilamos una casa rodante que no era de las más modernas, por lo tanto tenía pocas comodidades para la cantidad de horas que debíamos estar encerrados en ella. Me acompañaba el equipo de camarógrafos y sonidistas, la productora Massiel Ojito y el director Vicente Riesgo. La suspensión del vehículo no estaba en buenas condiciones, y quedamos bastante golpeados con los numerosos saltos del camino. Llegamos como se dice «con el culo a cuadros», aunque felices de haber logrado el objetivo, porque fue una verdadera travesía por los cerros y quebradas de Arizona.

Al entrar al «Rancho Escondido» (bastante escondido) del senador, me pareció estar viviendo una aventura hollywoodense. El estilo de la casa era de esos que se ven en las películas de cowboys del viejo oeste, donde en cualquier momento pudiera aparecer desde un rincón Hopalong Cassidy o Roy Rogers, pero todo con un toque moderno y más amable. Desde el fondo de un pasillo vino a saludarnos el senador con su esposa Cindy, quienes se mostraron muy sencillos y afectuosos. Ella, rubia platinada de sonrisa continua, y él, debo decir, se veía frágil y con la salud quebrantada. En las cuatro horas que compartimos, me pareció incluso que hacía un gran sacrificio para mantenerse activo en esta dura batalla por la presidencia de Estados Unidos.

Por unos segundos, guardando las proporciones, me vi reflejado en él. McCain tenía solo cuatro años más que yo, y varias señales me estaban indicando que debía enfrentar la realidad del paso del tiempo aunque mi mente se negara a pensar en ello. Al igual que el senador, estaba dedicado en cuerpo y alma a lo que más me gustaba hacer, pero... ¿hasta dónde?, ¿hasta cuándo?

Mientras el equipo se instalaba, y estos pensamientos daban vueltas en mi cabeza, McCain me invitó a dar un paseo por su hermosa y cálida casa rodeada de vegetación, muchas flores y como música de fondo el apacible canto de los pájaros. Mientras avanzábamos lentamente por los corredores, noté que respiraba con dificultad y que tras su amplia camisa se ocultaban las cicatrices que le dejó la guerra y los cinco años de brutales torturas y cautiverio en Vietnam. Pocas horas antes con el equipo habíamos leído y comentado en detalle lo que este famoso héroe norteamericano vivió y sufrió en 1967 después de que su avión fuera derribado por un misil sobre Hanói. Una guerra que inició con cabello oscuro y de la cual salió con pelo canoso, envejecido y con el cuerpo debilitado, vulnerable y lleno de heridas.

Comenzamos la entrevista y de inmediato entramos a los temas de fondo que más preocupaban a nuestra comunidad, y que al paso de los años comienzan a cansar ya que son las mismas preguntas de siempre, con casi idénticas respuestas, que luego se traducen en muy pocas soluciones reales. McCain fue muy enérgico en reconocer el aporte de los hispanos a Estados Unidos, pero tenía menos «ofertones» que su contrincante demócrata. Nos dijo que todas las reformas migratorias requerían de grandes inversiones, y que antes de pensar en ellas y prometerlas había que tener claro de dónde se obtendrían los recursos. Sin duda ofreció menos, pero al mismo tiempo me pareció poco convencido de querer ganar la presidencia.

Finalmente, el senador Obama fue elegido con el 67 por ciento del voto hispano y se convirtió en el primer presidente afroamericano en la historia política de Estados Unidos, y ganó a McCain por un amplio margen de diez millones de votos populares y más del doble de los votos electorales. Al llegar a la Casa Blanca tuvo siempre gestos de acercamiento con los hispanos, y en varias ocasiones fuimos invitados a eventos y entrevistas.

Sin embargo, su gobierno, aunque en algunas áreas logró importantes avances, dejó varias promesas incumplidas con nuestra comunidad. Su principal logro fue el programa conocido como DACA que, mediante una orden ejecutiva de 2012, dio protección a setecientos cincuenta mil estudiantes «Dreamers» (Soñadores) que habían llegado a este país siendo pequeños y pertenecían a familias de indocumentados. Con este programa ahora podían estudiar y trabajar sin el riesgo de una deportación.

Tristemente será recordada como la administración que realizó más deportaciones de indocumentados. Desde el 2009 al 2016 más de 2.6 millones de inmigrantes fueron expulsados del país, lo cual significa un promedio de novecientas personas cada día. En entrevistas que le hicimos durante su presidencia siempre nos dijo que presionó con insistencia a la oposición republicana para aprobar la esperada reforma migratoria, pero que ellos nunca estuvieron dispuestos a negociarla.

Recuerdo sobre todo una reunión en mayo de 2011 a la que fuimos convocados varios comunicadores y artistas para hablar de esta frustrada reforma migratoria. Había absoluta mayoría femenina en el encuentro. Entre otras personalidades estaban Eva Longoria, Rosario Dawson, América Ferrera, Lili Estefan, María Elena Salinas, y conocidas figuras del cine y la televisión hispanas. En total unas veinte personas que nos ubicamos en torno a una mesa. Mientras esperábamos la llegada del presidente varias de ellas confesaron que lo encontraban un hombre «atractivo», lo cual en esas circunstancias me pareció un comentario curioso pero que de alguna manera sirvió para relajar el ambiente.

Su entrada fue triunfal. Sonriente, con paso seguro, saludando afectuosamente a todos los presentes. Comenzó agradeciendo a todos por haberse tomado el tiempo para estar ahí, y nos señaló que su deseo era explicar a los líderes de opinión hispanos lo que su gobierno estaba haciendo en favor de nuestra gente.

No habían pasado más de tres minutos cuando uno de sus asesores irrumpió en la sala y fue directo hacia el mandatario diciéndole: «Perdón, señor presidente, este mensaje es para usted». Le entregó una pequeña tarjeta doblada que el presidente abrió de inmediato, leyó y se quedó en silencio por al menos un minuto que a todos se nos hizo eterno. Luego volvió a doblar la tarjeta, la guardó en el bolsillo, se giró hacia el asesor y le dijo con rostro muy serio: «Ok».

Me imaginé que algo muy importante estaba ocurriendo para que alguien interrumpiera una reunión en la Casa Blanca y dejara pensativo al presidente de Estados Unidos. Pese a este breve incidente, la reunión se desarrolló normalmente, fue muy afectuoso con todos, escuchamos, opinamos, nos despedimos y nos fuimos.

Salí rápidamente para encender la radio del auto y saber qué estaba pasando. Sin duda lo que decía el papelito era muy importante: El presidente Obama estaba en ese preciso momento dando la orden de iniciar la «Operación Neptuno», con la que unidades de elite de las fuerzas militares norteamericanas atacarían el escondite de Osama Bin Laden en Pakistán. Pocos días después, el 2 de mayo, el mismo presidente anunciaba que la misión había concluido con éxito, dejando cinco víctimas fatales que resistieron el ataque, entre ellas el famoso terrorista y líder de Al Qaeda y su esposa.

Se cumplían diez años del dramático atentado a las Torres Gemelas y al Pentágono, y la captura y muerte de Bin Laden le daba a Obama una clara ventaja para sus intenciones de reelegirse el 2012. Su oponente sería el exitoso empresario y político republicano Mitt Romney, exgobernador de Massachusetts y ferviente seguidor del Movimiento religioso de los Santos de los Últimos días, conocidos popularmente como «Mormones».

Los hispanos entretanto seguíamos creciendo y las cifras nos ubicaban sobre los 53 millones de habitantes en Estados Unidos, es decir, un 15 por ciento de la población. Desde la Casa Blanca no tuvimos ningún problema en hacer las coordinaciones para entrevistar al presidente.

Sin embargo, me sorprendió que desde el comando de campaña del candidato republicano ni siquiera obtuviéramos una respuesta, tal como le ocurrió a la mayoría de los medios de comunicación hispanos que lo intentaron. Recuerdo que Romney solo dio una entrevista a Jorge Ramos, conductor del noticiero Univisión, en la que entregó respuestas políticamente correctas, pero se mostró muy poco flexible en temas migratorios.

Me pareció más extraño aún que no accediera a nuestra petición, considerando que *Sábado Gigante* estaba en un año estelar, cumpliendo cinco décadas en el aire, con mucha promoción, liderando la sintonía en la televisión en español y con una gran cobertura en los medios. Desde luego Mitt Romney no midió la importancia de nuestra comunidad.

Muy diferente fue lo que ocurrió con la campaña para reelegir al presidente Obama, para quien el voto hispano era fundamental para conseguir su reelección, sobre todo porque se sentía en deuda con nuestra comunidad por las promesas incumplidas de los primeros cuatro años de gobierno.

La condición que nos puso la Casa Blanca para la entrevista era muy curiosa y diferente. Nos pedían realizarla en el Jardín de Rosas, ubicado a unos pasos de la oficina oval, un lugar de mucha tradición para eventos y ceremonias oficiales importantes. Al hermoso y bien cuidado jardín convergen varias veredas por donde nos pidieron que grabáramos imágenes del presidente caminando junto a mí.

Acordamos con los asesores del presidente Obama dejar para el final la caminata para instalar nuestras cámaras y luces en el lugar de la entrevista. Estábamos bien preparados con nuestros «papelógrafos» (también llamados rotafolios) con toda la entrevista escrita en letras grandes y en perfecto inglés para no fallar.

Mientras ensayábamos posiciones y hacíamos las pruebas de sonido, discutimos con la productora Massiel Ojito sobre la forma de enfrentar la conversación con el presidente. Le decía: «Massiel, el presidente está en campaña y sabe perfectamente todo lo que le vamos a preguntar. Eso significa que en la primera respuesta va a tratar de responder todas las preguntas que tienes ahí, incluso las que hablan de temas conflictivos».

Estábamos a pocos minutos de que Obama apareciera y la productora algo nerviosa me preguntó: «¿Entonces qué hacemos?». Con mi mayor tranquilidad y apelando a mi experiencia le dije: «No te preocupes. Sé cómo lo voy a enfrentar. Lo voy a sorprender preguntándole algo para lo cual no viene preparado».

Apareció el presidente Obama y pude reconfirmar lo que ya había ocurrido en ocasiones anteriores. Su presencia producía algo especial en las mujere, que se olvidaban rápidamente de todas las consignas del movimiento *Me Too* y se sentían abiertamente atraídas por su figura. Y las entiendo. Aunque soy hombre, reconozco que es muy carismático, con una personalidad chispeante, alegre, positivo y, hay que decirlo, bastante coqueto.

Nos sentamos, como es costumbre en estas entrevistas, uno frente al otro, con un poco de ángulo para las cámaras. Mirando de reojo las preguntas del papelógrafo, comencé mi trabajo: «Gracias por la oportunidad de conversar nuevamente». Y entonces puse en práctica lo que aprendí con los años y que le había adelantado a Massiel minutos antes: «Señor presidente, hace cuatro años cuando conversamos tenía todo el pelo negro, y ahora en cambio casi todo es blanco. ¿Es que el país le ha sacado todas esas canas?».

Se le notó en la cara que no esperaba la pregunta, y gracias a ese inesperado comienzo pude entrar también en su vida afectiva y familiar. Hablamos del amor, de su esposa y de las hijas. Se sacó por unos minutos el uniforme de presidente y se transformó en un ser humano como todos.

Luego vinieron las preguntas políticas y tal como imaginé, en la primera respondió todos los temas sensibles y conflictivos para dejar poco espacio a lo que pudiera ser más incómodo. Al terminar, nos cortaron los micrófonos para grabar la caminata que habíamos acordado y mientras avanzábamos, el presidente cambió totalmente el tono de la conversación y se mostró cercano como jamás lo había visto antes y me dijo: «Ahí, desde esa ventana de la oficina oval donde trabajo todo el día, puedo ver a mis hijas cuando están en el jardín. Por eso pedí que instalaran aquí estos juegos, donde ellas vienen a entretenerse después de la escuela».

Como sabía que nadie nos escuchaba porque además las cámaras nos seguían a la distancia, lo interrumpí: «Presidente, faltan tres días para la elección. ¿Qué piensa? ¿Cree que va a ganar?». Me respondió con absoluta franqueza: «Don Francisco, si se logra mantener el valor del euro, yo gano. En caso contrario, pierdo esta elección». En ese momento pensé para mis adentros: «Qué lástima que todo esto no pueda salir al aire, porque aquí estaba la gran noticia mundial que solo yo escuché».

Hay que recordar que Barack Obama asumió la presidencia en medio de una de las mayores crisis económicas del mundo en la historia moderna, y que al final de su primer mandato la recuperación de Estados Unidos aún estaba en un frágil proceso de estabilización, según indicaban los expertos. Por eso, el peligro de que el euro pudiera mejorar su valor amenazaba de nuevo a la moneda norteamericana, ponía en riesgo la recuperación y por lo tanto también la reelección de Obama. No crean que soy experto en estos temas. Estoy muy lejos de serlo, pero me preocupé de estudiarlos para entender esta frase del presidente que nunca pudo salir al aire, pero que habría sido titular en el mundo entero si hubiéramos podido transmitirla.

Al final, el martes 6 de noviembre de 2012, como era de esperarse, Obama ganó la elección a Mitt Romney por una amplia diferencia de más de seis millones de votos, lo cual le permitió quedarse en la Casa Blanca por un segundo mandato hasta el 2017. Los analistas señalan que los hispanos fueron muy importantes en este triunfo, ya que más del 70 por ciento de los votantes de nuestra comunidad le dio su preferencia al presidente, y solo un 27 por ciento al candidato republicano, quien durante su campaña había dado la espalda a los latinos.

La era Trump

El 2016 fue para mí como un nuevo comienzo, ya que el 19 de septiembre del año anterior había cerrado el capítulo del proyecto laboral más importante de mi vida: *Sábado Gigante*. Tal como he señalado y señalaré en varias ocasiones en este libro, lo hice porque ya sentía en el alma y en el cuerpo el implacable paso del tiempo.

Pero tenía tantas ganas de seguir trabajando que recibí con pasión y entusiasmo la invitación de César Conde para incorporarme por dos años a Telemundo, y hacer desde ahí un programa de conversación para las noches del domingo.

Sabía que no era lo mismo enfrentar un horario en el que esta cadena no tenía historia de programación, y considerando además que las diez de la noche de un domingo es tarde para nuestro público hispano que en general debe salir muy temprano al día siguiente a trabajar. Era un gran desafío ya que el horario debíamos ganarlo a pulso, y los programas que nos precedieron habían logrado muy bajos niveles de audiencia.

Tanto *Don Francisco te invita* (así bautizamos al nuevo proyecto) como mi relación con el público de Telemundo había que construirlos desde cero, desde los cimientos y, peor aún, sobre un terreno baldío sin agua ni electricidad. Sentía que lo único que nos entregaron fue un galpón vacío, un par de sillas, aunque mucho entusiasmo.

Queríamos salir al aire lo antes posible y para eso reconstruimos casi por completo el equipo humano de *Sábado Gigante* y diseñamos una moderna escenografía repleta de pantallas digitales.

Por un lado, me disponía una vez más en mi vida a tomar riesgos y desafiar mis sueños artísticos, y por otro en la política norteamericana se iniciaba una nueva batalla por quién sería el ocupante del privilegiado y buscado sillón de la oficina oval por los próximos cuatro años en la poderosa Casa Blanca.

Para las elecciones del 8 de noviembre de 2016 se anunciaba el enfrentamiento de la candidata demócrata Hillary Clinton y por el partido republicano el contendor sería el empresario Donald Trump. Clinton, con una larga carrera política como primera dama, senadora y secretaria de Estado, y Trump, un conocido hombre de negocios y rostro de realities de televisión, con una gigantesca maquinaria de marketing personal. En Estados Unidos el sello Trump es sinónimo de riqueza, de éxito y es destacado con letras de oro en las fachadas de sus lujosas cadenas hoteleras, campos de golf y grandes desarrollos inmobiliarios.

Pensé que, como una forma de comenzar con el pie derecho esta nueva era en Telemundo, lo primero que teníamos que hacer para obtener prestigio y marcar presencia era conseguir entrevistar a los candidatos para estas elecciones. Así lo habíamos hecho en Univisión durante quince años, lo que se había transformado casi en una tradición para quienes aspiraban a la presidencia, porque nos consideraban una buena plataforma para conectar con el importante público elector hispano.

Tenía muy claro que sería difícil, por no decir imposible, que el candidato Donald Trump me concediera una entrevista, ya que representaba a un canal hispano, y gran parte de su retórica contenía mensajes en contra de nuestra comunidad.

Parecía más posible entonces conseguir a Hillary Clinton y, para asegurarme, pedí que enviaran a su jefe de campaña una copia de las entrevistas anteriores que hicimos a los candidatos y presidentes. Fueron varios intentos apelando incluso a la ayuda de importantes contactos en las altas esferas, pero ni siquiera recibimos acuso de recibo para nuestra petición.

En ese momento me di cuenta de algo que me costó mucho asumir: con el cambio de casa televisiva habíamos perdido varias cosas, entre ellas nuestros galones y gran parte de los niveles de influencia que habíamos logrado en casi treinta años en Estados Unidos. Tuve que aceptar que *Don Francisco te invita* era un programa desconocido, con menos audiencia y sin la historia de éxitos y el impacto que teníamos con *Sábado Gigante*.

Pese a la nueva realidad, seguimos haciendo esfuerzos, aunque al final nos rendimos a la evidencia. Por primera vez en más de veinte años no entrevistaría a los candidatos, y tendría que conformarme con ser un observador a distancia en esta nueva lucha por la presidencia de Estados Unidos, en una elección que ya se caracterizaba por un alto nivel de enfrentamiento.

En la recta final de la campaña la mayoría de las encuestas daban por ganadora a Hillary, lo cual era también avalado por expertos, pero debo decir que la mayoría no consideró en sus análisis la variable más importante: Donald Trump era el rey del marketing y aunque perdió por cerca de tres millones de votos populares, contra todo pronóstico ganó la elección gracias a los llamados «votos electorales» (304 contra 227 de Hillary) y se quedó con la presidencia.

Fiel a mis principios, no quiero hablar de aspectos políticos de la presidencia de Trump, pero sí comentar lo que sentí y observé durante los cuatro años en que se desarrolló su mandato.

Desde siempre fue un candidato atípico y un político no tradicional. Mejor dicho, nunca fue un político. Su actuar era muy diferente al de sus antecesores, ya fueran republicanos, demócratas o independientes.

Una de las características propias de los gobernantes es que durante sus campañas hacen muchas promesas y al final de su mandato son pocas las que logran cumplir, y a veces ninguna. Pero en algo estoy claro: el resultado final de una presidencia depende del cristal político que tenga el que opina o evalúa.

En la oferta de Trump, había algunas propuestas que era muy difícil que pudieran hacerse realidad, aunque un porcentaje importante de sus partidarios siempre le creyó sin cuestionarlo. Un buen ejemplo es el muro que se construiría en la frontera entre México y Estados Unidos. En su discurso de campaña insistía en que lo pagaría el gobierno mexicano, pero muchos entendíamos que eso no tenía grandes posibilidades de ocurrir.

En definitiva, el gobierno mexicano no pagó ni un solo dólar, y del polémico muro se construyó un porcentaje insignificante. Sin embargo, una cifra importante de sus seguidores creía en su propuesta y estoy seguro de que todavía la respalda.

Entre mensajes encendidos y discusiones públicas de todo tipo transcurrieron los cuarenta y ocho meses que duró su presidencia, mientras retiraba al país de importantes acuerdos internacionales y organizaciones globales y se distanciaba de los principales líderes mundiales.

Además, en mi opinión, tuvo una gran virtud, ya que dicen los especialistas que es el único presidente que consiguió estar en los medios de comunicación como protagonista infaltable de las noticias los 1460 días que estuvo en la Casa Blanca. Esa estrategia hizo que crecieran sus seguidores, aunque al mismo tiempo dividió al pueblo norteamericano como pocas veces se ha visto en la historia política del país. Aumentaron las protestas y marchas a favor y en contra del gobierno, algunas con expresiones de violencia sorprendentes.

Las conversaciones políticas producían fuertes rupturas entre familias y amigos. Si se quería evitar discusiones, en cualquier encuentro era mejor no hablar de temas políticos.

Todo esto me fue pareciendo cada vez más contradictorio, porque luego de vivir casi cuatro décadas en Estados Unidos he aprendido a valorar a este país por su gran capacidad para encontrar acuerdos, nuevos caminos de entendimiento y liderar por lo mismo a la gran sociedad mundial.

Sentía que este estilo del presidente y su gobierno producía más divisiones que encuentros. Muchos incluso reclamaban que Estados Unidos estaba perdiendo prestigio y liderazgo mundial, aunque sus defensores apoyaban y justificaban cada uno de sus dichos y acciones, por polémicos que parecieran.

Desde que comenzó su campaña de reelección insistió ante sus partidarios que debían defenderlo porque intentarían robarle su triunfo con un fraude.

Hay que decir que al acercarse la elección las encuestas le daban la espalda y señalaban a Joe Biden ganando por amplio margen. Aunque el resultado no fue tan contundente como se predijo, Joe Biden consiguió trescientos seis votos electorales de los doscientos setenta que necesitaba.

El presidente Trump no se amilanó frente a la evidente y clara derrota, y usó todo su poder y recursos para torcer el resultado, insistiendo sin pruebas que le habían robado los votos, aunque al final sus demandas fueron rechazadas por la institucionalidad norteamericana. Todas las reclamaciones chocaron con la ley y el orden establecido.

Luego de esta larga lucha llegó el gran día en que representantes y senadores debían confirmar el resultado de los votos electorales emitidos por cada estado. Ello ocurriría al mediodía del 6 de enero de 2021. La ceremonia comenzó con absoluta tranquilidad, pero fue interrumpida abruptamente. Todos vimos con estupor y en vivo cómo una violenta turba asaltaba el Capitolio y obligaba a congresistas y representantes a buscar refugio para proteger su seguridad.

Ante las dramáticas imágenes muchos pensamos en lo peor, pero una vez más ganaron la democracia y el sentido común, y a las pocas horas retornó la calma al Capitolio, se reinició la sesión y ambos partidos no solo rechazaron categóricamente el vandalismo, sino que se unieron en mayoría absoluta para declarar a Joe Biden como el nuevo presidente electo del país.

Al comenzar este relato dije que quería comentar lo que vi y escuché en estos meses y mis sensaciones al respecto, por eso soy transparente y señalo que hay algo que sigo sin entender: Donald Trump obtuvo setenta y cuatro millones de votos y Joe Biden ochenta y un millones. Ambos recibieron la más alta votación de la historia política de Estados Unidos. ¿Cómo es posible? Es un resultado que da casi un 50 por ciento a cada uno, con dos programas de gobierno diametralmente opuestos. ¿Pueden coexistir en un mismo país visiones tan diferentes frente a la vida y la sociedad?

Horas después del incidente en el Capitolio hablé con varios amigos y la mayoría rechazaba el asalto ocurrido. Sin embargo, en la misma reunión, otros parecían haber visto una película completamente diferente. Me refiero a personas que considero informadas y preparadas, de buen nivel intelectual, pero que están totalmente convencidas de que a Donald Trump le robaron la elección, y condenaban con debilidad al grupo de violentistas. El sector contrario, en cambio, insistía en que los revoltosos formaban parte de grupos organizados y preparados para dar un autogolpe.

Al día siguiente de lo que ya se considera como una histórica afrenta a la institucionalidad norteamericana, los que creemos en la democracia teníamos una sensación de alivio, al tiempo que nos sorprendíamos al ver las imágenes de lo que realmente había pasado dentro de ese edificio violentado, que es considerado la gran catedral de la institucionalidad del país.

Se decía que los senadores habían estado en peligro de muerte, en especial el vicepresidente Mike Pence, ya que los grupos de furiosos exaltados coreaban canciones amenazantes en su contra. Había expertos que afirmaban incluso que existían antecedentes y pruebas para señalar que esto había sido una especie de golpe de Estado, aunque otros negaban que hubiera habido una conspiración. En definitiva, cada uno interpretaba el incidente dependiendo del bando en que se situara.

El paso de los días se convirtió en una guerra de nervios y surgieron nuevas amenazas que obligaban a severas medidas de seguridad. El presidente, aunque hacía llamados a la calma, también se contradecía al seguir insistiendo en que le habían robado la elección.

Algunos líderes políticos pidieron su inmediata destitución por incitación a la violencia y poner en riesgo la estabilidad de la democracia, pero el vicepresidente —quien debía legalmente iniciar ese proceso— no aceptó el requerimiento. La Cámara de Representantes, entonces, intentó el camino del *impeachment* (acusación constitucional), proceso que si el Congreso aprobaba podía significar su inhabilitación de por vida para ejercer cargos públicos, incluida por supuesto la presidencia. Con esta acusación, que quedó pendiente de votación en el Congreso, ya se convirtió en el primer presidente de la historia norteamericana en recibir dos *impeachment* durante su mandato.

Algunos prominentes republicanos declaran abiertamente que ya no lo quieren en el partido, mientras otros sostienen que se debe esperar, ya que en sus manos está casi el 50 por ciento del electorado.

La última semana antes del cambio de mando fue la más tensa. Washington parecía una ciudad en estado de guerra. El Capitolio y la Casa Blanca estaban rodeados por altas rejas metálicas con alambres de púas, y barreras de cemento para impedir el paso de vehículos, algo jamás visto en esta ciudad. Veinticinco mil soldados de la Guardia Nacional llegaron a la capital para defender el proceso de transición. Se conoció además de amenazas a otros cincuenta capitolios de los diferentes estados del país, que provenían de grupos de fanáticos que siguen creyendo que a Trump le robaron la elección.

Pero el gran día llegó. Confieso que esperaba con ansiedad acumulada y mucho nerviosismo esta transmisión del mando y la entrega definitiva del poder a Joe Biden como el presidente número 46 de los Estados Unidos.

En la mañana de ese histórico 20 de enero de 2021 a las 8:15, tal como lo habían anunciado sus voceros, el presidente y su esposa Melania salieron de la Casa Blanca con destino a Mar-a-Lago, un club privado de su propiedad en Palm Beach, Florida, que será por ahora su nueva residencia.

Había mucha expectativa mientras se le vio subiendo al helicóptero Marine One que lo transportaría a la Base Andrews donde abordaría por última vez el avión presidencial conocido como Air Force One. Yo me sentía nervioso porque su personalidad se había vuelto tan impredecible para mí, que nunca tuve certeza de sus verdaderas intenciones y decisiones.

Escribo estas líneas el mismo día en que se realizó la esperada ceremonia de cambio de mando, a la cual Trump decidió no asistir, convirtiéndose en el primer presidente norteamericano en ciento cincuenta años que se niega a participar, y en el cuarto en la historia en no hacerlo.

Expreso abiertamente mis respetos a los organizadores de cada acto que vimos en el día de la investidura. Todo perfectamente estudiado, coordinado, y ensayado.

Los ritos formales comenzaron la noche anterior con un impactante homenaje a los cuatrocientos mil fallecidos por la pandemia, que de acuerdo con los expertos ha dejado más víctimas norteamericanas que la Segunda Guerra Mundial. Fue un momento emocionante que invitó a la reflexión y una señal de duelo y respeto que sin duda estaba pendiente en un país que tiene el triste récord mundial de mayor cantidad de casos y víctimas.

El día del cambio de mando fue una verdadera fiesta de la democracia. Mientras Trump se alejaba de Washington hacia su nueva residencia en Florida, en el Capitolio sonaban las trompetas y la música triunfal que acompañaba el ingreso de los invitados a la ceremonia, incluidos los expresidentes Bill Clinton, George Bush y Barack Obama con sus respectivas esposas.

Este rito que hemos visto tantas veces, hoy tiene para mí un significado especial, y me genera una emoción muy particular. Al ver las imágenes, de hecho, se me salió más de una lágrima. Siento que esto que estamos presenciando es bueno para Estados Unidos y el mundo.

Trato de reconocer entre los asistentes a figuras conocidas, pero todos están con sus respectivas mascarillas, lo que hace muy difícil la tarea. Es importante destacar la presencia del vicepresidente Mike Pence, gran aliado de Trump durante los cuatro años de su gobierno y que jamás discutió, al menos públicamente, algunos de sus dichos y acciones, y que en los días recientes comenzó a tomar distancia del mandatario convirtiéndose en importante figura de esta transición. Muchos incluso lo ven como una posible carta del Partido Republicano para futuras contiendas electorales.

Se me hizo un nudo en la garganta cuando Lady Gaga cantó el himno nacional con absoluta convicción y fuerza. Además, como inmigrante me sentí representado por Jennifer López y su hermosa interpretación del tradicional tema *America the Beautiful* y luego por su potente grito en español *«Una nación bajo Dios, indivisible, con libertad y justicia para todos»*. Otro guiño importante a nuestra comunidad hispana fue la presencia de Sonia Sotomayor, jueza de la Corte Suprema, de padres puertorriqueños, quien le tomó juramento a la vicepresidenta Kamala Harris, la primera mujer en ocupar ese importante cargo en la historia del país.

Luego vino el juramento de Joe Biden, quien puso su mano sobre una pesada Biblia que sostenía su esposa, que pertenece a su familia desde 1893 y que lo ha acompañado en sus cinco décadas de carrera política. De esta manera se convierte en el segundo presidente católico de Estados Unidos, después de John F. Kennedy.

Su discurso conciliador, en el que no hubo ni una sola mención a Donald Trump, prometiendo gobernar para todos, sonó como un bálsamo en un país que se muestra tan dividido: «Este es el día de Estados Unidos. Es el día de la democracia.

Un *día de historia y esperanza...* Hoy celebramos el triunfo no de un candidato sino de una causa, la causa de la democracia... Debemos poner fin a esta guerra incivil que pone a rojos contra azules, al mundo rural contra el mundo urbano, a conservadores contra progresistas... Sin unidad no hay paz. El desacuerdo no tiene por qué llevar a la desunión. Les prometo que voy a trabajar igual por los que me apoyaron y por los que no lo hicieron».

Sus palabras fueron muy acertadas para el tiempo que se vive. Perdón por la comparación, pero fantaseando mientras escuchaba el discurso pensé que era como un partido de fútbol, en que había en la cancha la misma cantidad de jugadores de cada lado y el pitazo inicial daba la oportunidad de un nuevo comienzo.

Inicia su mandato con el gabinete más diverso que haya visto la democracia norteamericana, donde están representados todos los colores, clases sociales, géneros y orientaciones. Siguiendo con el fútbol, pensé en el país como un gran estadio y sus graderías llenas de dificultades: el control del coronavirus, la urgente vacunación, la cesantía que se eleva al 7 por ciento, la inmigración y los indocumentados, la urgente ayuda que se necesita para los más vulnerables, y varios etcéteras. Aun así, mientras transcurrían las imágenes de la ceremonia, en cuestión de minutos en Estados Unidos todo parecía estar cambiando de forma y estilo.

Pasado el mediodía, y luego de una jornada pacífica, sin incidentes relevantes, vimos al presidente Joe Biden caminando marcialmente por las calles principales de Washington acompañado de su esposa y familia, contento, sonriente, dándose tiempo incluso para saludar a algunos de los pocos asistentes que pudieron traspasar las barreras de seguridad, hasta que llegó frente a la puerta de entrada de la Casa Blanca. Cuando la abrieron, en un gesto tan simple como simbólico, soñé con esa reconciliación y acercamiento entre los bandos enfrentados, aunque al mismo tiempo entendía que el desafío que enfrentaba era inmenso y difícil de cumplir.

Si Estados Unidos y esta administración tienen éxito en su proyecto de unidad, pueden expandir al mundo su ejemplo, ya que las dificultades y realidades que enfrentamos son similares en todos los países. La humanidad está sometida a la prueba más difícil de los últimos cien años, por el impacto humano y económico que está dejando esta pandemia.

Pero soy optimista y creo que siempre hay que tratar de serlo. Estoy a una semana de recibir la segunda dosis de la vacuna y sueño con que ya se acerca el fin de mi encierro de casi un año junto a mi esposa. Aunque con dificultades, estoy convencido de que, en la vida, sin importar las barreras que enfrentemos, todos tenemos la oportunidad de un renacer.

Siempre he sido un soñador y pienso serlo hasta el último día de mi vida. Entiendo y respeto a quienes no estén de acuerdo con lo que pienso, sueño y digo, y recuerden lo que ya mencioné en otro capítulo de este libro: mis opiniones «tienen menos respaldo que un piso de bar», pero les puedo asegurar que son sinceras y bien intencionadas.

Estados Unidos seguramente nos va a demostrar una vez más que la tradición y la institucionalidad de la democracia superarán a los egos y las diferencias, por profundas que parezcan. Y si pudiera en este momento enviar un consejo al ahora expresidente Donald Trump, lo haría a través de una de mis «frases para el cobre»: «No hay que temer al fracaso, porque solo es un éxito no logrado».

Capítulo 5

PRISIONERO 27170

Llevo más de cien días de cuarentena en nuestra casa de Santiago, capital de Chile, acompañado de mi esposa Temy y una persona que nos ayuda en los quehaceres con mucha generosidad. Me parece increíble estar viviendo esto junto a gran parte de la humanidad, y compruebo una vez más que el ser humano es capaz de adaptarse y acostumbrarse a todo.

Para que mi estructura mental no entrara en pánico, lo primero que hice fue organizar las horas del día con actividades variadas que me permitieran soportar el encierro. Además, retomé con fuerza (o a la fuerza) la lectura, eligiendo entre docenas de libros que me han esperado por años estacionados en la biblioteca.

Para este importante hábito tuve un buen entrenamiento de varias décadas, ya que en plena actividad televisiva tenía que aprenderme leyendo todos los días lo que luego transmitiría en pantalla, y esos libretos eran en definitiva un buen libro de ciento veinte páginas. Hoy confieso hidalgamente que en estos meses de confinamiento he leído más textos que en los últimos diez años de mi vida.

Entre cientos de libros que me han regalado y autografiado, no sé si por coincidencia o por subconsciente interés, elegí aquellos títulos relacionados con el Holocausto, y sobre todo aquellos con testimonios de sobrevivientes. En cada una de esas páginas volvían a mi memoria los episodios de la historia inconclusa que tenía sobre mi padre, Erich Kreutzberger, y todo lo que se relacionaba con su experiencia en un campo de concentración.

Recién el 2020 supe que hace cuatro décadas mi hijo mayor, Patricio, cuando era alumno de Ingeniería en la Universidad Católica de Chile, hizo un trabajo de investigación en el que recogió algunos detalles desconocidos, incluso para mí, de la historia de nuestra familia y sobre todo de mi padre. En la vorágine de la abducción televisiva que vivía en esos tiempos, nunca supe de esta importante conversación entre abuelo y nieto.

Imagino que Patricio no quiso profundizar mucho sobre esto por respeto a su abuelo, ya que en el escrito que hoy tengo en mis manos solo cuenta que durante la persecución nazi y después de la llamada Noche de los cristales rotos, fue tomado prisionero y llevado a un campo de concentración.

Mi padre, al igual que ocurre con la mayoría de los sobrevivientes del Holocausto, evitaba hablar o recordar las dramáticas experiencias que vivió en esos años. Por mi parte la única vez que conversé con él sobre su terrible paso por el campo de concentración fue a comienzos de 1987 cuando escribí *Quién soy*. Él estaba cumpliendo ochenta y dos años y notábamos que su memoria mostraba los primeros síntomas del devastador alzhéimer.

En ese entonces yo había sido abuelo por primera vez, comenzaba mi aventura televisiva en Estados Unidos, estaba por cumplir cuarenta y seis años, y mi vida en general estaba dando un giro de gran trascendencia.

Una tarde de invierno en Santiago, que me quedó grabada en la memoria, lo visité para que pudiera contarme algo más de cómo se formó nuestra familia. Recuerdo haberle dicho: «Papá, estoy comenzando a escribir un libro y necesito saber de dónde vengo. Quiero conocer más detalles de la vida de ustedes. La mamá ya no está y solo quedas tú para contarnos esta historia».

Este presente libro, *Con ganas de vivir*, al igual que los anteriores, incluida la autobiografía *Entre la espada y la tv* (2001), lo escribo con la colaboración de un profesional que me ayuda en la investigación, edición y redacción. Es el periodista Marcelo Amunátegui, con quien trabajo hace más de cuarenta años en *Sábados Gigantes* y en casi todos los proyectos relacionados con televisión, quien además me conoce mucho, y hay un tema sobre el cual discutimos más de una vez.

La historia que yo contaba sobre mi padre y el Holocausto contenía fechas que Marcelo me insistía no calzaban. La información que me había dado mi tío Arturo Blumenfeld (hermano de mi madre) en Alemania, en una visita que le hice poco antes de su muerte, era que mi padre había estado en el campo de concentración Bergen-Belsen y que eso era lo único que sabía.

Claro, él había salido de Alemania a Argentina supuestamente en 1935 contratado por la Phillips como técnico en radio, y los hechos relacionados con mi padre ocurrieron tres años después, en 1938. Por otro lado, de acuerdo con lo que Marcelo me señalaba, Bergen-Belsen era un complejo militar en desuso que comenzó a usarse como campo de prisioneros recién en septiembre de 1939, tras la invasión nazi a Polonia. Para esa fecha, mi padre ya no estaba en Alemania.

Estas discusiones me frustraban, tanto como algunas publicaciones que ponían en duda que mi papá hubiera estado en un campo de concentración, porque contradecían su memoria y sus palabras y lo poco que sabía de esta parte de su historia. Cada vez que me lo discutían, respondía: «Esta es la historia que conozco. Ese fue el relato que me hizo mi padre y las informaciones que me dieron algunos parientes cercanos».

Sin que yo supiera, Marcelo decidió hacer su propia investigación con instituciones internacionales, en especial en Alemania, que mantienen viva la historia del Holocausto nazi, sin duda una de las grandes vergüenzas de la humanidad. Marcelo, además de considerarlo yo un buen periodista, es lo que llaman «un ratón de biblioteca».

A comienzos de junio de 2020 me sorprendió con el resultado de su búsqueda. Había encontrado la documentación que certificaba que mi papá, Erich Kreutzberger, había sido apresado por los nazis el 12 de diciembre de 1938 y llevado al campo de concentración de Buchenwald, donde ingresó como el prisionero 27170. Sus averiguaciones me impactaron y emocionaron, y además a partir de ese momento me permitieron comenzar a cerrar el círculo de una historia que estaba inconclusa. Desde la propia Fundación Buchenwald nos enviaron copia del registro de ingreso y salida de mi padre desde este campo de prisioneros, considerado uno de los más grandes del régimen nazi, y donde se calcula que murieron más de cincuenta y seis mil personas, la mayoría judíos.

Con esta información, y como homenaje póstumo a mi padre, Erich Kreutzberger, sobreviviente de un campo de concentración y del Holocausto, quiero recordar también en estas páginas los sufrimientos y el horror que vivieron millones de seres humanos. Quiero recordar que la única y desquiciada razón que originó esta matanza sistemática y organizada de seis millones de personas fue porque eran de origen judío. Quiero recordar que, junto a ellos, el régimen nazi eliminó a más de diez millones de rusos, polacos, serbios, discapacitados, gitanos, masones, eslovenos, republicanos españoles, homosexuales y Testigos de Jehová. Todos, seres humanos que murieron en vano por su origen étnico, religión, creencias políticas o su orientación sexual.

Nada de esto sabía cuando visité a mi padre en Santiago esa fría tarde invernal de 1987. Estaba sentado en su sillón favorito con una frazada cubriéndole las piernas y con su mano derecha ya deformada por la artritis sujetando el diario

El Mercurio, decano de la prensa nacional. Leía cada mañana, aunque su memoria reciente estuviera debilitada. Su voz también había perdido la potencia y el brillo de antaño.

«Papá —le dije—, cuéntame de aquellos años en Alemania con mi mamá». Se acomodó en el sillón, sus ojos volvieron a brillar y comenzó un relato que guardo como un tesoro:

En el año treinta yo solo tenía veinticinco años y estaba lleno de proyectos e ilusiones. Con el préstamo de cinco mil marcos de mi amigo Freund y mi condición de buen vendedor, decidí dejar de ser empleado, arriesgarme y poner un pequeño negocio de ropa en Neisse, en la calle Zollstrasse 28.

Cada año me iba mejor, y en 1935 me compré mi primer auto. En ese tiempo era un logro extraordinario para un joven de mi edad. Lamentablemente junto con mi éxito, crecieron también las manifestaciones antisemitas y aumentó la discriminación hacia los judíos. Recuerdo a mis amigos con los que tomaba cerveza los viernes. Nos juntábamos para cantar, contar chistes y reír. De a poco comenzaron a desaparecer.

Un viernes llegó solo uno de ellos a la reunión. Luego de tomar la primera cerveza y más serio de lo habitual, me dijo que era la última vez que iba porque estaba siendo criticado por juntarse conmigo y tenía miedo de perder el trabajo. Me dio un apretón de mano y me dijo: «Erich, tú sabes, no estoy de acuerdo con lo que está pasando, pero tengo familia. Tú me entiendes, ¿verdad?».

Fue un gran golpe, éramos un grupo que nos reuníamos por años. Tuve que adaptar mi vida social a los nuevos tiempos y hacer nuevas amistades. Comencé a juntarme con grupos de jóvenes judíos. Ya en esos días se hacían reuniones de convivencia ocultas, clandestinas. En un subterráneo de la ciudad de Neisse había un restaurante donde nos reuníamos los viernes en la noche.

Bajando las escaleras del lugar, vi a la distancia por primera vez a tu mamá. Junto al amigo que me acompañaba me detuve en un escalón y le indiqué con la mano: «¿Ves a esa mujer que está de pie al lado de la barra con el pañuelo rojo al cuello?» «Sí» —contestó mi amigo—. «Bueno —le dije—, con ella me voy a casar». Al unísono lanzamos una carcajada.

Fue premonitorio y no era una broma, porque esa noche me presenté a Anni, la dama del pañuelo rojo, la saqué a bailar, nos gustamos y no nos separamos más. Salvo el tiempo en que fui a dar al campo de concentración y los meses siguientes mientras Anni hacía los trámites para salir lo antes posible de Alemania.

Los ojos de mi padre volvieron a perder el resplandor y su mirada se perdió en el infinito. Me pareció que su mente buscaba los recuerdos: «Papá —le dije—, perdón, pero ¿cómo ocurrió todo?». Se volvió a acomodar en el sillón, dejó la frazada y el periódico a un lado, y levantó un poco el tono de su voz:

Con Anni nos entendíamos a las mil maravillas. Después de un par de semanas fui a su casa para formalizar nuestra relación. Le pedí permiso a Erwin, su hermano mayor, para salir con ella. Así nos hicimos novios, nos conocimos mejor y compartimos más. A los dos nos preocupaba mucho la situación política y la creciente persecución a los judíos, pero estábamos enamorados.

Decidimos entonces consolidar la relación y casarnos en la nueva sinagoga de Breslau. La ceremonia se realizó el jueves 12 de agosto de 1937, y luego hubo un almuerzo en el restaurante Wolf, cerca del templo, al que asistieron veintiocho personas entre familiares y amigos. Por coincidencia, mi negocio en Neisse estaba en el número 28 de la Zollstrasse.

El número 28 se repite en otros momentos clave de la historia de mi padre, y es una curiosidad que, mientras la escuchaba, registré en mi memoria para después consultarla con expertos en numerología. Mientras avanzaba la conversación, mi papá se animaba, sus movimientos eran más expresivos, y el rostro se le iluminaba con una sonrisa:

Alquilamos con tu mamá un departamento en Neisse más grande del que yo tenía. Anni lo decoró, y debo reconocer que tenía más gusto que yo. Aunque su sueño era cantar ópera y recibir aplausos, sabía que por la situación en que vivíamos no tendría esa posibilidad. Decidió entonces ayudarme en la administración de la tienda.

Seguíamos llevándonos muy bien, pero pensando en que no había futuro si queríamos construir una familia en Alemania. ¿Cómo hacerlo para emigrar si eran tiempos tan complicados y las fronteras del mundo estaban cerradas? Era casi imposible conseguir una visa de inmigrante. Hasta que llegó el 9 y 10 de noviembre de 1938, conocida después como la Noche de los cristales rotos.

Al decir la última frase, mi padre se derrumbó en el sillón y quedó en silencio. Esperé unos pocos segundos y le dije: «Papá, perdón, ¿pero recuerdas lo que pasó esa noche?». Su voz me pareció que se debilitaba, y me contó con una mezcla de pena y de rabia, marcando cada una de sus palabras:

Mario, fueron momentos muy dolorosos, la impotencia de no poder defenderme de un ataque sin razón me dejaba sin fuerzas. Las hordas nazis gritaban en las calles y se escuchaba cómo los vidrios de los negocios estallaban alrededor nuestro. Se sentía el griterío cada vez más fuerte junto a la quebrazón y los insultos.

Hasta que le llegó el turno a nuestra tienda. Una piedra muy grande rompió la vitrina y casi le dio en la cabeza a tu mamá que estaba mirando hacia afuera.

Tras los gritos *«Juden, Juden!!»* (¡¡Judíos, judíos!!) un manifestante escribió con tinta negra la palabra *Juden* en un pedazo de vidrio que se había salvado de caer de nuestra vitrina. El único empleado que teníamos arrancó y desapareció.

Lo único que nos quedaba por hacer era escapar. Dejamos todo y salimos corriendo por la puerta trasera hacia el estacionamiento. Tomamos el auto y en medio de los manifestantes nos fuimos a la casa de la familia de Anni en Breslau.

Había destrucción por todos lados. Cuando pasamos por la nueva sinagoga, donde nos habíamos casado hacía poco más de un año, vimos con miedo y pena que grupos de manifestantes la estaban quemando. Esa noche casi no dormimos pensando en cómo seguiríamos con nuestras vidas.

El negocio lo dábamos por perdido y coincidimos con Anni en que debíamos prepararnos para salir de Alemania lo antes posible. Al final pudimos conciliar el sueño, pero al poco rato nos despertó el timbre de la casa. Salí medio dormido para ver quién estaba a esa hora en la puerta.

Era un policía que traía una citación para Erwin Blumenfeld (hermano de Anni). Debía presentarse en Neisse el sábado 12 de noviembre en una estación de policía. Yo tenía que regresar a Neisse ese viernes y le ofrecí acompañarlo y pasar la noche en mi departamento.

Con Erwin casi no hablamos durante el trayecto de noventa kilómetros entre Breslau y Neisse. Creo que sin decirlo los dos teníamos pensamientos similares. ¿Volveríamos a ver a los nuestros? ¿Qué pasará con nuestras vidas y la de nuestras familias de aquí en adelante? Al abrir el departamento encontré un papel amarillo que habían dejado por debajo de la puerta donde me citaban a la misma estación de policía a la que debía ir Erwin y a la misma hora.

Mi padre se puso de pie con dificultad y lo ayudé tomándolo del brazo. Caminó hacia la ventana, como buscando algo de luz en su memoria. Era un día gris con neblina y poca visibilidad. Se metió las manos en los bolsillos como afirmándose en ellos. Luego puso su mano derecha en mi hombro y me dijo:

Mario, ¿te imaginas que difícil momento estábamos pasando con Anni? Éramos unos enamorados, casi recién casados, y teníamos que separarnos sin la certeza de que volveríamos a vernos. Escuchábamos tantas versiones de lo que pasaba con los hombres judíos que estaban siendo llamados por la policía. La mayoría perdía contacto con sus familias.

Sabiendo que era arriesgado, llamé por teléfono a Anni contándole que había recibido la misma citación de Erwin. Le dije que nos presentaríamos a la mañana siguiente a la policía sin saber lo que podría ocurrirnos. Anni me escuchaba en silencio y al final solo me dijo: «Erich, que les vaya bien... te quiero». «Yo también te quiero» — le dije—, le mandé un beso y le prometí que haría lo imposible por buscarla y reencontrarnos. Esa noche no nos hablamos con Erwin. Solo queríamos dormir.

Muy temprano salimos directo a la estación de policía. Al llegar vimos grupos como de veinte personas formados frente al edificio. En total serían unos doscientos hombres. Al frente, un escritorio con un funcionario de la Schutzstaffel (las temidas SS). Nos pusimos en la fila y entregamos nuestros documentos.

Después un soldado nos llevó donde había cinco o seis personas. Luego llegaron otros detenidos y nos subieron a un camión del ejército para trasladarnos a la ciudad de Oppeln, como a cincuenta minutos de Neisse.

Ahí nos preguntaron si teníamos algo de valor y nos revisaron la ropa y el cuerpo.

Seguimos en el mismo camión hasta una estación de trenes, nos subieron apiñados en carros de carga donde viajamos por varias horas con rumbo desconocido. En silencio, fumábamos y todos nos hacíamos la misma pregunta: «¿Dónde nos llevarán?».

Volvió a su sillón, cerró los ojos mientras decía frases entrecortadas. Como si hablara consigo mismo.

El trato era inhumano. Te sientes una basura. Pierdes tu dignidad. A las pocas horas llegamos al campo de concentración y ya no eres el mismo y te entregas a lo que sea. Hasta hoy escucho en las noches a personas que se quejan de frío y que luego amanecían muertas en el camastro.

Hay algo que nunca he podido olvidar: un joven débil mental. Los guardias le amarraron las dos manos al camastro y le pusieron una corbata alrededor de su cuello en forma de lazo, atada a los barrotes del catre gigante, con la brutal idea de que el sueño lo venciera y con el peso de su propio cuerpo se ahorcara, lo cual por supuesto ocurrió sin que nada pudiéramos hacer.

De pronto mi papá abrió bien sus ojos y me dijo:

Estoy cansado. Ya no quiero hablar más de esto. Pregúntale a otros.

Me impactó y emocionó mucho el relato de mi papá y me ayudó a entender por qué no quería hablar ni recordar nada más. Le di un beso en la frente y me prometí no volver a interrogarlo sobre el tema. «Papá —le dije—, a mi regreso de Miami te paso a ver de nuevo».

Hasta su muerte en 2000 nunca más volví a hablar con mi papá sobre lo que vivió en el campo de concentración. Para escribir este capítulo conversé también con mi hermano René, que estuvo más tiempo con él en sus últimos catorce años, ya que desde 1986 yo viajaba cada semana a Estados Unidos para hacer *Sábado Gigante*, y en 1992 me había establecido en Miami.

Me contó René, por ejemplo, que la última vez que fue internado en la Clínica Alemana de Santiago ya tenía más de noventa años y su alzhéimer estaba muy avanzado. Lo tuvieron que amarrar a la cama porque se desconectaba a tirones las agujas con el suero intravenoso. Me contó mi hermano que le impresionó mucho verlo así, porque ni siquiera sabía que él era su hijo. En un momento le pidió que se acercara y le susurró al oído: «Primo —le dijo—, ¿ves cómo me tienen? No te equivoques... Las que están vestidas de blanco no son enfermeras, son todas de la SS».

Increíble que, en los últimos momentos de su vida, perdido en la inmensidad de su alzhéimer, no olvidaba lo vivido en el campo de concentración. Decidí que, como recuerdo y homenaje a su memoria, desde ahora, sabiendo lo que pudo haber vivido como prisionero en Buchenwald, a todo lo que firmaré este año 2020 y no tenga relación con algún hecho anterior, le agregaré el número 27170.

Leyendo ahora la documentación recibida, con el registro de nombres y lugares, puedo saber en detalle que mi padre fue trasladado en tren al campo de concentración de Buchenwald, ubicado en la localidad de Weimar, el 12 de noviembre de 1938. Salió de la estación de Oppeln (hoy Opole, en Polonia) junto a doscientos cincuenta y ocho judíos prisioneros como él, y recorrieron quinientos treinta y ocho kilómetros (334 mi) amontonados en un par de carros de carga donde tenían que sentarse por turno y ocupar un rincón para hacer sus necesidades.

Una vez que llegaron a Weimar, los bajaron ante la mirada atónita de cientos de alemanes que estaban en la estación, quienes contemplaban en silencio lo que estaba ocurriendo. Para llegar al campo de concentración de Buchenwald (que en ese entonces aún no tenía su propia estación de trenes), los llevaron marchando ocho kilómetros (5 mi) colina arriba en pleno invierno y con temperaturas que en esa época pudieron ser extremas (diez o veinte grados bajo cero), hasta llegar a las instalaciones de lo que hasta esa fecha era solo un campo de prisioneros políticos.

Parte importante de estos nuevos y reveladores antecedentes me los entregó para este libro la profesora chilena Pamela Castillo Feuchtmann, quien desde hace más de veinte años trabaja en Alemania precisamente en la Fundación Buchenwald, y a diario recibe y guía a los miles de visitantes que llegan a este memorial que recuerda el horror que allí se vivió entre 1937 y 1945. Pamela fue otro de los contactos que conocimos gracias a la investigación de Marcelo Amunátegui, y que acercándome a mis ochenta años ayudó a cerrar este doloroso capítulo de mi historia familiar. Era el eslabón que me faltaba.

Según la información que ella nos entregó, después del pogromo (del ruso *pogrom*, devastación, linchamiento multitudinario), conocido también como Noche de los cristales rotos (*Kristallnacht*, en alemán) ocurrido el 9 y 10 de noviembre de 1938, ingresaron a Buchenwald más de diez mil judíos como mi padre. Estos dos días de masiva violencia contra los judíos promovida por los nazis se produjo como venganza por el asesinato del secretario de la embajada alemana en París, a manos de un adolescente judío polaco. Los días posteriores a esta fecha fueron llamados la «semana asesina», cuando más de doscientas cincuenta sinagogas fueron quemadas, siete mil tiendas de judíos destrozadas y saqueadas, y más de treinta mil judíos fueron tomados prisioneros por las fuerzas policiales del régimen nazi.

Muchos de los prisioneros judíos que llegaron en esos días al campo de concentración lograban obtener su libertad si tenían visa para salir a otro país y firmando documentos en los que cedían todos sus bienes al régimen nazi sin condiciones.

Se calcula que este campo de concentración al que llegó mi padre tuvo cerca de doscientos cincuenta mil prisioneros, y cincuenta y seis mil de ellos murieron por enfermedad, falta de higiene, trabajos forzados, tortura, experimentos médicos, fusilamientos, y en esos días posteriores al pogromo, también por suicidio o heridas provocadas por congelamiento. Muchos de ellos murieron asimismo cuando trataban de huir del campo intentando saltar la reja metálica, y a cambio recibían una descarga eléctrica fulminante de más de 380 voltios.

Los hacían levantarse a las cinco de la mañana, limpiar las barracas, y como era un campo de trabajos forzados, los llevaban a la cantera para obtener el material con el que se fueron construyendo parte de los edificios y barracas. Y por orden especial del comandante del campo, a los judíos se les obligó a construir los hornos crematorios donde se reducían a cenizas los cuerpos de los fallecidos. Esto, con el único objetivo de agregar humillación a los prisioneros, ya que en la religión judía la cremación no está permitida.

La comida para este grupo de recién llegados consistía en 150 gramos de pan al día, que era producido en una panadería de Weimar cuyo dueño, con el fin de ahorrar parte del dinero que le pagaba el régimen nazi por el trabajo, usaba 50 por ciento de harina y 50 por ciento de aserrín, lo cual era conocido por las autoridades del campo, pero no hacían nada por corregirlo.

Mientras todo esto ocurría con mi padre en Buchenwald, mi mamá, sin saber nada de su esposo, junto a su hermana mayor Li, su marido Helmut Taucher y mi abuela Henrriette contactaban a mi tío Arturo en Argentina, rogándole que consiguiera visas para que todos pudieran salir de Alemania. Arturo respondió que Argentina no estaba concediendo visas, pero que intentaría conseguirlas en Chile, y que para eso tenía que viajar de nuevo en tren desde Buenos Aires a Santiago, atravesar más de mil cuatrocientos kilómetros (870 mi), y realizar el difícil cruce de la cordillera de los Andes. La sobrevivencia de la familia en Alemania se hacía cada día más difícil y era urgente que todos pudieran salir lo antes posible.

En este último viaje, Arturo logró las visas haciendo un gran esfuerzo económico. Hay que decir que la urgente necesidad de muchos hizo también que la corrupción aumentara los valores de los trámites de inmigración en todo el mundo. Los cónsules chilenos de la época y el Ministerio de Relaciones Exteriores no tenían una opinión favorable para la acogida de judíos inmigrantes.

Mientras, en Alemania pasaban los meses y aparecían nuevas regulaciones del régimen de Hitler, que dificultaban cada vez más la vida para las familias judías, y los hombres seguían huyendo de sus casas para no ser tomados prisioneros.

Al final, el 4 de abril de 1939 desde el consulado chileno en Berlín fueron enviadas las aprobaciones de las visas. Mi padre y Erwin, que ya para estas fechas estaban fuera del campo de concentración y mantenían contacto ocasional con Anni y la familia, les enviaban el poco dinero que lograban conseguir para que pudieran sobrevivir.

Con las visas para Chile en la mano, mi mamá y su familia hicieron contacto con la compañía de turismo italiana Buro Berlín con sede en Alemania, para conseguir pasajes en algún barco que les permitiera viajar a Chile. Mi padre mandaba puntualmente y en cuotas el dinero que se necesitaba para cubrir los costos que implicaría el viaje de todo el grupo familiar.

Mi madre y su familia gestionaron todos los documentos que se necesitaban para hacer el viaje. La corrupción en Alemania también se había desatado y cada trámite implicaba entregar importantes sumas de dinero a diferentes personas. La confirmación del espacio y el pago total del viaje se realizó en junio de 1939.

Para llegar al puerto de Génova donde debían embarcar en el barco Virgilio que los llevaría hasta Valparaíso, debían hacer un recorrido largo y complicado de más de mil trescientos kilómetros (800 mi), atravesando varias regiones europeas ocupadas por el nazismo. Me imagino que gran parte del trayecto lo hicieron en tren, con el miedo de que por cualquier razón los detuvieran y no los dejaran continuar.

La fecha exacta de cada etapa de este viaje de mi madre y su familia directa a Chile es difícil de precisar, pero según algunos documentos habrían salido de Génova en la primera semana de septiembre de 1939, en los días en que se iniciaba la Segunda Guerra Mundial, llegando a Valparaíso el 20 de octubre de ese mismo año.

Quiero regresar con el relato a lo que mi padre pudo vivir en el campo concentración de Buchenwald, porque en diciembre de 1938 todavía se permitía que los prisioneros que tuvieran una visa y recursos para salir del país quedaran en libertad, tal como señalé antes, siempre y cuando entregaran todas sus pertenencias y bienes al gobierno alemán.

La etapa de la llamada «solución final», que incorporaba las cámaras de gases y otros sistemas para la eliminación de los prisioneros, aún no comenzaba. Un documento certifica que mi padre fue liberado de Buchenwald el 9 de diciembre de 1938. Lo que vio y vivió en esas cuatro semanas debió ser lo suficientemente dramático y brutal como para no querer recordarlo, porque tal como he señalado, fue muy poco lo que nos habló de lo ocurrido en esos días.

Y por esa falta de información, hay algo que me ha costado entender hasta ahora. Si las visas para salir de Alemania de mi tío Erwin y mi papá llegaron cuatro meses después de que salieron del campo de concentración de Buchenwald, ¿cómo fue posible entonces que consiguieran su liberación? Recordando anécdotas sueltas que contó mi padre, hay algo que dijo al pasar pero que hoy tiene total sentido para mí: según sus palabras, uno de los soldados carceleros lo había reconocido.

Ocurre que en sus años de juventud mi padre fue un destacado boxeador en la región de Alemania donde vivía. El soldado, al parecer, tenía la misma afición, y no solo eso, eran del mismo pueblo y habían practicado boxeo en el mismo club. El soldado, solo por este hecho, le ofreció salir por la puerta que le correspondía custodiar. Mi padre por supuesto le agradeció el gesto, pero le dijo que lo habían detenido junto a su cuñado y no podía salir sin él. Siempre según la anécdota contada por mi padre, el soldado asintió con la cabeza dándolo por aceptado, y fue así como al día siguiente ambos dejaron milagrosamente el campo de concentración.

Imagino que por la manera bastante informal como salieron de Buchenwald, decidieron además no regresar a la ciudad de Breslau, donde estaba la familia, por el riesgo que los detectaran y fueran detenidos de nuevo. Deduzco hoy que a partir de ese momento y por seguridad se comunicaban con mi madre y la familia a través de terceras personas.

En 1987, cuando en el hemisferio sur está finalizando la primavera y comienzan a sentirse los primeros calores del verano, regresé de uno de los innumerables viajes a Miami de ese año, y venía decidido a retomar parte de la conversación que meses atrás había tenido con mi padre. Dejé las maletas en casa, me cambié de ropa, y fui a visitarlo. Lo encontré más activo y jovial que la última vez, con las ventanas del departamento abiertas de par en par y el sol iluminando la habitación.

Estaba tan contento que incluso me cantó una famosa canción en alemán de los años treinta que le gustaba mucho a mi mamá: *Ich küsse ihre Hand, Madame. Und träum es wär' ihr Mund. Ich bin ja so galant, Madame. Doch das hat seinen Grund. Hab ich erst. Ihr vertrauen, Madame. Und ihre Sympa-thie* (Beso su mano, señora, y sueño que es su boca. Soy tan galan-te señora, pero hay una razón, primero debo tener su confianza y simpatía)

Le dije: «Papá, qué bonita canción, recuerdo cuando se la cantabas a mi mamá» (todas estas conversaciones las teníamos en alemán). Me respondió con algo de nostalgia: «Hay muchas cosas que no sabes de nuestra vida con tu mamá. Esa canción me hizo recordar algo que tiene que ver con tu mamá... el ale-mán... y un alemán». En ese momento pensé que ya se había olvidado de nuestra última conversación sobre Alemania, pero como había prometido no tocar más los temas que obviamente le resultaban dolorosos, me quedé en silencio. Quizás la canción lo transportó a esa época y retomó su relato con espontaneidad.

Era la primera vez que me separaba de Anni. Era mediados de diciembre y estábamos en pleno invierno. Al salir del campo de concentración, Erwin y yo fuimos directo al departamento en Neisse, libres otra vez, porque necesitábamos ropa grue-sa. Los dos teníamos un cuerpo similar, así es que podíamos compartirla.

Podían tener la misma talla de ropa, pero eran dos perso-nas totalmente diferentes. Mi tío Erwin era intelectual, poeta, concertista en piano, de modales refinados, y mi padre era un deportista, buen vendedor, y sobre todo un luchador que en la vida se había formado prácticamente solo.

Mario, la verdad es que teníamos miedo y queríamos salir de Neisse lo antes posible. Al llegar al departamento tuve una nueva decepción, ya que la puerta de entrada estaba desce-rrajada. Según me dijeron, un grupo de jóvenes nazis habían entrado la Noche de los cristales rotos y destruyeron con hachas parte de los muebles.

El dueño del edificio era un señor mayor muy bondadoso que me conocía desde hacía un año, pero con el que habíamos establecido una relación de afecto. Como gesto simbólico de humanidad, unió con pegamento los muebles destrozados.

Erwin también se sintió descorazonado, y me puso la mano en el hombro diciendo: «Erich, seguimos vivos y eso es lo importante. Hay que seguir luchando, tenemos que generar recursos para ayudar a la familia a salir de Alemania».

Mi padre asintió mientras daba una mirada evocadora al departamento. Pensó unos minutos y recordó que unos meses antes de la Noche de los cristales rotos estaba con Anni cerrando el negocio, y en el último minuto llegó un cliente que dijo necesitar un chaquetón lo más abrigado posible.

Era un hombre simpático y comunicativo que, además de comprar, me hizo un ofrecimiento. Me contó que era profesor primario en un colegio y que había sido expulsado por una acusación de acoso sexual. Me insistió y recalcó que había sido una maniobra política para castigarlo por no haberse declarado abiertamente un militante nazi.

Creo que nos caímos bien. Me dijo que estaba sin trabajo y que, además de buen profesor primario, se consideraba un buen vendedor y me pasó su tarjeta diciéndome que podría vender la ropa de mi tienda a domicilio. Se llamaba Willie y había guardado su información pensando que, por su personalidad, podría resultar una sorpresa vendiendo.

Le comenté a Erwin la historia y acordamos visitarlo. Eran días tensos y las noticias eran muy malas para los que teníamos documentos marcados con la «J» de judío. Había un porcentaje de riesgo en la visita, pero aun así en ese momento lo vimos como una buena opción.

Entretanto seguíamos comunicándonos con la familia a través de amigos no judíos, quienes nos ayudaban a intercambiar los mensajes. El profesor vivía en las afueras de Neisse, y por seguridad preferimos ir en transporte público. Llegamos al mediodía y por suerte Willie estaba en casa. Después de su cara de sorpresa y los saludos, le contamos las peripecias que habíamos pasado con Erwin, y luego hablamos de nuestra necesidad urgente de ganar dinero.

Le dije que me había acordado de su ofrecimiento para ser vendedor de la tienda, y que mi situación en ese momento era otra, pero que estaba ahí con mi cuñado porque quizás podíamos trabajar juntos.

Willie se rascó por unos segundos la barbilla, se dio un par de vueltas, nos miró con cara de pregunta y nos dijo: «Por lo que me cuentan es difícil para ustedes moverse en las grandes ciudades. Sí, creo que podemos hacer algo juntos. Les propongo que hagamos negocios en pequeños pueblos al interior de Alemania y vendamos a los campesinos».

Pregunté qué les venderíamos, y Willie sonriendo y rascándose de nuevo la barbilla nos respondió: «Mi idea es un negocio artístico-comercial. Yo me hago pasar por un marinero inglés que no sabe hablar alemán y tú, Erich, le traduces al cliente».

Me pareció que era algo que no debíamos hacer, pero también pensé que en ese momento no teníamos mejores alternativas. Willie se fue entusiasmando y me dijo: «Erich, ¿tienes algún proveedor de confianza al que siempre le cumpliste?». Le respondí que siempre cumplí mis compromisos, pero que ahora no me atrevería a preguntar, porque no sabía en qué posición podían estar con respecto a los judíos.

Willie me preguntó entonces si me había hecho amigo de algún proveedor. Me acordé de que había uno con el que salimos con nuestras esposas a cenar un par de veces. Era un hombre de mi edad y por lo que me contó nos habíamos independizado más o menos el mismo año. Tenía la impresión de que no estaba de acuerdo con lo que pasaba.

Willie entusiasmado me dijo que al otro día fuéramos a visitarlo y que lo presentara a él como un nuevo socio. En efecto, fuimos al día siguiente y el propietario de la distribuidora fue muy afectuoso y confió plenamente en nosotros, sabiendo incluso que yo había perdido el capital y el negocio.

La proposición «artístico-comercial» de Willie era, por decir lo menos, insólita. Las telas y la ropa que conseguirían con el proveedor a crédito se las venderían al contado a los campesinos. Mi tío Erwin sería el encargado de administrar los recursos, entregar las compras a los clientes y buscar alojamiento y comida, tarea bastante complicada en pueblos campesinos tan pequeños.

Willie era, por lo visto, un personaje bastante histriónico. No sabía ni una palabra de inglés y gesticulaba mucho al hablar, actuando y saltando vestido con el chaquetón azul que le vendió mi padre y un gorro de marinero que se lo calzaba en forma graciosa. Mi papá se reía tratando de recordarlo, imitando los movimientos que hacía al vender. A veces, cuando estaban frente a un cliente, me decía que no podía aguantar la risa, y tenía que mirar para otro lado o pedir permiso para ir al baño para soltar la carcajada.

El profesor demostró ser un verdadero artista. Los clientes también reían y se divertían con sus payasadas. Al parecer lo más gracioso era la jerigonza que hablaba, simulando ser inglés, y que mi padre supuestamente traducía a un alemán entendible para los inocentes campesinos. El negocio daba buenas utilidades, y parte de esos dineros se la enviaban a mi madre y a la familia para financiar las visas y pasajes que les permitirían salir de Alemania.

En marzo supimos que mi cuñado Arturo había viajado una vez más desde Buenos Aires a Santiago de Chile y había conseguido las visas para todos. Chile era uno de los pocos países que estaba recibiendo a los refugiados que llegaban por cientos desde Europa. Nosotros recibimos las nuestras en abril de 1939 a la dirección postal de Willie.

Ahora tendríamos que comenzar a buscar cómo salir pronto de Alemania. Recuerdo que en mayo de 1939 Anni nos pasó el mensaje de que ellas ya habían recibido la confirmación para embarcarse en el barco Virgilio desde Génova, Italia, a Valparaíso. Eso nos dio un poco de tranquilidad.

Teníamos que apurarnos y seguir generando recursos. Todas las informaciones indicaban que se acercaba una guerra que envolvería a toda Europa. Por suerte, el clima estaba menos frío, porque ya comenzaba el verano. En esos pueblos chicos había poco control y la mayoría de los campesinos estaban más preocupados de las próximas cosechas que de la política, aunque en todos lados existía el temor de una guerra.

Por miedo a que nos descubrieran, nos quedábamos pocas horas en cada lugar. Teníamos que ser muy cuidadosos y el primer contacto lo hacía siempre Willie. Él no tenía la «Jota» marcada en sus documentos y eso hacía una gran diferencia. Nosotros no sabíamos si estábamos en alguna lista de búsqueda.

Habíamos logrado ahorrar para los pasajes, pero pensábamos que si alguien veía nuestros documentos marcados, podía convertirse en una sentencia y nos regresarían a un campo de concentración o quizás nos harían desaparecer para siempre.

Recuerdo un día que con Erwin nos tocó dormir en la misma habitación. Él siempre llevaba una pequeña radio que había sacado de su casa. Era el único de nosotros que en verdad hablaba inglés, y esa noche sintonizó la BBC de Londres.

Le llamó la atención una noticia y me la tradujo de inmediato. Decían que había en Inglaterra un campo de refugiados donde estaban recibiendo a hombres judíos de Alemania y Austria perseguidos por el régimen nazi y que querían salir de Europa hacia otros países.

Se llamaba Kitchener Camp (Campo Kitchener) y estaba administrado por una organización judía cuyo nombre era Central British Fund for German Jewry-CBF (Fondo Central Británico para judíos alemanes). Nos pareció una gran oportunidad para conseguir la libertad. Luego de intercambiar algunas ideas, nos dimos las buenas noches y decidimos que hablaríamos del tema con Willie al otro día.

Al día siguiente, después de una exitosa jornada de ventas puerta a puerta, los tres socios fueron como de costumbre a cenar para cerrar el día. Esta vez Erwin además de cerveza pidió tres vasos de Schnapps (aguardiente típico alemán) y en medio de las anécdotas de la jornada, mi papá hizo un brindis por los meses que habían pasado juntos, lo cual extrañó un poco a Willie.

Willie, tú mejor que nadie sabes por lo que estamos pasando y el riesgo que corremos todos los días. Anoche con Erwin escuchamos una noticia que podría ser nuestra oportunidad para salir de Alemania. Tú podrías seguir con el negocio, ya que al proveedor le hemos pagado puntualmente.

Willie nos miró algo serio, pero luego sonrió y levantó la copa gritando: «¡Prosit! Hemos sido tres buenos mosqueteros. Soy yo el que tengo que agradecerles a ustedes por esta oportunidad. Entiendo lo que me están pidiendo. Sé perfectamente lo que necesitan y con gusto los ayudaré con los contactos. Encontraremos juntos la forma para que salgan de Alemania y puedan reencontrarse con la familia».

Era el mes de junio y seguimos trabajando como siempre, sin frío y con clima agradable, cambiando casi todos los días de pueblo y descansando los domingos. Era sábado, había pasado una semana de nuestra conversación, y Willie nos dijo que al otro día quería invitarnos a almorzar.

Nos llevó a una típica casa campesina alemana, donde la dueña ofrecía almuerzos y cenas en su propio comedor. Podía atender un grupo al mediodía y otro al atardecer. Comida típica alemana de campo. Hacía mucho tiempo que no comía tan rico y al final por supuesto tomamos un Schnapps de manzana de sabor inolvidable. Willie estaba muy alegre. Traía un sobre escondido entre sus ropas. En un momento lo tiró sobre la mesa, aunque por precaución esperó a que la dueña de casa estuviera lejos. En ningún lugar nos sentíamos seguros.

Willie nos dijo: «Ahí tienen lo que necesitan. Saldremos el próximo viernes al mediodía. Los acompañaré hasta Bremerhaven, donde tengo todo arreglado para que esa noche suban a un barco y puedan cruzar hacia el puerto de Dover, en Inglaterra. Al llegar los estará esperando una persona que es de la CBF, la organización que me indicaste, Erwin. En efecto, ellos manejan el campo Kitchener y los llevarán hasta allá. Me preguntaron por las profesiones de ustedes, y como Erich tiene buen gusto para la ropa dije que era decorador y a ti, Erwin, como eres bueno para los números, desde ahora eres ingeniero».

Nos tomamos varios Schnapps, cantamos y le dimos un par de abrazos bien apretados a Willie. Esa noche dormimos en un pequeño hotel campesino que no tendría más de cinco habitaciones. Erwin entró a mi pieza mientras me desvestía, y algo preocupado me dijo: «Erich, ¿te das cuenta de que estamos totalmente en manos de Willie? Viajaremos a Inglaterra en un barco de carga, el dinero hay que entregárselo al capitán a las cuatro de la tarde y el barco sale a la medianoche».

«Erwin —le dije—, sé que en estas circunstancias hay que desconfiar de todo, pero también sé que Willie todo este tiempo ha creído en nosotros. El destino ya está marcado. Creo que tenemos que confiar en él.»

Dormí más inquieto que nunca y me despertaba a cada hora. Mi cuñado me había traspasado su inquietud y tenía razón. Estábamos en sus manos, y si nos engañaba este sería el final para nosotros.

Llegó el viernes. Tomamos desayuno temprano y cargamos el poco equipaje que teníamos: una maleta mediana cada uno y la ropa de abrigo en la mano. El auto de Willie tenía poco espacio porque estaba repleto con las bolsas de lo que vendíamos. Íbamos apretados a pesar de ser solo tres y usábamos la parrilla (portaequipajes) en el techo para llevar parte de la carga. Salimos cerca del mediodía, y a poco andar le dije a Willie: «Lo hemos hablado con Erwin y queremos decirte que no nos debes nada por la mercadería. Todo es tuyo».

Fue la primera vez que vi a Willie emocionarse. Sentí que más que el dinero había reaccionado al gesto de amistad en medio de lo adverso. Llegamos a Bremerhaven y nos detuvimos en un pequeño restaurant, donde almorzamos comida alemana de mar. A las cuatro en punto llegó el capitán, un inglés muy típico, como si lo hubiesen sacado de una película, con barba y un gorro marinero parecido al que usaba Willie, con el típico chaquetón azul cruzado y una pipa.

El costo del viaje me pareció muy elevado, más bien una fortuna para esos años: cien libras por cada uno, que al valor de hoy serían unos seis mil dólares. Le entregamos el equivalente en marcos alemanes. En estas circunstancias todo el mundo se aprovechaba, incluido el capitán, porque era dinero fácil que iba directo a su bolsillo. A esas alturas ya poco nos importaba, porque el objetivo era llegar lo antes posible a Inglaterra.

Como buen hombre de mar, tenía bastante capacidad alcohólica. Se tomó varios whiskys mientras contaba anécdotas de sus travesías por el Mar del Norte entre Inglaterra y Alemania, en un alemán bien británico que conforme avanzaban los tragos menos se le iba entendiendo.

Bremerhaven era una ciudad con mucho más movimiento que los pueblos campesinos que visitábamos vendiendo. Se veía bastante presencia policial y militar en las calles. Por eso preferimos seguir haciendo tiempo con el capitán, para no salir del restaurant y correr riesgos. Comenzaba a oscurecer y Willie le preguntó si podíamos embarcar: «Por supuesto» — dijo él — «vamos ahora mismo».

Willie también subió a bordo con nosotros y, mientras caminábamos por la sucia cubierta, nos dijo casi susurrando: «Perdón, pero es lo mejor que pude conseguir». Erwin y yo respondimos con una sonrisa. Estoy seguro de que a los dos nos saltaba el corazón, ya que en meses esto era lo más cerca que estábamos de la libertad.

Después de que tomamos otros tragos a bordo con el capitán en su oficina, llegó la hora de zarpar. La despedida con Willie fue emotiva y sin palabras. Los gestos y los abrazos lo dijeron todo. Una vez que Willie desembarcó, el capitán nos mostró un pequeño camarote con una litera arriba y otra abajo. Tomé la de arriba haciéndome el experto navegante.

Había un baño para las cuatro cabinas. No dormí nada. Era primera vez que navegaba y vomité varias veces durante la noche. Pese a lo mal que nos sentíamos Erwin y yo, hablábamos y hacíamos planes. Por supuesto, con el mareo no probamos el desayuno y preferimos salir a tomar aire a la cubierta. Solo veíamos agua y el tiempo no estaba bueno, pero la brisa marina le daba un respiro a nuestro malestar.

Los pocos marinos que había en el barco nos miraban con curiosidad. Estaban seguros de que éramos parte de algún negocio exclusivo del capitán. Mucho más no pudimos recordar del viaje, porque nos sentimos muy mal y pasamos dos días completos tomando agua y acostados en el camarote.

En la madrugada del tercer día el capitán golpeó la puerta y nos dijo que nos preparáramos para desembarcar. Fue fácil ya que estábamos vestidos sobre la cama. Al salir, vimos las luces del puerto de Dover y nos imaginamos que al oeste por la costa lo que se veía era nuestro destino, la ciudad de Richborough, cerca de Canterbury, donde estaba el Campo de Refugiados de Kitchener. El corazón casi se nos salía por la boca, pero no dijimos nada. Nos quedamos inmóviles mirando, y con mi mente hice un recorrido de lo que habíamos vivido en los últimos meses.

El barco terminó las maniobras de amarre y bajaron el puente para conectar con el puerto. Subieron dos policías ingleses junto a un señor elegantemente vestido, con un maletín bajo el brazo. Se encontraron con el capitán, y luego de un intercambio de palabras que no alcanzamos a escuchar, nos hizo un gesto con la mano para que nos acercáramos. El señor vestido de civil preguntó en perfecto alemán quién era Erich, y levanté la mano. Indicando a mi cuñado, dijo: «Imagino entonces que usted es Erwin». Sacó un documento, nos pidió los pasaportes y se los mostró a los policías, quienes registraron nuestros datos en un libro.

El señor del maletín nos dijo: «Bienvenidos. Me presento. Soy el coordinador del Kitchener Camp, y necesito ver sus visas a Chile y el dinero o los pasajes. Como sabrán, en este campo podrán estar no más de un año. En Inglaterra no se pueden quedar ni pedir asilo o residencia. Ese es el compromiso que van a firmar. La categoría con la que ustedes van a ingresar será la "C" (Male Enemy Allien), es decir "Hombre Inmigrante enemigo". Podrán salir del campo con permiso, pero solo pueden trabajar dentro de él». A todo lo que decía el coordinador, los dos asentíamos con la cabeza como robots. El capitán olvidó su mal alemán y nos dio un fuerte apretón de manos con un sonoro *good luck* (buena suerte).

Nos llevaron hacia un vehículo en el que habían otros seis refugiados alemanes. Por lo poco que hablamos, supimos que habían llegado en otro barco desde el puerto francés de Dunquerque. El tiempo se nos pasó volando.

Mi papá hizo un silencio en el relato y volvió a entonar otra de las canciones alemanas favoritas de mi mamá: *Frag nicht, warum ich gehe, frag nicht warum. Was immer auch geschehe, frag nicht warum. Ich kann dir nur mehr sagen, ich hab dich lieb. Das schönste im Leben wollt ich dir geben (No preguntes por qué me voy, no preguntes por qué. Pase lo que pase, no preguntes por qué. Solo puedo decirte que te amo. Lo más hermoso de la vida quería darte).* Mientras cantaba, me tomó del brazo y me llevó medio bailando al comedor donde ya le tenían el almuerzo servido. Hasta ahí quedó la historia. Fue como un «flashback». Se conectó por unos minutos y luego se desconectó. Y mientras se sentaba a la mesa me dijo: «En este pueblo que estoy ahora hay mejor clima». Pensé, para qué recordarle que por décadas vivía en el mismo lugar.

Igual me fui feliz porque fue un reencuentro con mi papá de siempre. La enfermedad de alzhéimer es muy dolorosa para toda la familia y en sus avances hay momentos dramáticos. Quiero recordar, por ejemplo, un instante que me marcó para siempre y ocurrió a la llegada de uno de los viajes de Estados Unidos luego de los cuales una de las primeras cosas que hacía era visitarlo.

Esa vez aterricé en Santiago en la mañana de un sábado, y después de ir a casa a dejar las maletas y cambiarme, fui a verlo pasado el mediodía. Al llegar lo encontré acostado en su cama frente al televisor mirando el programa *Sábados Gigantes*. Le pregunté: «¿Qué estás viendo, papá?», y me respondió claramente: *Sábados Gigantes*. Entonces le dije: «¿Y quién es ese que está en la pantalla?». Sin dudar, me dijo: «Ese es Don Francisco». Ahí le pregunté: «¿Y qué es tuyo Don Francisco?». Me miró como si yo estuviera preguntando algo muy tonto y me dijo: «Nada, pues. Don Francisco es un presentador de la televisión».

Saber que mi padre ya no me reconocía fue muy duro, y me tuve que meter al baño para respirar profundo y soltar un lagrimón. Hasta aquí llegó su testimonio directo sobre su vida en Alemania.

Muchas veces a lo largo de los años, sobre todo en mi infancia y juventud, lo escuché conversar con sus amigos sobre el Campo Kitchener en Inglaterra, donde estuvo antes de embarcarse a Chile, y mi madre alguna vez incluso nos mostró una foto en la que se veía a mi papá con un grupo de compañeros de este centro de refugiados trabajando la tierra con palas y picotas.

A mi hermano y a mí nos llamaba mucho la atención el aprecio con que recordaba sus días en Kitchener, incluso guardaba celosamente una chaqueta de mezclilla (tipo jeans) que usó allí mientras trabajaba en la agricultura y que en algún momento me regaló. Recuerdo que mi hijo Patricio, para una presentación del Colegio Hebreo me pidió la chaqueta, y la exhibieron como una reliquia de los tiempos del Holocausto.

Hace algunos años donamos esa chaqueta al Museo Interactivo Judío de Chile, cuyo objetivo es mantener el legado de los refugiados y sobrevivientes del Holocausto que debieron escapar de Europa por las persecuciones de los nazis, y que hicieron de Chile su patria.

Escribiendo este capítulo del libro son muchos los recuerdos que se me vienen a la memoria. Hace un par de días, por ejemplo, en una noche de insomnio recordé instantes de nuestra infancia familiar, y en especial cuando los domingos nos pasaba a buscar el tío Erwin. Tenía un auto Citroën y con mi hermano René esperábamos con ansias este paseo. Nos daba dos bocinazos desde la calle y salíamos corriendo a encontrarnos con él. Casi siempre nos llevaba al Parque Cousiño, el más importante de Santiago (capital de Chile) y que en 1972 cambió su nombre a Parque O'Higgins en homenaje a Bernardo O'Higgins, quien es reconocido como libertador y padre de la patria.

En ese lugar todavía existe una laguna artificial con pequeños y coloridos botes a remo, donde pasábamos navegando parte de la tarde. Yo tendría unos doce años y como era cuatro mayor que mi hermano, era el que más remaba. Uno de esos apacibles domingos, y mientras estábamos arriba de los botes, mi tío me miró y me dijo con nostalgia: «Mario, esto me hace recordar cuando tu papá y yo pedíamos permiso en el campo de trabajo en Inglaterra para ir a la playa, donde también pasábamos tardes enteras remando».

Hoy con los antecedentes que tengo, y la investigación que hemos realizado para este capítulo del libro, todo lo que conocía sobre la historia de mi papá tiene una nueva dimensión. Kitchener era un campamento militar en desuso de la Primera Guerra Mundial, ubicado en las afueras del poblado de Sandwich, muy cerca del puerto de Richborough, y a menos de cinco kilómetros (3 mi) de la costa.

La mayoría de los refugiados que huían de Europa llegaban al puerto de Ostende, en Bélgica, desde donde se embarcaban a Dover, en Inglaterra, y de ahí los trasladaban al Kitchener Camp ubicado a no más de veintiún kilómetros (13 mi). El lugar era administrado, tal como me contó mi padre, por la organización judía Central British Fund-CBF (Fondo Central Británico), hoy conocida como World Jewish Relief, y gracias a ellos salvaron su vida más de sesenta y cinco mil niños y adultos judíos, que recibieron una visa para huir de las persecuciones del nazismo. Esta opción de visas de salida solo fue permitida

unos pocos meses por el régimen alemán, y eliminada definitivamente a comienzos de 1940.

El campamento tenía cuarenta y dos cabañas muy sencillas con literas, alimentos, granjas de cultivos, correos, cine, dos
sinagogas, hospital, dentista, barbero y sastre, funciones que en
su mayoría eran realizadas por los propios refugiados. Como
parte de los requisitos para su estadía, a los residentes no se les
permitía trabajar fuera del campo, pero podían salir a divertirse
a los bares del poblado de Sandwich y a las playas cercanas.
También se les ofrecían cursos de inglés, y la famosa cadena
de cines Odeón les donó una sala para cuatrocientas personas,
donde además de películas se ofrecían frecuentes conciertos, ya
que muchos eran músicos judíos que habían pertenecido a la
Orquesta Filarmónica de Viena y a la de Berlín.

Todos los días se organizaban juegos y concursos de aje-
drez, fotografía, atletismo, y la cabaña más ordenada recibía
como premio una visita para tomar el té en Ramsgate, un pequeño poblado costero ubicado a quince minutos del campo.
El lema de Kitchener era: «Ayudar a los hombres para que ellos
puedan ayudarse a sí mismos».

Gran parte de los cuatro mil refugiados que llegaron en
1938 y 1939 principalmente de Alemania y Austria fueron cla-
sificados como *Male Enemy Alien* (Inmigrante enemigo mascu-
lino), y se quedaban en el campo hasta obtener visa para viajar
a un tercer país. Algunos permanecieron en territorio inglés y
se calcula que cerca de novecientos judíos se ofrecieron como
voluntarios para vestir el uniforme británico y combatir en
Francia contra el avance del ejército alemán. Una vez iniciada
la guerra, el 1 de septiembre de 1939, las condiciones para los
refugiados cambiaron, y el Campo Kitchener fue cerrado en los
primeros días de 1940.

Gracias al Museo de la Fundación Memoria Viva en Chile y a las investigaciones que hicimos, tengo el documento que

indica que la fecha exacta de la llegada de mi padre al puerto de Dover fue el 9 de junio de 1939, y el certificado que le permitió seis meses después, el 7 de diciembre de 1939, organizar su viaje a Chile como *Refugee from Nazi Opression* (Refugiado de la Opresión Nazi).

Me imagino que con los pocos recursos que les quedaban a mi padre y al tío Erwin, se despidieron de sus compañeros del Kitchener Camp y tomaron un tren para dirigirse lo antes posible al puerto de Liverpool, ubicado a quinientos kilómetros (300 mi) de Sandwich, desde donde se embarcaron en el barco Orduña el 19 de diciembre de 1939 con destino a Valparaíso.

No debió ser una travesía fácil, porque muchos de los barcos con refugiados eran atacados o abordados por los nazis antes de abandonar Europa para detener a los judíos y enviarlos a los campos de concentración. El viaje a Chile demoraba cerca de un mes, y el barco recalaba en los puertos de La Rochelle, Francia; Bermuda; Nassau, Bahamas; Habana, Cuba; Kingston, Jamaica; Cristóbal y Balboa, en Panamá (Canal); Salinas, Ecuador; Paita, Callao, y Mollendo, Perú; Arica, Iquique, Antofagasta y Valparaíso, Chile.

Imagino que además de no tener muchas comodidades, hicieron el viaje en medio de un gran nerviosismo, ya que no hay registro fotográfico ni del traslado por tierra desde Sandwich a Liverpool, y menos de la travesía a bordo del Orduña. Tampoco se sabe en qué tipo de cabina viajaron. De lo que sí existe información es que, en el viaje anterior del Orduña, iniciado en la misma ruta el 19 de mayo de 1939, a setenta y dos judíos con visa de refugiados para Cuba no se les permitió desembarcar, dando origen a un serio problema diplomático que duró varias semanas y terminó con casi todo el grupo temporalmente albergado en una bodega del Canal de Panamá.

Todo esto imagino que le agregaba mayor incertidumbre a este recorrido que iniciaban mi papá y el tío Erwin hacia el sur del mundo. Hay testimonios de pasajeros que también viajaron en el Orduña, quienes señalaron que los tripulantes tenían una actitud despectiva y poco amable con los refugiados que viajaban en las clases más económicas.

También recuerdo que mi papá alguna vez me contó que en Panamá se encontraron con otros tres barcos llenos de refugiados que iban a distintos destinos de Sudamérica. Precisamente en esta recalada, donde pudieron desembarcar por algunas horas, mi papá conoció a Sigmund Guttstadt, quien venía en uno de esos barcos cuyo destino final también era Chile. Sigmund era sastre y había tenido en Alemania un negocio de ropa muy similar al de mi padre. En esa breve conversación decidieron unir fuerzas una vez que llegaran a Valparaíso, y tal vez asociarse para comenzar una nueva vida. Se dieron la mano como símbolo de un primer acuerdo y regresaron a sus respectivos barcos.

El viaje continuó y el Orduña llegó al puerto de Valparaíso el 18 de enero de 1940. Al escribir esta parte de la historia me imagino a mi madre, que llevaba tres meses en este lejano y desconocido país, observando temerosa en medio de la multitud la llegada del barco, sin tener la total certeza de que mi padre venía a bordo. Me resulta extraño que de ese abrazo interminable que imagino tienen que haberse dado, no quedó ningún registro fotográfico. Eran dos recién casados que durante los últimos meses habían vivido las experiencias más dramáticas de sus vidas, y que se volvían a encontrar para iniciar una nueva historia.

Lo concreto es que el reencuentro de mi mamá con mi papá esa noche y las siguientes fue bastante fructífero, porque yo nací diez meses después, el 28 de diciembre de 1940. No tengo claro si fui concebido en Santiago, la capital, o en Talca, ciudad donde fueron enviados por las autoridades chilenas para iniciar su residencia como refugiados. Por coincidencia,

Sigmund Guttstadt, a quien mi padre había conocido en Panamá, también fue destinado al mismo lugar.

Mi papá y su nuevo amigo cumplieron su palabra y a las pocas semanas se asociaron formalmente, y con muy pocos recursos pusieron en la calle principal de Talca una tienda de ropa para hombres con el nombre de La Americana.

Escribo esta historia como homenaje a mis padres y a través de ellos a todos los que sufrieron los horrores del nazismo y de la guerra.

Y al cerrar este capítulo, solo agrego una curiosidad numerológica: la tienda de mi padre en Neisse, Alemania, estaba en la calle Zollstrasse 28; en el matrimonio de mis padres en Breslau había 28 invitados; mi papá estuvo 28 días en el campo de concentración de Buchenwald; yo nací un 28 de diciembre, y mi hija Vivi nació un 28 de agosto. Según la numerología hebrea el 28 significa *koiaj* (fuerza, capacidad, talento). Además, mi padre, don Erich Kreutzberger, llegó a Chile el 18 de enero, y para la numerología el 18 significa *jaí* (vida).

Estos son los conceptos que mis padres nos dejaron como profundo legado y que sin duda representan mucho de su historia: fuerza, capacidad, talento y vida.

Capítulo 6

EL MIGRANTE ERRANTE

De este sensible y complejo tema he escuchado hablar prácticamente desde que nací. Al escribir sobre esto me parece que retrocedo a mis primeros ocho años de vida, cuando en realidad estoy diez veces más arriba, cerca de los ochenta, y veo que es poco y nada lo que ha cambiado. Sabemos que la humanidad desde sus orígenes se ha visto enfrentada a corrientes de migraciones forzadas o voluntarias, y debemos entender entonces que de alguna manera en algún punto de nuestra historia todos hemos sido migrantes o descendemos de migrantes.

En mi caso, ser hijo de inmigrantes que llegaron a Chile desde Europa huyendo del nazismo y la Segunda Guerra Mundial marcó mi vida, a tal punto que, aunque por razones muy diferentes, también me convertí en inmigrante en Estados Unidos.

Vivimos una época muy especial y la globalización y democratización de las comunicaciones han cambiado nuestras costumbres e impactado en la forma de entender el mundo y nuestro entorno. Nadie sabe en verdad hasta dónde llegarán los avances de la tecnología, la automatización y esta desenfrenada era digital que nos empuja hacia territorios por completo inexplorados.

Es un tanto aterrador pensar que estamos controlados por cerebros tecnológicos y sometidos por «algoritmos», como lo llaman los expertos, que no son ni más ni menos que conjuntos ordenados de instrucciones destinadas a que ocurra un resultado previamente establecido por «alguien» o «algo». Este «ente» virtual puede incluso que sepa de nosotros más que nosotros mismos, y peor aún, nos manipule sin que nos demos cuenta y sin que podamos hacer mucho por defendernos.

Esta ventana sin limitaciones que hemos abierto al mundo y que ha desdibujado las fronteras físicas es sin duda una de las fuerzas poderosas que mueven este explosivo aumento de los flujos migratorios en todo el planeta. Las personas tienen la posibilidad de ver y comparar nuevas y mejores oportunidades lejos del lugar que habitan, una vez que este ha dejado de brindarles seguridad, oportunidades, o simplemente esperanzas de una vida mejor.

Según datos de Naciones Unidas, somos testigos de los niveles de desplazamiento más altos jamás registrados en la historia de la humanidad, y no cabe duda de que la xenofobia contra los no nacionales, en particular contra los migrantes, es una de las causas principales del racismo contemporáneo. Según los expertos, una cifra sin precedentes de setenta y un millones de personas en todo el mundo se ha visto obligada a huir de sus hogares por hambre, persecución, conflictos, violencia o violaciones a los derechos humanos. Se calcula que en total hay casi trescientos millones de personas que viven en un país distinto al que los vio nacer.

Han pasado más de setenta años desde la Segunda Guerra Mundial y puedo ver con claridad muchas coincidencias con esa época dramática de la historia de la humanidad: conflictos bélicos sangrientos, hambrunas, migraciones masivas, gobiernos populistas, racismo, antisemitismo, y todo esto con el agregado moderno de la tecnología, que disemina y amplifica todo sin filtro en cuestión de segundos.

Estas reflexiones me trasladan a esos primeros recuerdos de mi vida, ya que soy el resultado de padres extranjeros que, empujados por la violencia, las persecuciones y el racismo que imperaba en Europa a fines de la década del treinta, tuvieron que abandonar su terruño y reunirse en un país lejano llamado Chile, el único que les otorgó una visa humanitaria. Se habían casado un par de años antes, pero como muchos en la época, el nazismo los separó en noviembre de 1938, en la fatídica Noche de los cristales rotos», que terminó con mi padre en un campo de concentración, mientras mi madre conseguía con grandes dificultades subirse a un barco que la llevaría en un largo viaje hacia Sudamérica, sin la certeza de que algún día volvería a reunirse con mi padre, el amor de su vida.

Pese a la distancia y las dificultades, los dos mantuvieron el firme propósito y la convicción de que se abrazarían de nuevo para continuar con sus vidas. Se habían criado en una sociedad liberal hasta que fueron arrinconados por el odio y la discriminación y habían decidido arrancar de ese ambiente que les resultaba hostil, con la idea de formar una familia en medio de las libertades que les habían sido negadas en su tierra natal.

Un año después de esa dramática despedida lograron su propósito de encontrarse en este nuevo país que les ofreció «asilo contra la opresión» (como dice un verso de la canción nacional de Chile), y comenzar a escribir un nuevo capítulo en el libro de nuestra historia familiar. Las autoridades, como ocurría con casi todos los refugiados de esa época, los destinaron a una apacible ciudad del centro-sur del país llamada Talca (nombre que viene de la palabra mapuche «Tralka», que significa trueno).

Según nos contaron años después, fueron recibidos con respeto y deferencia pese a las dificultades de comunicación que tenían, y hubo gestos de talquinos y talquinas (gentilicio de Talca) que mis padres jamás olvidaron. Por ejemplo, cuando trataron de arrendar su primera casa, no tenían recursos y necesitaban cubrir el mes de garantía, y el corredor de propiedades que los atendió, sin conocerlos, les prestó el dinero para que pudieran establecerse. Siempre reconocieron que recibieron el afecto de muchos, pero la polarización del mundo que contaminaba a la sociedad chilena de esos años también los hizo sufrir el desprecio de unos pocos.

Mi vida comenzó en diciembre de 1940, en plena Segunda Guerra Mundial, que había estallado en enero de ese mismo año. El mundo estaba convulsionado y se dividía entre los dos bloques en conflicto: los admiradores de los aliados (Gran Bretaña, Estados Unidos, Unión Soviética) y los del «eje» (Alemania, Italia, Japón).

Tuvimos una infancia con necesidades y sacrificios, mientras mi papá y mi mamá hacían un gran esfuerzo por abrirse paso en este nuevo país que tenía un idioma y costumbres muy diferentes a las suyas. A poco andar, en 1944, cuando yo tenía cuatro años, buscando mejores oportunidades la familia se trasladó a Santiago, la capital, donde a los pocos meses nació mi hermano René.

Fuimos niños felices hasta que entramos al colegio, donde de inmediato nos vieron diferentes, y como resultado, nosotros también comenzamos a vernos y sentirnos diferentes. Yo era el único del curso que tenía padres «gringos» (así se les decía), de origen judío, y que hablaban muy poco español. Aunque hasta 1943 Chile se mantuvo neutral en el conflicto bélico mundial, ese año se sumó al bando de los aliados, pese a que había grupos muy activos que claramente simpatizaban con el eje, y eso dividía de manera profunda a la sociedad.

La guerra estuvo presente de alguna manera en casi toda mi primera década de vida, y con dolor aprendí en esos años el significado del racismo y la discriminación. Aunque debo decir que el tiempo y la paciencia me ayudaron a superar ese sentimiento.

De esa época hay un recuerdo que está muy vivo en mi memoria. Era septiembre de 1952 y aún no cumplía los doce años. Estábamos reunidos en torno a la mesa del comedor de la casa de Santiago, todos escuchando con mucha atención la radio, el único medio de comunicación instantánea que existía.

Había elecciones presidenciales en Chile y era obvio que con el pasar de las horas mis padres se ponían cada vez más nerviosos y ansiosos. Tomaban una taza de café tras otra, sin parar. Había ganado la elección el expresidente y reconocido militar Carlos Ibáñez del Campo, y se oían rumores de que los judíos serían expulsados del país, seguramente debido a que en anteriores elecciones el candidato triunfador había recibido el apoyo del movimiento nacionalsocialista chileno (también conocido como Partido Nacista). Años después vine a entender la verdadera gravedad de este antecedente.

En los gestos y expresiones de mis padres, notaba que algo andaba muy mal. Conversaban entre ellos tratando de que con mi hermano René, que tenía siete años, no entendiéramos lo que estaba pasando. Cada cierto rato nos miraban, y recuerdo claramente que en sus rostros había una mezcla de preocupación y miedo. Hoy me imagino lo difícil que debió ser ese momento en que de nuevo se veían enfrentados a la incertidumbre y tal vez a la necesidad de salir en busca de otro hogar donde establecerse, aunque ahora con dos hijos a cuestas.

Por suerte, nada de lo que a ellos les preocupaba ocurrió y nuestra familia pudo continuar con su vida en Chile con cierta normalidad. Y digo «cierta» porque, aunque estaban conformes, siempre nos dijeron que las dos primeras décadas en el país no estuvieron exentas de sobresaltos, causados en parte por los miedos y el horror que vivieron en Europa, y también porque no siempre se sintieron del todo bienvenidos.

Nos contaban, por ejemplo, que en sus primeros tiempos en Talca, sin apoyo económico y con gran esfuerzo, mi padre se asoció con un amigo que le enseñó los conceptos básicos de la fabricación de ropa de hombre, y con quien inició un pequeño emprendimiento fabricando sobre todo pantalones.

Una vez que llegó a Santiago, arrendó una pequeña oficina donde cortaba las telas, y las mandaba a otro taller para que confeccionaran pantalones. Era una época en que Chile tenía muy poca importación de productos y casi todo se fabricaba en el país. Él mismo salía a recorrer en tren las grandes ciudades cargando un par de maletas con sus modestas confecciones, lo que le permitió con el tiempo tener una importante cartera de clientes. En cada viaje aprovechaba de vender, y también de cobrar lo que se había vendido en el recorrido anterior.

En uno de estos pueblos del sur chileno se bajó del tren para ir a hacer la cobranza de la venta a una tiendas, donde un par de meses antes había dejado unos pantalones. El dueño del local se indignó cuando mi papá le señaló la razón de su visita, sacó una pistola, le apuntó, y lo conminó a que saliera de inmediato del lugar. Mi padre, obviamente, corrió asustado hacia la estación del tren, sin atreverse siquiera a hacer una denuncia en la policía. Nos explicaba después que como inmigrante no se sentía seguro de sus derechos, y no quería complicarse con una situación que luego pudiera afectar su residencia y la de su familia en Chile.

Con temor y deprimido se subió en el siguiente tren al sur para seguir viaje, tratando de borrar el episodio y levantando el espíritu como tantas veces tuvo que hacerlo en su vida, y dispuesto como fuera a vender su cargamento de pantalones, y así tratar de resarcir la pérdida económica que le significaba no haber podido cobrar la venta anterior al cliente malhumorado y pistolero.

Esperó dos estaciones más y se bajó en Curicó, otra de las ciudades que visitaba casi todos los meses. Con sus dos maletas llenas de pantalones caminó al centro de la ciudad donde estaba la popular tienda El Gallo, que visitaría por primera vez para ofrecer sus confecciones. De nuevo el diálogo con el dueño del negocio terminó mal y fue obligado a salir, mientras el comerciante le gritaba que no volviera a molestarlo, que no le entendía lo que hablaba, y que además no le interesaban sus pantalones.

Mi padre por segunda vez en ese viaje huyó corriendo hacia la estación de trenes, aunque ahora decidido a regresar a Santiago derrotado, con las manos vacías y sin poder cumplir su objetivo de vender y cobrar. Estaba sentado en el andén esperando la llegada del tren, cuando apareció muy agitado uno de los empleados de la tienda de la cual pocos minutos antes lo habían echado a gritos, diciéndole que el dueño quería que regresara porque necesitaba hablarle. Mi padre se asustó aún más. Con su mal español no lograba entender realmente lo que querían de él, y se negaba a regresar pensando que sería amenazado nuevamente.

El empleado logró tranquilizarlo y convencerlo a medias, aunque lo suficiente para que juntos regresaran a la tienda que según mi padre estaba ubicada en la calle Peña, una de las principales de Curicó. El propietario se llamaba Luciano Basauri, un inmigrante vasco muy conocido en la ciudad.

Asustado, entró al local donde lo esperaba don Luciano, quien, con tono imperativo y sin saludarlo ni pedirle disculpas por el incidente anterior, le indicó que colocara las dos maletas sobre el mesón, las abriera y le dijera cuánto valía todo lo que contenían. Mi padre hizo sus cálculos mentales y le dio la cifra total, que en ese entonces no era menor. Sin decir palabra, el dueño se dirigió a la antigua caja registradora, sacó la cantidad exacta que mi padre le había señalado, y se despidió de él diciéndole que volviera el próximo mes trayendo sus confecciones.

Mi papá por supuesto contaba esta historia agradecido del gesto arrepentido de don Luciano y señalando además que, pese a las dificultades del idioma, con el tiempo pudieron establecer una buena amistad, al punto que en uno de sus siguientes viajes, además de comprarle todos los pantalones, le regaló una típica boina vasca igual a las que él usaba todos los días. Mi padre se la puso de inmediato, don Luciano lo miró con algo de picardía y le dijo: «Oye, desde ahora tendrás que ser conocido como el «gringo vasco». En efecto, desde ese momento y hasta el fin de sus días en muchos lugares del sur de Chile que recorría con sus confecciones se acordaban de él como el «gringo vasco».

Durante algunos años trabajé con él como modelista en su taller de confecciones, y también viajé por Chile ayudando con las ventas y cobranzas. Pero todo eso cambió cuando en 1962 inicié mi carrera en televisión, y luego de veinticuatro exitosos años con *Sábados Gigantes* en Chile también me transformé en inmigrante en Estados Unidos. Más aún, trabajé principalmente para una comunidad de inmigrantes hispanos que siempre ha sentido el peso de la discriminación y la marginación, y vive hasta hoy una lucha constante por defender sus derechos y tener una oportunidad en lo que se ha llamado «el sueño americano».

Había estudiado un año en Estados Unidos en mi juventud, en el que aproveché de recorrer algunas ciudades, pero dos décadas después todo se veía muy diferente. Mi intención al emigrar era trabajar en lo que más me gustaba hacer, aprender nuevas cosas, integrarme a esta comunidad, y si el éxito me acompañaba, con mi esposa también estábamos dispuestos a instalarnos en este país.

Recuerdo que llevaba un par de meses haciendo el programa, me alojaba en un hotel en el centro de Miami, y me trasladaba a las grabaciones en un vehículo que el canal me había entregado para uso personal. Una de esas noches, regresando tarde de un ensayo, oí a mis espaldas el intimidante ulular de una sirena de policía, y una poderosa luz iluminó todo a mi alrededor. Por supuesto me detuve a un costado de la carretera mientras sentía que el corazón estaba a punto de salirse por mi boca. Como era primera vez que me ocurría, realmente no sabía lo que tenía que hacer. Trataba de pensar en algo, pero no articulaba nada coherente, hasta que escuché que me gritaban por un altavoz en inglés: «¡¡Encienda de inmediato la luz interior y salga del vehículo con su licencia en la mano!!».

Como en ese momento aún no tenía estatus de residente, conducía con mi licencia chilena y eso aumentó el nivel de mi ansiedad. Mientras el policía lentamente se me acercaba, las piernas me temblaban. Los pocos vehículos que a esa hora pasaban por la autopista circulaban a gran velocidad, lo cual daba al momento un ambiente de mayor tensión. Mientras hice el ademán de entregarle mi licencia de conducir, el policía me dijo: «Señor, ¿usted sabe por qué lo detuve?». Me costó elaborar una respuesta más o menos inteligente y lo que me salió fue bastante elemental: «La verdad oficial, perdone, pero no tengo la menor idea».

Me respondió leyendo mi nombre en la identificación: «Don Mario, la velocidad máxima en esta autopista es de cincuenta y cinco millas por hora (88 km) y usted circulaba a sesenta y cinco (105 km). Es decir, iba a exceso de velocidad». Yo solo movía la cabeza, esperando conocer la gravedad y consecuencias de mi falta: «Aquí tiene su ticket. Al reverso están todas las instrucciones de cómo tiene que pagarlo. Si tiene alguna duda, dígame. Y tenga cuidado al conducir. Le recomiendo respetar nuestras leyes de tránsito para que no pierda el privilegio de conducir en Estados Unidos».

Cuando el policía se fue, me senté en el auto y estuve unos minutos paralizado recuperando el aliento antes de continuar mi viaje al hotel. Repasaba sus palabras, y me daba cuenta de que había experimentado por primera vez el sabor y parte del rigor de ser inmigrante en una tierra lejana a la que me vio nacer.

Poco tiempo después, en uno de mis innumerables vuelos semanales entre Santiago y Miami, el oficial de inmigración del aeropuerto me pidió mis documentos y me preguntó en inglés: «¿A qué viene usted a Estados Unidos?». Le respondí sin dar muchas explicaciones: «Trabajo para Univisión, la cadena de televisión en español». Me respondió con bastante poco disimulo: «¿Queeeeeé? ¿Televisión en español en Estados Unidos? Aquí no necesitamos televisión en español porque nosotros hablamos inglés». A esta innecesaria agresividad del oficial no quise responder, pero me pregunté: «No solo soy extranjero en este país, sino que además ¿no soy bienvenido?».

Pasaron los años, *Sábado Gigante* se estableció en Estados Unidos, habíamos dejado de hacer la versión chilena, y debo confesar que comenzó a gustarme la vida en Miami. Pero luego del 11 de septiembre de 2001 y los impactantes ataques a las torres gemelas y al Pentágono, la vida de los inmigrantes se complicó aún más, porque el país comenzó a revisar sus políticas migratorias, y se produjo una especie de paranoia contra quienes parecieran o fueran extranjeros. Los abogados me recomendaron, para evitar dificultades, que me hiciera ciudadano norteamericano. No solo fue una decisión difícil por lo que eso significaba, sino que además tuve que estudiar la historia y las características básicas de la institucionalidad política del país, y aprenderme el himno nacional. Todo por supuesto en inglés.

Luego de un largo proceso de papeleos y entrevistas oficiales, llegó el día de la juramentación para mi nueva nacionalidad. Conocía este país desde los diecinueve años, y siempre he admirado las posibilidades y oportunidades que brinda a sus inmigrantes, aun con todas las dificultades que se deben enfrentar.

Supe en esa ocasión que se puede tener uno o más pasaportes, y sentirse bien en un país que no es el propio. Sin embargo, cuando hube de poner la mano en el pecho y cantar el himno nacional que no es el mío, más allá de lo que otros puedan sentir, a mí se me apretó el corazón.

Ese momento de emociones contradictorias me hizo pensar que en realidad la verdadera pertenencia, si las circunstancias lo permiten, está en el lugar que guarda la historia personal de cada uno, donde crecimos, nos formamos y desarrollamos. Quizás esta reflexión no es posible de entender para quienes no han experimentado algo similar, pero para mí fue una vivencia que me dejó sensaciones inequívocas.

Cada una de estas circunstancias, además, sumaban experiencias que me ayudaban a entender mejor la realidad del público al cual teníamos que dirigirnos con *Sábado Gigante*. Eran personas principalmente de origen hispano, en su mayoría mexicanos o centroamericanos, que hablaban de preferencia español como primera lengua, y que como yo, venían en busca del esquivo «sueño americano». En esta comunidad que actualmente sobrepasa los sesenta millones de habitantes, y que los expertos calculan que se duplicará hacia el 2060, se incluye a un importante número de personas indocumentadas, que se contabilizan por sobre los doce millones.

Este es el grupo que hoy vive las mayores dificultades como inmigrantes, sufre las persecuciones y amenazas, y vive con el temor permanente a la deportación. Muchos de ellos llevan décadas en este país, tienen hijos norteamericanos y son los que protagonizan con frecuencia las dramáticas separaciones familiares cuando son detenidos o expulsados del país. Otros están aquí agazapados, escondidos, viviendo en condiciones muy precarias, y el dinero que obtienen por los trabajos que nadie quiere hacer, en parte lo envían a sus países de origen para dar una mejor calidad de vida a sus familias.

También están los que llegaron aquí buscando refugio por amenazas, persecuciones, pandillas, violencia, narcotráfico, y muchas mujeres que huyen de terribles experiencias de violencia doméstica.

Las historias que me ha tocado conocer en estas tres décadas haciendo el programa, en que semana a semana nos enfrentamos a la cruda realidad de este grupo de inmigrantes, sin duda daría para escribir otro libro.

Se me viene a la memoria por ejemplo el rostro de Manolo, un jardinero que hizo algunos trabajos en nuestra casa de Miami, y que un día me golpeó la puerta diciéndome que quería hablarme. Nos sentamos toda una tarde a conversar y lo primero que hizo fue sacar una vieja camisa y un pantalón de una bolsa plástica, mientras se le aguaban los ojos y me decía temblando: «Don Francisco, un día como hoy hace dos años llegué a este país en una balsa desde Cuba. Lo que guardo en esta bolsa era lo único que traía. La balsa la construimos con sobras de materiales que sacamos de nuestros trabajos como obreros en Cuba. Todas las tardes después del trabajo nos reuníamos con tres amigos para hacerla. Nos demoramos un año y medio, escondidos en un viejo galpón. Los vecinos pensaban que hacíamos muebles para nuestras casas. Ahí no se puede confiar en nadie».

Los tres amigos, uno de infancia, y el otro compañero de trabajo de Manuel, soñaban con dejar la isla y navegar con rumbo a Estados Unidos. Uno de ellos, Adrián, tenía conocimientos muy básicos de navegación, y con esa limitada experiencia tendrían que sortear los ciento setenta y dos kilómetros (106 mi) del estrecho de la Florida, que separa La Habana de Cayo Hueso (Key West), y donde se conecta el océano Atlántico con el golfo de México. Habían construido una rudimentaria vela, pero les faltaba lo más importante si el viento fallaba: la propulsión. Me contaron que desarmaron un viejo automóvil y adaptaron el motor a la balsa, lo cual fue una tarea que concretaron con más ganas que conocimientos.

Llegó el día de la travesía. Sumaron a la aventura a dos amigos que aportaron agua y comida. Con los primeros rayos del sol se lanzaron al mar en la improvisada y rudimentaria embarcación, y sigilosamente se fueron alejando de la costa burlando la vigilancia de las autoridades marítimas cubanas. Cuando estaban en medio del mar y apenas divisaban a la distancia los edificios de La Habana, pudieron recién respirar y gritar de alegría. Se abrazaron y de inmediato se dieron cuenta de que estaban recién en el principio de un largo viaje, porque pasarían varias horas hasta llegar a lo que llamaban «tierras de libertad». Mientras Manuel me contaba todo esto, noté que su respiración se agitaba cada vez más.

Tenían viento a favor y una pequeña brújula les indicaba la dirección hacia Key West, una de las más importantes y famosas islas de los Cayos de la Florida, considerado el punto más al sur del territorio norteamericano. El plan era llegar ahí y pedir asilo político. Me contó que estaban tranquilos conversando y haciendo bromas en medio del mar, cuando de pronto el viento comenzó a soplar, el cielo se oscureció, y los envolvió en pocos minutos una intensa tormenta tropical. La embarcación se convirtió en una caja de fósforos flotando en el mar. Me señaló que encendieron el motor para tratar de volver al rumbo y era prácticamente imposible por las fuertes corrientes. Empezaron a desesperarse justo cuando una de las ráfagas de lluvia y viento casi dio vuelta la balsa y con el golpe el motor era arrancado de cuajo y se sumergió en el mar.

Uno de los amigos que había subido al final sufrió un ataque de pánico y quiso lanzarse al agua. Entre varios lo afirmaron y lo zamarrearon con fuerza gritándole que se calmara. Manolo me dijo que Adrián decidió en ese momento asumir con autoridad su rol de improvisado capitán y los exhortó: «Déjense de boberías. Si quieren seguir vivos, primero cálmense y luego agárrense de lo que puedan». Fue tan convincente su llamado que logró devolverles un poco de tranquilidad, aun cuando la única vela que tenían estaba a punto de salirse con los fuertes embates del viento.

Manolo recuerda que estuvieron casi dos horas luchando por sobrevivir bajo la tormenta, y que en esos momentos recorrió toda su vida pensando en que le había llegado la hora de partir. Confieso que a esa altura me había sumergido tanto en la historia que no quería perderme detalle del impresionante relato, y es más, en algún momento me sentí metido en esa balsa también luchando por mi vida.

Era tanta la agitación de Manolo que estuvimos largo rato de pie. Él mismo lo hizo notar y me invitó a sentarnos para continuar mientras recordaba que con la tormenta no solo perdieron el motor, sino también uno de los dos bidones de agua, toda la comida y la vela, que aunque seguía amarrada a la balsa estaba inservible y sumergida en el agua. Peor aún, habían perdido el rumbo y ya no estaban navegando hacia Key West. Ahí me dijo: «Volvió la calma, Don Francisco, y el mar estaba como plato de sopa. Nosotros le llamamos a eso "calma chicha" (estado de tranquilidad, aunque con visos de no ser duradera). Adrián estaba tan mareado como nosotros y nos pidió que entre todos sacáramos la vela del agua y la pusiéramos en su lugar. Nos demoramos como dos horas en hacerlo mientras estábamos a la deriva».

Aproveché esa parte del relato para preguntarle: «¿Y en ese momento no pensaron en rezar, en encomendarse a Dios?». Me respondió con rapidez: «Don Francisco, en Cuba nos criamos sin religión. Ahora, yo le digo que cuando creí que íbamos a morir, por lo menos yo escondidito me encomendé y dije: "si hay un ser superior, me tiene que ayudar porque yo he sido bueno en mi vida y quiero vivir un poco más"». Hizo una pausa y continuó: «Don Francisco, sí debe haber un ser superior que me escuchó, porque aquí estoy haciéndole el cuento. Cuando vimos tierra nos abrazamos y gritamos de la emoción. Llegamos a Cayo Hueso con una puesta de sol increíble y cuando pisamos la playa nos arrodillamos y soltamos unas lágrimas».

Mientras me hablaba se emocionaba y restregándose los ojos dijo: «Perdón, Don Francisco, por estas lágrimas, pero aquí estamos, luchando por salir adelante. Usted sabe que no es fácil para un inmigrante. Esto pasó hace dos años, pero siempre será inolvidable para mí, porque aquí no solo encontré refugio y oportunidades, sino también encontré el amor, y mi mujer ahora está embarazada de tres meses».

Era una gran historia y le pregunté si me permitiría ponerla algún día en un libro. Mientras guardaba cuidadosamente en la bolsa plástica el pantalón y la camisa, me respondió: «Don Francisco, por supuesto que puede hacerlo. Con esta ropa volví a nacer y es mi gran trofeo en la vida. Estas dos prendas son mi propio libro».

Recuerdo esta historia de Manolo justo en momentos en que el gobierno de Donald Trump en Estados Unidos endurecía sus medidas contra los inmigrantes, ensañándose sobre todo con los indocumentados. Las noticias eran alarmantes y a diario en televisión se muestran imágenes con implacables persecuciones y redadas en diferentes ciudades. Esta situación, que afecta particularmente a nuestra comunidad hispana, la comenté en un almuerzo con Marcos Santana, un alto ejecutivo de la cadena Telemundo. Le dije además que estaba escribiendo un libro donde quería hablar de esto, y él aprovechó de hacer un mea culpa señalando que en su opinión la empresa para la cual trabaja no ha realizado una campaña más amplia sobre este tema en favor de nuestra gente.

Reconoció que es bueno aprovechar el momento en que por primera vez los números superan a Univisión (la histórica competencia de Telemundo) de manera consistente, para entregar mensajes concretos solidarizando con el público hispano, y con esto conseguir además una mayor fidelidad en la audiencia. Ante esta afirmación le dije: «Tienes razón, Marcos, todo eso es buena idea, pero tal vez no se hace por una razón que no queremos reconocer. Yo creo en una televisión que refleje la verdad. En este mundo no somos números, somos seres humanos, y cada uno de nosotros es una historia. La televisión de hoy se ha alejado de la gente común, convirtiendo sus objetivos en una obsesión por la eficiencia y las metas, descuidando al público y sus necesidades reales».

Habíamos terminado de almorzar y se me ocurrió llamar en ese momento al mesero que nos estaba atendiendo y lo invité a sentarse en nuestra mesa. Lo hizo con gusto, no sin antes pedir permiso a su jefe que estaba observando con atención. Le pedí que nos contara algo de su historia, y sin mucho titubeo dijo: «Don Francisco, llevo veintidós años en Estados Unidos. Vine de Costa Rica a los dieciocho, soy casado, tenemos tres hijos, uno de ellos ya está en la universidad».

Luego de felicitarlo por sus logros familiares, le pregunté: «¿Y sientes que has podido cumplir el sueño americano?». Me respondió sin dudar: «Don Francisco, quisiera poder decirle que sí. Aunque tengo esposa y mis hijos son norteamericanos, pertenezco a ese grupo de millones de indocumentados que vivimos casi en las sombras. Entré al país con una visa de turista y me quedé más allá del plazo que me dieron, y cuando traté de hacer los papeles, mal asesorado, le mentí a un juez de la corte de inmigración. Y sobre este delito no tengo perdón».

Cuando le pregunté si aún tenía familia en Costa Rica, se desplomó sobre la mesa y nos contó entre sollozos: «Tengo a mi madre. Ella no ha podido venir en estos dieciocho años, y yo una vez pude ir a visitarla por quince días. Ahora no sé si podré volver a verla». A Marcos y a mí se nos llenaron los ojos de lágrimas y recordamos a nuestras madres, que ya no están. Cuando nuestro amigo mesero se levantó y siguió con su tarea, le dije a Marcos: «En pocos minutos, aquí comprobamos dos cosas: que en este país todos somos una historia, y que el tema de la inmigración es una dramática realidad instalada en el mundo entero».

Nos despedimos con Marcos quedando en volver a reunirnos pronto, y mientras conducía de regreso a la oficina repasé las razones que me motivaron a escribir este capítulo. Porque, aunque vivo en Miami, viajo todos los meses a Chile, mi país, que hoy tiene el privilegio de disfrutar, pese a todo, de una de las economías más estables y sólidas del continente. Esta ventaja frente a nuestros vecinos nos ha convertido en la última década en un fuerte atractivo para los migrantes, que ven en nuestro país una oportunidad para mejorar sus condiciones de vida y las de sus familias. Según calcula el INE (Instituto Nacional de Estadísticas) tenemos una cifra inédita en nuestra historia de un millón doscientos cincuenta mil inmigrantes, lo que ya constituye un 6.6 por ciento de la población del país.

Las puertas de Chile siempre estuvieron abiertas para recibir extranjeros, y estoy totalmente de acuerdo como ciudadano e hijo de inmigrantes de que así haya ocurrido. Países como el nuestro tienen espacio de sobra para recibir a quienes finalmente siempre serán un aporte al progreso y desarrollo de este. Sin embargo, creo que cuando esto no se hace de manera organizada y planificada, se puede volver en contra del país y de los propios inmigrantes y puede transformarse en un grave problema social. He sido testigo directo del drama que viven miles de extranjeros que están viviendo en condiciones de extrema marginalidad en ciudades chilenas, sobre todo en el norte, sin trabajo ni servicios básicos de salud, educación, agua potable, y con una higiene y una alimentación muy precarias.

Es angustiante ver cómo este fenómeno se ha convertido en noticia diaria en los medios de comunicación, con oleadas de migrantes que tratan de salir de sus países cruzando océanos, atravesando desiertos, o instalándose en improvisados campamentos en tierras de nadie donde viven en la incertidumbre y la miseria. Arriesgan sus vidas y las de sus familias lanzándose al mar, atravesando ríos torrentosos, caminando cientos de kilómetros, porque en sus lugares de origen no encuentran las condiciones mínimas para vivir.

Reitero que todo esto que hoy vivimos me recuerda lo que mi generación pudo ver durante la Segunda Guerra Mundial. Me pregunto entonces de qué nos sirven los avances científicos, la tecnología y esta impresionante era digital si no somos capaces de avanzar hacia un mundo más justo y humano, y construir sociedades donde todos tengan reales oportunidades.

En mi mente quedó la imagen, que vimos en un viaje reciente por el norte chileno con mi familia, de una madre venezolana caminando por el desierto más árido del mundo, tratando de llegar a la frontera sur de Perú, arrastrando una maleta de la que se afirmaban dos niños pequeños. Había intentado obtener una visa humanitaria para entrar a Chile y le fue negada porque no tenía los documentos que le exigían las autoridades.

Como último recurso había decidido recorrer a pie los treinta kilómetros (19 mi) que separan la ciudad peruana de Tacna, del paso fronterizo Chacalluta, puerta de entrada a Chile por el norte. La desesperación la había llevado a tomar una decisión extrema, y se instalaría con sus hijos en la frontera hasta que le permitieran la entrada. Recuerdo a esta madre y sus niños y vuelvo a pensar una y mil veces: ¿cuál será el destino final de ella y de los millones de migrantes errantes que vemos a diario en el mundo?

Al cerrar este capítulo se me viene a la mente un pensamiento muy profundo del asesinado presidente de Estados Unidos John F Kennedy: «Nuestros problemas son hechos por el hombre; por lo tanto, pueden ser resueltos por el hombre. Ningún problema del destino humano está más allá de los seres humanos».

Capítulo 7

EL PESO DE MI PESO

Estoy convencido de que a la mayoría nos interesa y preocupa el tema de la obesidad, y cada vez que me ha tocado hablar en los programas de televisión de dietas, cirugías, alimentación y nuevas fórmulas para bajar de peso, hemos tenido muy buena acogida en el público. Y no es para menos, ya que un tercio de la humanidad sufre de esta pandemia que, como señalan los expertos, tiene causas hereditarias, pero en especial se origina en la vida sedentaria, la mala alimentación y la poca actividad física.

Quiero compartir con ustedes lo que he aprendido de este tema a lo largo y ancho de mi vida, y cómo se desarrolló en mi cuerpo este hambriento germen de la gula y el sobrepeso. Les advierto que como soy obsesivo, he leído, escuchado, visto y probado casi todo lo que existe para defenderme de los kilos demás y me he transformado casi en un experto. Sin embargo, ni toda la teoría disponible ha sido suficiente para declararme ganador en esta guerra. Espero, además, que algunos de los sistemas que por temporadas me funcionaron puedan ser de utilidad para el lector, algún amigo o tal vez un pariente cercano.

Comienzo por contarles que nací con 5 kg (11 lb) y medí 59 cm (23.2 pulgadas). Los expertos dicen que lo normal es que un bebé mida al nacer entre 46 y 53 cm (18 a 20 pulgadas) y pese entre 2,5 y 4,3 kg (5.5 a 9.5 lb). Fue un parto difícil, y según me contó mi madre, los médicos le explicaron que mis medidas fuera de rango podrían tener origen en una diabetes gestacional que ella tuvo durante el embarazo y que luego mantuvo el resto de su vida. También entiendo que pudo ser heredado, ya que era hija y nieta de diabéticos.

En mi infancia no fui un niño gordo, sino más bien «rellenito», o como decían chistosamente mis amigos, había nacido «con los huesos más adentro». Recuerdo que tenía como diez años y me llevaron al doctor, quien me pidió que me parara frente a él y me miró de arriba hacia abajo en silencio y con mucha seriedad. Luego dijo algo que sentí como una grave sentencia: «Mmmmmmm... Hijo o nieto de diabéticos». La medicina había entregado su veredicto, y desde ese momento me había puesto una etiqueta que, sin saberlo entonces, cargaría toda mi vida.

Crecí envuelto en una «contextura poco atlética», por decirlo de una manera generosa, y por supuesto no era precisamente el más ágil del curso. Muchas veces me lamentaba en silencio por no tener el cuerpo esbelto, la movilidad y la destreza de mis compañeros.

En ese entonces no sabíamos que el maltrato físico, verbal o sicológico que ocurre entre estudiantes de manera reiterada y a lo largo del tiempo se llama en realidad «bullying». Lo que experimenté en la secundaria era bastante parecido a eso y lo que sí tengo muy claro es que me resultaba extraordinariamente hiriente.

En las clases de educación física era uno de los más lentos, y cuando había que integrar grupos para alguna carrera o competencia, los compañeros se ponían a los costados de la pista y me gritaban: «Corre, guatón weón... corre» (Traducido del chileno sería algo así como «Corre barrigón tonto... corre»).

El deporte más popular en el colegio era el fútbol (*soccer*). Para formar los equipos había un sistema muy curioso: los dos mejores jugadores elegían al resto de sus compañeros. Se ponían frente a frente como a tres metros de distancia (10 pies), mirándose, y avanzaban colocando un zapato delante del otro. El que llegaba primero y ponía el zapato sobre el contrincante podía comenzar a seleccionar a los que integrarían su oncena. Mientras, el resto esperaba con paciencia que uno de los dos lo eligiera para entrar en la cancha. Con pena debo decir que siempre estaba entre los dos últimos en ser elegidos y, por lo general, me mandaban al arco. Con el correr del tiempo afortunadamente subí como dos puestos en el ranking, ya que al parecer no era tan malo en la posición de portero (arquero).

Mis padres no hacían muchos esfuerzos por ayudarme, y recuerdo que en los fríos inviernos santiaguinos me daban al desayuno un vaso de leche con toda la crema que la generosa vaca del establo del frente había producido esa mañana. Lo acompañaba con dos rodajas de pan integral bien oscuro (lo llamábamos «pan negro») empapado en grasa de ganso con chicharrones y bastante ajo, como para que nadie tuviera duda de que me había comido un balde de colesterol para comenzar el día. Según mi madre, Anna Blumenfeld Neufeld, nacida en Rawicz, Polonia, en 1915, así se desayunaba en Europa en las épocas invernales, y ni siquiera mi padre se atrevía a contradecirla.

Eran además los tiempos en que se practicaba equivocadamente el lema «Niño gordo, niño sano», y estar rellenito era sinónimo de saludable. Y en las mujeres ser voluptuosa era equivalente a ser hermosa. Los flacos definitivamente no estaban de moda, y tenían menos éxito.

El menú de los almuerzos y cenas tampoco era parte de algún manual de alimentos sanos, y menos para un niño en etapa de desarrollo. Muchos «embutidos» (cecinas) y todas las comidas tradicionales alemanas llenas de grasa, colesterol y acompañadas de muchos carbohidratos. Y para cerrar, un buen postre con generosas cantidades de azúcar en sus diferentes formas. Y si quedaba algo de apetito, una fruta. Todo este ritual también podía incluir una «marraqueta» calientita y crujiente (pan chileno tipo francés) con mantequilla. La panadería quedaba al lado de la casa, y no había manera de sustraerse a tamaña tentación. El olor del pan recién horneado inundaba la calle y entraba como una plaga por las rendijas de puertas y ventanas.

Y cuando me dolía la garganta, mi mamá también recurría a una de las tantas recetas caseras europeas que le aplicaban en su infancia. Con mi hermano René teníamos que tomar una pócima intragable. Nunca supe cómo se escribía, pero le decíamos «gogelmorgel», y se obtenía de un producto recién estrenado en Chile que nos dejaban todas las mañanas en la puerta de la casa: una botella de leche. La mayor ventaja de esta nueva forma de vender la leche es que venía pasteurizada y gracias a esto nos protegíamos de los desagradables episodios de fiebre aftosa. Para curarme de la garganta, mi mamá destapaba esta novedosa botella y le sacaba la gruesa capa de crema medio amarillenta que flotaba en la superficie. Revolvía esta especie de mantequilla con yema de huevo y miel y me la daba a cucharadas, lo cual hacía que mi garganta mejorara milagrosamente, pero sin ninguna conciencia de la nueva avalancha de colesterol que había ingresado a mi organismo.

Cuento esto sin intención de opacar el hermoso recuerdo que tengo de mi madre, quien solo actuaba de acuerdo con lo que conocía.

En esta lucha con el peso de mi peso aprendí que la educación nutricional adecuada de un niño en sus primeros años es fundamental para crearle hábitos que le van a servir a lo largo de toda su vida.

Lamentablemente, en mi caso, estos conocimientos llegaron tarde a mi conciencia y tampoco tuvimos con mi esposa la claridad para enseñar a nuestros hijos a comer de acuerdo con una dieta balanceada. Creo también que, por error, los adultos aún nos sentimos felices cuando vemos la cara sonriente de un niño que está comiendo algo que le gusta, sin importar lo que sea.

Seguí avanzando en la vida y cuando me llegó la difícil etapa de la adolescencia, traté de controlarme en las comidas, pero me resultaba poco. Hoy entiendo que era porque me había convertido en un adicto; todo lo que consideraba rico tenía grasa, azúcar y harina.

Aquí comenzó otro complicado proceso, ya que frente al natural juego del coqueteo con las compañeras, tomé conciencia de que me avergonzaba mi cuerpo grueso y poco atractivo, y eso me gatilló una timidez que hasta ese momento no había registrado como parte de mi personalidad. Íbamos a la playa, por ejemplo, y yo me bañaba con la camisa puesta, porque además de los kilos extras, ¡era tetón!

Mientras la mayoría de mis compañeros mostraban orgullosos sus costillas y competían para demostrar quién tenía menos grasa en el cuerpo, parecía que yo había venido al mundo sin huesos ni costillas y con un par de rollos adicionales envolviendo mi cintura.

Tenía como dieciséis años cuando mis padres notaron que algo no andaba bien conmigo, y me llevaron a un médico especialista en dietas. Estuve un buen tiempo comiendo raciones reducidas de arroz, carne, pollo, pescado y frutas de postre. Me imagino que los médicos de entonces no sabían que para nosotros los gordos la fruta no puede ser equivalente a un postre, el que entendemos como una copa de helado, un pastel o un flan bañado en chocolate. La consecuencia de este primer tratamiento de mi historia fue una fuerte discusión conmigo mismo: o me quedaba siendo un gordo tímido o trabajaba en un personaje con menos sobrepeso, pero reprimido y salivando cada vez que mis compañeros en una fiesta de cumpleaños comían todo lo que yo tenía prohibido. Por supuesto no me duró mucho este intento, y volví a la carga con toda la fuerza de mi apetito crónico.

Confieso que todo me gustaba. Gozaba comiendo, y luego de cada pecado gastronómico iniciaba ese proceso de profundo arrepentimiento que todos los obesos sufrimos. En esa época me transformé en un experto ascensorista de los kilos, subía quince y bajaba quince; luego subía ocho y bajaba los ocho. Cada tres meses alguien me felicitaba o me apuntaba con el dedo. Cuando había bajado lo que estimaba suficiente, sentía que me tenía que premiar y decía: «Basta. Hasta aquí llegamos». Y me comía todo lo que tenía a mi alcance, hasta que rápidamente recuperaba el peso anterior y reiniciaba un nuevo ciclo.

Recuerdo que en esos años de adolescente tenía tres amigos con quienes nos juntábamos casi todos los fines de semana para divertirnos, conocer nuevas chicas, y ojalá tener la oportunidad de «atracar». Así se llamaba entonces al inocente jugueteo de tomarse de la mano, darse unos besos, y si había opción, pasar la mano por algún lugar prohibido. Esto último era un triunfo que pocas veces se conseguía, y cuando se daba, era motivo de machista celebración con el grupo de amigos.

Estos encuentros tenían su ritual casi establecido, que consistía en que se contactaba a las amigas de las amigas, o a las conocidas de las hermanas de los amigos, que en general eran de nuestra edad. Luego de las protocolares presentaciones y una breve conversación absurda sobre el clima o la película del momento, ellas pedían permiso para ir al baño. Imagino que ahí se pondrían de acuerdo, y se repartirían equitativamente «el menú» que éramos nosotros.

Cuando regresaban, ya teníamos claro cómo se habían lanzado los dados; y en lo que respecta a mí, siempre asumí con resignación y sin rencor que me tocaría la menos agraciada. El sistema funcionaba fantástico y quedábamos todos contentos.

Hasta que un día, aún no sé por qué extraña razón, los dados me favorecieron. La más hermosa del grupo se interesó claramente por mí, lo cual no estaba en mis planes y tampoco en el de mis compañeros. Por supuesto, fue la última vez que me invitaron a salir y me imagino que de ahí en adelante se acabaron los dados para todos, y cada uno se jugó sus propias cartas.

Ese fue el momento clave para independizarme del grupo y tuve mi primera «polola», como se le llamaba entonces en Chile a la joven que aceptaba una declaración de amor, reconocía que también le gustabas y acordaban formalmente que entre ambos había un compromiso que implicaba exclusividad. Esto significaba incluso tener que presentarse ante los padres de la niña, pasar a buscarla en la puerta de su casa, y por las noches tener largas y románticas conversaciones ocupando el único teléfono fijo que había en los hogares.

Esos fueron los años en que tuve mi acercamiento más íntimo con los deportes y por eso mi físico tuvo algunas transformaciones positivas, lo cual hizo que mi peso ya no estuviera entre mis prioridades. Así me mantuve hasta que me casé a los veintidós años y entonces sentí que la vida era perfecta. Todo lo que no pude hacer en la década anterior con mis «pololas», ahora lo podía practicar con toda legalidad. Quería estar con mi flamante esposa todos los días y a toda hora. Y si hay algo que los gordos sabemos, es que el amor y el sexo son el mejor aliciente para abrir el apetito.

La primera consecuencia de mi matrimonio es que en los primeros seis años pasé de tener ochenta y dos kilos (180 lb) a más de ciento siete (235 lb). De ahí en adelante no recuerdo una época en la que no estuviera siguiendo algún tipo de dieta con mayor o menor resultado, y mi peso fluctuaba entre los noventa y ciento cinco kilos (200 y 230 lb).

Como me casé con Temy al mismo tiempo que con la televisión, cuando llevaba seis años con *Sábados Gigantes* ya tenía veintiocho, y era apodado por la prensa de espectáculos como «El guatón de la tele» (guatón equivale a panzón, barrigón).

A esa altura ya comencé a preocuparme, pero cuando en verdad tomé conciencia fue al cumplir los treinta y seis años. Tenía tres hijos pequeños y mis antecedentes de salud no eran buenos. La diabetes estaba presente en mis ancestros, y por mi trabajo en televisión había tenido numerosas oportunidades para educarme en temas de sobrepeso y obesidad.

En uno de esos programas recuerdo haber entrevistado a un médico naturista que hablaba de las bondades de ser vegetariano. Esto coincidió con un viaje que hicimos a India con el equipo de la «Cámara Viajera» (popular segmento de reportajes del programa que en esa época se llamaba «Película Extranjera»), donde aprendí que los hindúes que siguen los preceptos de una de las religiones más antiguas del mundo, el hinduismo, no consumen nada de carne como una manera de preservar sus virtudes. No precisamente por la misma razón espiritual, pero como vi que mucha de la gente que nos atendía tenía un aspecto físico saludable, decidí que los treinta días que estaría en India aprovecharía para convertirme en un riguroso vegetariano. Era fácil porque todos los hoteles y restaurantes tenían un variado menú con este tipo de comidas y lo mejor, con platos muy sabrosos y bien condimentados.

Por otro lado, fue una especie de esfuerzo solidario al ver a un pueblo que en ese entonces tenía un 45 por ciento de la población infantil con malnutrición y más de trescientos millones de personas vivían con menos de un dólar al día.

Mi sorpresa fue que al regresar a Santiago de este impactante viaje a la India la pesa indicaba que había logrado bajar unos tres kilos (6 lb). No parecía un gran logro, pero me entusiasmó la idea de seguir ese camino. Me acerqué entonces a un centro especializado donde me orientaron en mi conversión hacia el vegetarianismo, y al mismo tiempo fueron muy eficientes en venderme los servicios de sauna, gimnasio, caminatas y vida natural. Debo ser sincero y señalar que en esos años me sentía mejor que nunca y curiosamente con mucha energía y buen estado físico.

Había avanzado bastante en mi aprendizaje de esta nueva vida, y a los tres años subí un nuevo peldaño al convertirme en «vegetariano lacto ovo», es decir pude agregar leche, yogurt y queso fresco a mi dieta, ya que eso aumentaría mi consumo de proteínas. No solo reduje considerablemente el peso, sino que mejoré mi autoestima y mi digestión. Por siete años me mantuve en los ochenta y seis kilos (190 lb). Me sentía espectacular y lo mejor de todo fue que en los medios de comunicación dejaron de llamarme «El guatón de la tele».

Todo cambió cuando decidimos recorrer con la «Cámara Viajera» algunos países del norte de Europa en febrero, en medio del verano chileno, fecha en que hacíamos la mayoría de estos viajes y el programa se grababa para que el equipo tomara sus vacaciones.

Como es obvio, cuando en nuestro hemisferio estábamos disfrutando del sofocante calor, en el norte el invierno se dejaba sentir con toda su intensidad. En esa oportunidad fuimos a Noruega, en la época de mayor frío, con temperaturas que a veces llegan a los cuarenta grados bajo cero, y donde los días son cortos y las noches muy largas. Estuvimos varios días trabajando en Hammerfest, una pequeña ciudad del extremo norte noruego, considerada una de las más cercanas al Polo Norte de todo Europa. Aquí ser vegetariano es imposible ya que en invierno hay de todo para comer menos vegetales. De esta manera terminaron abruptamente mis siete años de vida naturista y regresé sin restricciones a mi vida de gordo asumido, y me subí una vez más al carrusel del sobrepeso. Me costaba reconocer que en el fondo lo que me gustaba era la buena mesa y el buen vino, y esa combinación siempre ha sido fatal para avanzar en cualquier intento de perder kilos.

A los gordos nos cuesta mucho darnos cuenta del verdadero origen de nuestra condición, y con frecuencia creemos que nuestro problema radica solo en la falta de ejercicio. Alineado con este falso pensamiento, conseguí que Patricio Cornejo, gran tenista y considerado uno de los grandes deportistas y entrenadores chilenos, se convirtiera en mi profesor. Jugué todos los días durante décadas, y por supuesto no logré ser un gran exponente, pero lo más importante fue que me ayudó a mantener un peso aceptable sin tener que cruzar la frontera de la obesidad.

Pero otra vez algo vino a transformar mi rutina y dio un golpe certero a mis intentos de frenar mi apetito. Cuando comenzamos las grabaciones de *Sábado Gigante* en Miami en 1986, viajaba todas las semanas entre ambos países, por lo cual ya no podía mantener el deporte como una actividad diaria. Para solucionarlo acudí a una dietista que me aconsejó comer porciones pequeñas seis veces al día, masticando lento, para evitar acumular grasa innecesaria y mejorar el metabolismo. Fue de gran ayuda, y hasta hoy lo uso como uno de mis mejores recursos de autocontrol del peso.

Este consejo fue complementado con la visita a un cardiólogo, quien me confirmó los beneficios de esta fórmula y me dijo algo que en el papel parece fácil y obvio, pero es muy difícil de cumplir: «Don Mario, usted debe comer antes que le dé apetito. Cuando vaya a una fiesta, una cena o cualquier lugar donde sepa que habrá mucha comida, coma algo una hora antes de salir. Además, como seguramente usted tiene mucha vida social, le aconsejo que cuando vaya a un cóctel y pasen con la bandeja de los aperitivos y canapés, y aunque le cueste, tome uno de cada tres ofrecimientos». Este ejercicio lo practico hasta hoy con muy buenos resultados.

Todos estos consejos funcionan mientras uno evite consumir las cosas que los gordos consideramos «ricas», y que por supuesto son las que más nos hacen engordar porque están llenas de azúcar y carbohidratos.

Estar en dieta permanente y luchando contra el peso no es fácil, y privarse de lo que a uno más le gusta es muy complicado, y por eso hay momentos que he definido como «la depresión del éxito». Ocurre cuando uno, luego de privarse de un sinfín de cosas ricas, lanza la dieta por la borda y se lo come todo repitiéndose a sí mismo: «También hay que ser feliz». ¡Mentira! Después de esos episodios uno se siente muy mal, se arrepiente y promete que nunca más volverá a caer. Claramente no podemos cumplir.

Los gordos nos mentimos a nosotros mismos y a los demás, y cuando subimos de peso confesamos la mitad de los kilos o libras y cuando bajamos lo exageramos al doble. Nos compramos ropa cuando estamos delgados y rápidamente nos queda estrecha porque en poco tiempo subimos y recuperamos la talla de más arriba. Lo peor de todo es que comemos con ansiedad y siempre que vemos comida tenemos apetito. Los gordos que lean estas líneas seguramente se van a sentir identificados y puede incluso que les dé hambre de solo pensar y ver escrita la palabra «comida».

En este sube y baja permanente llegué a la celebración de mis sesenta años. Una semana después de la fiesta de cambio de folio, fui a mi examen médico anual y me dieron la noticia que algún día tendría que recibir: Tenía diabetes tipo 2. Reconozco que, aunque mentalmente estaba preparado, el diagnóstico fue duro, porque sabía que mi sobrepeso me había jugado en contra todos estos años. Aunque el médico me alivianó un poco la culpa, señalándome que posiblemente me habría ocurrido antes si no me hubiera cuidado. La diabetes es una enfermedad progresiva que afecta a un 10 por ciento de la población mundial, y yo a partir de ese día formaba parte de la estadística.

Esa noticia puso en mi mente un difícil desafío recomendado con insistencia por los especialistas: «No dejar nunca de hacer ejercicios y poner diariamente el cuerpo en movimiento». Orgullosamente digo que esto sí lo he cumplido. Puedo haberle fallado repetidamente a la báscula, pero pocas veces al deporte diario. No es fácil levantarse temprano a caminar todos los días, trabajar los brazos con las pesas y tratar de mover el esqueleto para sentir que los músculos están activos. Pese a todo, les digo que sí se puede y que al final como premio al esfuerzo, uno se siente mucho mejor. La motivación para esto es fundamental y si tienen la posibilidad de encontrar ayuda se pueden conseguir mejores resultados.

Como entenderán, a lo largo de mi vida el peso se ha convertido en una obsesión que me ha perseguido, y lo malo es que lo mismo que he hecho conmigo lo he trasladado a todos los que me rodean. Estoy preocupado de lo que comen mi esposa, mis hijos, nietos, nietas, amigos, compañeros, etcétera. A quien tenga por delante y lo vea con libras o kilos demás, le doy el discurso que yo me repito como un mantra todos los días: «Comer sano para vivir más y mejor» o si prefieren «Comer menos para vivir más».

A mi familia y algunos de mis cercanos hace un buen tiempo que los tengo más que aburridos con esta paranoia, y acepto que en muchas ocasiones no les gusta sentarse en la mesa conmigo porque estoy observando y analizando todo lo que están comiendo. Hace poco, por ejemplo, me contaban que cenando con uno de mis nietos me levanté al baño, y él aprovechó de comer varias sabrosas galletas que había sobre la mesa, diciendo: «Me tengo que apurar antes de que vuelva el león».

Saber que tengo diabetes tipo 2 complicó bastante mi lucha contra el sobrepeso. A medida que se avanza en edad la presión por estos cuidados aumenta, y se hace cada vez más difícil mantener el peso. Por esta razón he tenido que recurrir a tratamientos más intensos como internarme, por ejemplo, un par de veces por veintiún días en el centro especializado

Buchinger Wilhelmi. Tiene dos sedes, una en Alemania y otra en España, que es la que conozco, construida en un ambiente que invita a la relajación y al encuentro con la naturaleza. Allí, con supervisión médica, me someto a un sistema que me hace perder entre cinco y siete kilos (10 y 15 lb) en tres semanas.

Han desarrollado un método que llaman «ayuno terapéutico» en que, con ayuda personalizada de especialistas y ejercicios, enseñan cómo alimentarse equilibradamente y tener una vida saludable. Es una mezcla de naturismo, nutrición y medicina, que según aseguran conduce a una desintoxicación del cuerpo y el espíritu.

Lo primero que se hace al llegar es someterse a un riguroso control médico para luego tomar un purgante (laxante) como los que se usan en las colonoscopias, que deja el cuerpo con una increíble sensación de limpieza interna. En la alimentación de cada uno de los días siguientes se consume mucha agua, una sopa (si así pudiera llamarse a un frugal caldo), un yogurt con miel, y en la noche un solitario té. Esto hay que acompañarlo con ejercicios, una siesta después del mediodía, caminatas junto a otros pacientes, litros de agua y más ejercicios. En las dos oportunidades que los he visitado me pregunto cómo he sido capaz de mantener ese régimen de vida sin sentir ganas de comer. Para eso los especialistas del centro tienen una interesante respuesta: «Mientras no mastiquemos el intestino no se mueve y por lo tanto no se siente apetito».

Pareciera terrible, pero mi experiencia es que se sale de ahí contento, con el desafío de mantener lo logrado. Sin embargo, a lo largo del año poco a poco he recuperado mi peso, y una vez más he sentido que pierdo la batalla.

Aun así, esta clínica ha sido clave en mi lucha contra la obesidad. En una oportunidad le dije a una de las especialistas: «Mi problema es que siempre tengo hambre». Ella se puso seria y me respondió: «Señor, no diga nunca más eso. Está completamente equivocado. Hambre hay en los países más pobres de la tierra. No se confunda. Lo que usted tiene es apetito, que no es lo mismo». Sin decírselo, pensé: «Es verdad. Tiene toda la razón. Lo que yo tengo entonces es apetito... pero apetito crónico».

Hoy, entrando a la difícil curva de los ochenta, la batalla se complica un poco más. El metabolismo, la digestión y todo aquello de lo que jamás me preocupé porque me sentía indestructible se han puesto lentos y vulnerables. Y cuando digo todo, me refiero precisamente a «todo».

Ante nuevas realidades, he buscado nuevas respuestas, y una de ellas me la dio un médico endocrinólogo a quien entrevisté para tratar por enésima vez este tema del sobrepeso que afecta a más de dos mil doscientos millones de personas en el mundo. El especialista me dijo: «Coma verduras y proteínas y elimine los carbohidratos». Recordé que mi entrenador personal y una amiga y gran deportista me habían hablado de este sistema que les ha dado grandes resultados. Desde hace un año, tal como dijo el experto, estoy comiendo solo vegetales, huevos, pescados, pavo, queso, yogurt, etc. Una vez a la semana me doy un recreo y puedo comer moderadamente de todo, incluso me tomo una copa de vino como premio al esfuerzo.

Este último recurso al que me estoy sometiendo con la ayuda de mi médico personal no es fácil de cumplir, porque implica dejar sobre todo el pan, las masas y el alcohol, aunque debo reconocer que funciona y durante un año no he subido de los noventa y tres kilos (205 lb), lo cual me han dicho que es el peso aceptable para mi contexto.

Y como en el 2019 inicié una nueva etapa de inminente retiro, decidimos con mi esposa al comenzar el año tomar veinte días de vacaciones en un crucero por algunos países de Asia. Al regresar y someterme al ejercicio más difícil de todos los gordos, subir a la pesa, como imaginarán, hubo mentalmente una especie de redoble de tambores y... *¡Porca miseria!*, una expresión del italiano que podría traducirse al chileno como ¡Por la cresta!: una vez más montado en el carrusel. Subí cinco kilos (10 lb) e inicié de nuevo una rigurosa y furibunda dieta con ayuda profesional, regresando a las pequeñas porciones de mis viejas y fieles socias las verduras y las proteínas.

Lo primero que pregunté al médico fue cómo pude subir tanto en veinte días de vacaciones, y me respondió sin dudarlo: «Está muy claro. Hizo menos actividad física, comió mucha grasa en carnes y quesos y además exageró el consumo de semillas que se comen cuando hay mucho tiempo dedicado al ocio». He logrado bajar tres kilos (7 lb) y me pregunto una vez más sin tener una respuesta: «¿Cuánto durará?». Fiel a mis principios me digo todos los días: «Hay que ser perseverante».

En medio de esta lucha, sorpresivamente enfrenté una nueva motivación al regresar a Chile de nuestro viaje por Asia. Después de no ver a mi hija por más de cuarenta días, casi no la reconocí. Había bajado diez kilos (22 lb). ¿Qué había pasado? ¿Cómo logró hacerlo si es adicta al azúcar? No tuvo que darme muchas explicaciones porque lo entendí rápidamente. Había iniciado una de las dietas más eficientes. La del amor de madre. Su primera hija se casaba y no quería desfilar ante todos con sobrepeso. Acudió a su médico, magíster en nutrición, que la está tratando con un nuevo método basado en medicamentos que mejoran el metabolismo y ayudan a disminuir la ansiedad y el apetito crónico.

¿Qué creen que hice? Exacto. Fui de inmediato al mismo médico y me sometí al mismo tratamiento. Estoy comiendo solo proteínas, pero reduje las porciones de todo lo que consumo, y eliminé lo que tenga exceso de grasas. Hoy me pesé, y con orgullo puedo decir que estoy por debajo de los noventa kilos (200 lb). Incluso me doy mi recreo una vez a la semana, en el que como de todo, y le agrego además una copita de vino.

Tendremos que ver lo que ocurrirá una vez que pase la pandemia y regresemos con toda la fuerza contenida en estos meses a los restaurantes que más nos gustan, para sentarnos en torno a una mesa bien servida, y mucho mejor si es bien conversada.

En esta interminable batalla de ocho décadas contra mi peso, se me ha hecho evidente que el impulso que nos lleva a los gordos a comer no está en el estómago, sino en el cerebro y también en los genes hereditarios. Todo esto se podría resumir en una simple frase: «Nadie puede vivir a dieta, pero todos podemos vivir más si elegimos mejor lo que comemos». Sobre dietas y comidas sin duda he aprendido mucho, pero hay algo que no he podido aprender: cómo ser flaco.

Capítulo 8

LA PELÍCULA EXTRANJERA

Creo que nací con un síndrome incurable de infinita curiosidad y de aventurero insaciable. Desde siempre quise recorrer el mundo, aprender de diferentes culturas, y ampliar mi horizonte de conocimientos viviendo nuevas experiencias. Tal vez por eso mi idea de viajar nunca tuvo como destino y objetivo algún determinado lugar en los mapas del planeta, sino más bien el descubrimiento de alguna nueva y sorprendente forma de ver y enfrentar la vida.

Cuando inicié mi carrera en televisión, quise unir esta ansiedad personal de búsqueda con la intuición de que a través del programa también podía ofrecer a otros una ventana al mundo, en una época en que muy pocos tenían la posibilidad de salir del país. Era privilegio de unos cuantos chilenos muy selectos tomar un avión o un barco para escudriñar lo que había fuera de nuestras fronteras. Pensé acertadamente (el tiempo me dio la razón) que si yo podía hacerlo, además de expandir mi espíritu y mis conocimientos, estaba invitando a quienes me brindaban generosamente su sintonía cada sábado a que, a través de las imágenes y entrevistas, me acompañaran y soñaran conmigo en cada viaje y aventura.

Para los más jóvenes que leen estas páginas, los «millennials» o los que pertenecen a la generación «Z» que hoy entran a internet y se pasean por el mundo con una facilidad asombrosa, es importante invitarlos a situarse en una época en que no existían redes sociales, plataformas digitales, mensajería instantánea, ni ninguna de las infinitas alternativas que hoy tenemos. Las formas de comunicarnos y asomar la nariz por sobre la cordillera de los Andes, o ver qué pasaba al otro lado del inmenso océano Pacifico, eran leyendo un diario, viendo el noticiero que daban en el cine antes de las películas, o en uno que otro programa de televisión para quienes tenían la suerte de contar con un aparato en el hogar, o en el de algún vecino.

No fue fácil. Como todo, para hacer estos viajes fuera del país tuve que convencer al canal, buscar financiamiento, canjes publicitarios, trucos para alivianar el equipaje, permisos, equipos portátiles adecuados, etcétera. Pero nada fue obstáculo para que a mediados de los sesenta naciera «La película extranjera», que en su etapa internacional se rebautizó como «Cámara viajera» para respetar y empatizar con una audiencia a la cual precisamente queríamos llegar sin que se sintieran «extranjeros» viviendo en un país lejano al propio.

Recorrer los apasionantes recovecos de lo que llamamos «la geografía humana» en más de ciento cincuenta países del mundo sin duda cambió mi vida, me hizo mejor comunicador y persona, y el segmento se transformó rápidamente en uno de los favoritos de nuestros televidentes. Tratábamos de seleccionar viajes que nos llevaran a comunidades que tuvieran actividades en lo posible muy diferentes a las nuestras, y eso siempre sorprendía a la fiel audiencia.

Además, reconozco que tengo facilidad para comunicarme en distintos idiomas, aunque debo confesar que con más atrevimiento que conocimiento. Porque si bien es cierto mi lengua materna es el alemán, que domino casi en un 90 por ciento, también puedo mantener un diálogo fluido en un inglés aceptable, y realizar lo que podría sonar como una conversación en portugués o italiano. Eso, que hoy parece algo un poco más frecuente, en ese entonces llamaba mucho la atención porque no había en la televisión chilena conductores que pudieran hacerlo.

Tal como he señalado en capítulos anteriores, en mi libro *Entre la espada y la tv*, que apareció a comienzos de 2002, pude llegar con mis historias y anécdotas hasta los inicios del nuevo milenio, pero no quise dejar fuera de este libro las experiencias de las décadas posteriores, porque tienen un componente adicional de confrontación con tiempos muy diferentes, ya que con nuestro lente hemos sido testigos de algunos impactantes cambios en el mundo que nos rodea.

Hay algo que nunca ha faltado en nuestros viajes: las buenas anécdotas, el humor con el que a veces enfrentamos los momentos adversos, y algunas experiencias insólitas que nos ha tocado vivir.

En una oportunidad, por ejemplo, planificamos un viaje de trabajo a Tokio, ciudad capital de Japón y la más importante y poblada. Los que son viajeros como yo saben que buscando vuelos con varias escalas se puede bajar el costo del boleto, y por eso a veces por conveniencia económica dábamos la vuelta al mundo para llegar desde Sudamérica a China, Egipto, India o como en este caso a este impresionante rincón del Lejano Oriente con más de cuarenta millones de habitantes.

Una de esas escalas para llegar a mi destino era Frankfurt, Alemania, donde debía pasar una noche para continuar viaje de madrugada. Mis compañeros ya se encontraban grabando hacía una semana en nuestro destino. Había volado unas veinticuatro horas y estaba agotado. Me alojé en el Sheraton del aeropuerto para facilitar la salida al amanecer. Por tener categoría de pasajero frecuente, me dieron una de las buenas suites del hotel, con dos habitaciones, living y comedor. Entré directo desde el pasillo a mi cuarto casi sin mirar, me quité la ropa y caí en la cama como si hubiera corrido un maratón. Era casi la medianoche, y me quedé profundamente dormido.

Entre sueños, escuché voces hablando en un idioma que me resultaba absolutamente extraño. Trataba de seguir durmiendo, pero las voces parecían subir de tono y venían de algún lugar muy cercano al que me encontraba. Comencé a preocuparme. Me puse la bata y pantuflas que suelen dar en estos hoteles, y abrí tímidamente la puerta de la otra habitación que correspondía a mi suite. Podrán imaginarse mi sorpresa y mi cara cuando, medio dormido, vi que había cinco personas vestidas con túnicas blancas y con sus cabezas cubiertas con telas del mismo color. Lo peor, conversaban entre ellos sin siquiera inmutarse por mi presencia. Era como si yo no existiera.

Algo asustado, y aún somnoliento, salí al pasillo y ya no había cuatro o cinco de estos personajes, sino que eran más de veinte o treinta que caminaban de un lado a otro conversando sin mirarme. Todos vestidos exactamente igual. Como las habitaciones de este hotel dan a un gran patio central, me asomé a la baranda, y mirando hacia abajo, al hall central, encontré cerca de un centenar de estos seres de blanco que se movían en todas direcciones. Conversaban en un idioma inentendible y fumaban mucho.

Les confieso que en ese momento pensé que había muerto y que estaba en una especie de transición hacia otra vida. Me imaginé que todas esas personas de blanco que me ignoraban se encontraban en un estado superior al mío. Me sentía raro, y aunque tenía claro que estaba despierto, no entendía nada de lo que pasaba. Algo desorientado, caminé con mi bata y mis pantuflas hacia los ascensores, presioné el botón, se abrió la puerta y apareció repleto de los mismos seres con túnicas blancas conversando alegremente. Mientras bajaba los quince pisos tenía la preocupante sensación de que me estaban abduciendo hacia un mundo desconocido.

Salí del ascensor muy asustado y corrí al mesón de recepción. Me dirigí sin pensar hacia las únicas dos personas que vestían normalmente en todo el lobby. Les pregunté en alemán qué estaba pasando, y quién era toda esta gente de blanco que estaba en todos los rincones del hotel. Me miraron de arriba abajo, tal vez pensando que había perdido la razón.

Antes de contestar a mi pregunta, se acercó uno de los personajes de blanco y con gran amabilidad me habló en perfecto alemán: «Señor, somos musulmanes. Yo vivo en esta ciudad y nos hemos reunido aquí porque vamos en camino a la Meca, a la Gran Mezquita a celebrar el Hajj, uno de los cinco pilares del islam. Una vez al año peregrinamos en esta fecha, para rodear la Kaaba y celebramos el mes musulmán en la ciudad natal de Mahoma».

Luego de agradecer su completa explicación, y ya más tranquilo al saber que aún estaba en esta parte de la vida, les hablé a los encargados de la recepción, indicándoles que me había quedado muy claro lo que ocurría en el hotel, pero que no entendía por qué en mi habitación había muchos musulmanes con quienes no podía comunicarme y que no se inmutaban con mi presencia. Les expliqué que había algunos ocupando uno de los cuartos y otros sentados en el living fumando grandes tabacos que dejaban un fuerte y penetrante olor, y como consecuencia el lugar estaba sumergido bajo una nube de humo cual si fuera un baño turco.

Me dieron las disculpas correspondientes y cuando regresé a la habitación, estaba completamente vacía y como si nada hubiera pasado. Cerré la puerta, regresé a la cama, pero comprenderán que después de este episodio más allá de los límites, me resultó imposible conciliar de nuevo el sueño, por lo que no me quedó más que esperar con paciencia la llegada del amanecer sin poder sacarme de la cabeza la intensa experiencia vivida. Momentos como este he tenido suficientes como para escribir un libro aparte. Y no es mala idea hacerlo. Queda anotado.

Al mismo tiempo que buscábamos a través del mundo rincones interesantes para grabar, con el tiempo comenzamos a darnos cuenta de que teníamos un valioso archivo, con el cual podíamos realizar reportajes en los que enfrentáramos las imágenes de ayer, con los mismos lugares, pero tres décadas después.

De ahí surgió la idea de ir a grabar de nuevo en China, treinta y dos años después, a propósito de la realización de los Juegos Olímpicos en Pekín en agosto del año 2008. Había mucha expectativa en el mundo por la realización de este evento que por primera vez organizaba la República Popular China, y que al final se transformó en uno de los más costosos de la historia olímpica, superando los cuarenta y cuatro mil millones de dólares, y casi triplicando el costo del evento anterior en Atenas.

En 1976 fuimos el primer equipo en español en entrar con nuestras cámaras a China, cuando el gigante asiático estaba recién abriéndose al mundo occidental. Tres décadas después decidimos regresar a realizar una serie de programas especiales para Canal 13 de Chile y Univisión en Estados Unidos, que llamamos «Huan Ying» que significa «Bienvenido a China», comparando las imágenes del ayer y el hoy para apreciar las diferencias.

El resultado fue impresionante, porque en nuestra visita anterior todos se vestían de gris, disimulando cualquier diferencia social o jerárquica, y donde ni siquiera se podía distinguir a los hombres de las mujeres. Se informaban a través de diarios murales instalados en las veredas, y las familias no podían tener más de un hijo por ley, y si no cumplían, se arriesgaban a una fuerte multa y a la separación del matrimonio.

Los visitantes y turistas tenían que circular solo por lugares señalados por la policía, y había un control total de lo que captaban nuestras cámaras. Ellos nos indicaban hacia dónde grabar, y con quiénes podíamos conversar. Claro, comprenderán que, con la experimentada viveza de nuestro camarógrafo, nos saltamos algunas de esas reglas, poniendo disimuladamente las cámaras en modo grabación cuando parecía que estábamos descansando o esperando instrucciones.

Esa China gris y monótona, décadas después se había transformado en un arcoíris lleno de brillos y colores, y algunas de sus ciudades parecían competir con las más modernas del mundo occidental, cambiando los viejos edificios oscuros y construidos en serie por espectaculares rascacielos llenos de cristales y con diseños muy artísticos y originales, como queriendo marcar el contraste con épocas pasadas. Los diarios murales de las calles fueron reemplazados por gigantescas pantallas digitales llenas de imágenes, y tras los grises uniformes unisex de antaño aparecieron bellas jóvenes que exhibían sin censura sus atributos físicos, con vestuario y maquillaje muy agresivos, y varones que no dudaban en mostrar que estaban a la vanguardia de la música y la moda de los grupos de rock más escuchados del planeta.

A pesar de este cambio en trescientos sesenta grados que presenciamos en las grandes ciudades, nos sorprendió profundamente que las diferencias desaparecieran casi por completo al alejarnos unos pocos kilómetros hacia los sectores rurales. La misma pobreza y atraso de ayer, aunque con algunas diferencias: todos tenían un celular en la mano, y la mayoría había cambiado su vieja bicicleta por una moto.

Como parte de nuestra visita regresamos también a la Gran Muralla, que habíamos grabado en los setenta con unas pocas personas paseando, todas vestidas de la misma manera, y muchos militares armados observando cada uno de nuestros movimientos. Hoy, en cambio, el mismo punto estaba lleno de turistas comunicándose en los más diversos idiomas, y había una verdadera feria de pequeños negocios con ventas de recuerdos y comidas típicas, con una ausencia casi total de policías y guardias de seguridad.

Dos años después de nuestro viaje a China, decidimos intentar un proyecto similar en Sudáfrica con motivo de la realización de la Copa Mundial de Fútbol, tomando como base las imágenes que treinta años antes habíamos grabado en la llamada «Nación del arcoíris» por su diversidad de culturas, idiomas y creencias religiosas.

Confieso que ese primer viaje a Sudáfrica a fines de los setenta me marcó profundamente, porque era casi imposible para nosotros creer y menos entender todo lo que observábamos. Había buses para blancos y otros viejos y sucios para negros; lo mismo ocurría con los baños, los negocios y muchas de las actividades públicas. A las seis de la tarde los negros, que eran la mayoría de la población, debían abandonar Johannesburgo, la capital, y recogerse en Soweto, un barrio cercado y ubicado a veinticuatro kilómetros de la ciudad, construido con el fin precisamente de alejarlos. Había prohibición absoluta de relaciones sexuales y de matrimonios entre blancos y negros.

Estas grabaciones especiales que hicimos en 2010 en Sudáfrica las llamamos «Umbingelelo» (en afrikáans «bienvenido»), y aunque en apariencia pude comprobar que había diferencias con lo que vi tres décadas atrás, al poco andar me di cuenta de que muchas de las transformaciones eran solo superficiales.

En efecto, en 2010 ya no había en el país baños segregados según el color de la piel, ni buses diferentes ni prohibición para que los negros transiten por las calles libremente después de las seis de la tarde. Pero, aunque no lo mostraban al turismo, todavía quedaban sectores que algún día pertenecieron exclusivamente a los blancos, con hoteles, centros comerciales y condominios, totalmente abandonados. Sus habitantes habían huido luego de que cientos de familias negras llegaron a vivir en los alrededores del lugar al que por muchos años se les prohibió acercarse.

Muchos blancos incluso decidieron irse del país, o se mudaron a sectores cerrados o condominios completamente aislados del resto de la población. Sin duda, un alto porcentaje de los sudafricanos se ha integrado y disfruta de este nuevo amanecer del país, pero pasará mucho tiempo antes de que veamos una total integración.

Uno de mis principales objetivos en este viaje era entrevistar a Nelson Mandela, artífice de estos cambios en Sudáfrica, activista, abogado, político y primer presidente negro del país elegido por sufragio universal. Su gobierno, entre 1994 y 1999, pudo desmantelar la estructura social y política impuesta por el apartheid y promovió la reconciliación de todos los sectores del país. Después de estar preso durante veintisiete años por su lucha contra la segregación y el racismo, fue liberado en 1990, y su liderazgo y ejemplo lo convirtieron sin duda en uno de los grandes personajes de la historia del mundo contemporáneo.

Lamentablemente «Madiba», como le decía cariñosamente el pueblo («Tata» o «Padre» en su lengua nativa), ya tenía noventa y dos años, estaba enfermo, y precisamente ese 2010 hizo su última aparición pública el 11 de julio en la ceremonia de clausura del Mundial de Fútbol, en un estadio Soccer City de Johannesburgo repleto, luego de que España obtuviera el título de campeón al derrotar a Holanda por la cuenta mínima. ¡«*Madiba, Madiba, Madiba*»!, gritaban emocionados los casi cien mil espectadores que lo vieron ese día. El hombre que había inspirado al mundo dio vueltas por la cancha sonriente en un vehículo especial, acompañado de su esposa Graca, quien le sostenía el brazo en alto en señal de saludo, aunque sus familiares señalaron posteriormente que ya poco escuchaba, casi no caminaba, y su memoria estaba fallando.

Aunque no pudimos reunirnos con quien es considerado el «Padre de la Nación Sudafricana», Premio Nobel de la Paz en 1993, para mí fue igual de emocionante recorrer parte de los lugares donde desarrolló su lucha. En especial conmovedor fue mi encuentro en la exprisión de Robben Island con su compañero de celda Ntozelizwe Talakumen, también negro, y con uno de sus carceleros, Christo Brandt, blanco, quienes como símbolo de esta nueva Sudáfrica trabajaban juntos, atendiendo y guiando a los visitantes que llegaban a conocer este lugar declarado en 1999 por la Unesco Patrimonio de la Humanidad, y donde Mandela pasó dieciocho años de su injusta privación de libertad. La celda que ocupaba estaba en la sección B, de máxima seguridad, y medía tres por dos metros. Tenía una pequeña mesita de noche con una taza y un plato, y una cama con una manta doblada en una esquina que debió ser muy incómoda, ya que era más chica que él.

Este tema de la segregación, la discriminación y de aceptar las diferencias merece un capítulo aparte, porque como decía el escritor y filósofo español Miguel de Unamuno, «El fascismo se cura leyendo, y el racismo se cura viajando». Salir de la ignorancia, aprender a conocer otros mundos, diferentes formas de vida, culturas y creencias nos permite darnos cuenta de que la diversidad, en vez de ser un muro que nos separa y divide, es uno de los valores principales de nuestra humanidad.

Y tal vez por esta misma razón he tratado de inculcar a mis hijos y nietos la importancia de viajar para ampliar los horizontes, la mente y el espíritu. Aprender de nuestras diferencias nos hace mejores personas, más tolerantes, y comprendemos mejor que la búsqueda de la verdadera felicidad no está en las cosas materiales, sino en la capacidad que tenemos de maravillarnos y sorprendernos con el mundo que nos rodea.

Quizás esta misma búsqueda fue la que me motivó en 2015 para que junto a mi nieto mayor Ilan Numhauser, en ese entonces recién graduado como cineasta en la Universidad del Desarrollo en Chile, saliéramos a recorrer los caminos de nuestro país, los mismos que treinta y cinco años atrás habíamos grabado con un equipo de *Sábados Gigantes* para el segmento «Usted no conoce Chile».

Hoy Ilan está casado, tiene treinta y cuatro años, vive en California y tiene un Máster en Fine Arts en University of Southern California (USC). Es el único de mis nueve nietos que encontró su vocación en una actividad cercana a la mía, aunque en su caso sea en el cine. Pero debo ser justo y decir que también mi nieta Nicole, de diecinueve años, pese a que se preparó para convertirse en chef y productora de eventos, hoy está conduciendo un programa de televisión dedicado a los deportes.

Este segmento que en la década del ochenta tuvo una gran aceptación en el público, lo hacíamos eligiendo algún camino rural del país, sin asfaltar, y que se internara por lugares más bien desconocidos y alejados de ciudades o pueblos. La cámara comenzaba a grabar precisamente en el momento en que iniciábamos el recorrido, y ninguno de nosotros tenía certeza alguna de lo que encontraríamos. Era una especie de reality, ya que registrábamos precisamente lo que nos iba ocurriendo, sin ningún ensayo ni preparación. Yo conducía, y cuando veía una casa o actividad que por intuición me podría resultar interesante, detenía la camioneta, me bajaba con micrófono en mano y comenzaba mi búsqueda de una historia que contar. Los diálogos que se generaban eran espontáneos, y muchas veces incluso fuimos perseguidos por perros, o nuestra curiosidad se veía frustrada porque las personas no se sentían cómodas frente al lente de la cámara y se escondían para hablarnos desde el otro lado de la puerta.

Debo decir que en la mayoría de las ocasiones nos recibían con gran afecto, y más aún, muchas veces al atardecer, cuando terminábamos la tarea y regresábamos por el mismo camino, las personas cerraban el paso con obstáculos para que no escapáramos, porque nos estaban esperando con un buen asado, un rico fogón campesino, o a veces incluso con sabrosos guitarreos que ponían fin a la jornada cantando y compartiendo la vida.

Queríamos ver cómo había cambiado el país en esos mismos caminos de ayer, o si por el contrario encontraríamos lugares que aún permanecían detenidos en el tiempo. Y para que la experiencia resultara aún más interesante, decidimos formar un equipo con los compañeros de universidad de mi nieto, todos jóvenes llenos de vitalidad y de ideas, quienes se convirtieron por unos meses en mis productores, investigadores y camarógrafos. Fue claro para mí que agregarle juventud al trabajo, les quita años a los mayores como yo, quienes podemos devolver la mano ofreciendo nuestra experiencia.

Fue muy emocionante realizar este proyecto con mi nieto, y esta combinación de juventud y años recorridos, empuje y reflexión puede transformarse en un poderoso tónico para cualquier proyecto en la vida, porque lo refresca y moderniza.

Ellos se sorprendían escuchando mis cuentos de cómo trabajábamos antes, con equipos y tecnologías que hoy solo se pueden ver en los museos, y yo por mi parte me recargaba de energías y aprendía nuevas formas de enfrentar una grabación en terreno con nuevas tecnologías. Me sentía como un profesor entregando mi conocimiento y experiencia, y al mismo tiempo exigiendo a mis alumnos calidad y resultados. Quería que ellos pudieran entender, en primer lugar, que el éxito, tal como yo lo conozco, solo se logra con trabajo duro y una preparación y actitud profesionales, y que al público se le debe respeto, porque ellos son los verdaderos «patrones» de un comunicador, y quienes aceptan o rechazan nuestro trabajo.

Buscar el nombre a los reportajes no fue fácil. Yo insistía que debían llamarse «Usted no reconoce Chile» y ellos me discutían que nadie se fijaría en la sutileza de agregar el «reconoce» a un segmento que ya estaba en la retina de los televidentes de *Sábado Gigante* por muchos años. Yo argumentaba señalando que los chilenos hemos sido injustos con un país que, en treinta y cinco años, con innumerables desastres naturales y tensiones políticas, había crecido mucho, convirtiéndose en uno de los más importantes y exitosos del continente. Debo reconocer que al parecer solo yo entendí la diferencia en el nombre, ya que nunca nadie me ha comentado este detalle para mí relevante.

Fue evidente que ya no era el mismo de ayer, y no tenía la agilidad de entonces para atravesar ríos, saltar por encima de las piedras, bajar quebradas o pasar entremedio de cercas hechas con alambres de púas. Mentalmente y sin decirlo a viva voz, junto a ellos me despedí de estos entretenidos viajes que tanto disfruté en mi carrera y que llenaban mi curiosidad y espíritu aventurero.

La fórmula que usamos para grabar parecía sacada de algún manual de detectives privados frente a una pesquisa. Cargadas en un Ipad llevábamos las imágenes antiguas de personas, pueblos o caseríos. En una oportunidad cerca de la ciudad de La Serena, capital de la Región de Coquimbo, en lo que se conoce como «el norte chico» del país, nos acercamos a un lugareño a quien le preguntamos: «¿Reconoce a esta persona?». El campesino miró con curiosidad y sin meditar mucho nos dijo: «Así era antes la plaza de Santa Inés... Ahora está todo cambiado... Más moderno... Siga un kilómetro al sur y al frente va a encontrar una casona verde... Ese era el Convento de Santa Inés».

En otro recorrido nos encontramos a un jubilado sentado en el banco de una plaza de un pueblo. Me bajé de la camioneta y mostrándole las imágenes de una entrevista hecha en ese mismo lugar hace casi cuarenta años le pregunté: «¿Sabe usted quién pueda ser esta persona?». El anciano miró sin ningún apuro el video, frunció el ceño y nos dijo: «Claro. Ese es Andrés Matamala, ya tiene más de noventa y vive por allá a la salida del pueblo con su hija menor. Oiga, y está bien alentadito». (Alentadito en buen chileno significa que está sano y en muy buenas condiciones). Al mismo anciano le mostramos otras imágenes de quien hace cuatro décadas era un niño de unos nueve años, lo reconoció de inmediato y nos dijo: «Cómo no. Ese es el Pablo Muñoz. Trabaja en la Municipalidad. A esta hora lo puede encontrar por ahí».

También recuerdo una ocasión en que para la segunda temporada de estos reportajes de «Usted no reconoce Chile» hicimos un recorrido junto al conductor chileno Francisco «Pancho» Saavedra por el cajón cordillerano del río Tinguiririca en la Región del Libertador Bernardo O'Higgins, en la zona central del país. En un sector llamado La Rufina, visitamos treinta y cuatro años después el lugar donde estaba el restaurante Las Tinajas. En ese lugar había probado por primera vez el popular trago campesino «chupilca», hecho con una mezcla de harina tostada, azúcar y vino tinto.

Uno de los personajes que me había acompañado entonces en esa cantina era «El Pacho Díaz», quien me llevo en su carretón y me contó historias y anécdotas con una picardía admirable. Le pregunté, por ejemplo, por qué era tan «mentado» (conocido por todos) en ese lugar, y me respondió: «Es que soy famoso pa' to'o... Aventa'o pa' los caballos... Pa' trabajar tamién... Pa' las mujeres... Pa' hacer chiquillos tamién... Pa' hacer carbón, pa' cortar leña... Pa' hacer asaos... Y pa' bailar tamién... Pa' 'onde me tire uste».

El famoso «Pacho» había fallecido, pero encontramos a su esposa Alvara, su hija Consuelo y su nieta Constanza. Todas al ver las imágenes se emocionaron y no pudieron contener las lágrimas. Consuelo nos dijo con mucha franqueza: «Me toca profundamente verlo. Es que mi papá era muy mentiroso y nos contó que había estado con usted y nadie le creyó. Perdone que lo diga así, pero nos decía que "el cabeza de chancho" lo había entrevistado. Cuando vimos la tele recién nos dimos cuenta de que era verdad. Estas cosas tocan el corazón, Don Francisco».

Las palabras de Consuelo describen muy bien mis sentimientos haciendo estos reportajes por Chile y el mundo, enfrentando el ayer con el hoy. Se transformaron en un emocionante encuentro del pasado con el presente, que sin duda a todos nos tocó el corazón. El haber tenido la oportunidad de traer en imágenes a un ser querido que ya no está, paisajes y caminos, ciudades y pueblos, y revivir todo eso, aunque sea por un instante, ha sido un privilegio para nosotros, y un gran regalo al corazón de muchas familias.

El público y la crítica recibieron muy bien estos proyectos y los números nos favorecieron generosamente a pesar de la dura competencia. Además, hicimos varios descubrimientos que premiaron nuestro minucioso trabajo investigativo, liderado por el eterno editor periodístico de *Sábado Gigante*, y compañero de mil viajes, Jorge Modinger Münzenmayer.

Comprobamos que, en el caso de Chile, la infraestructura rural del país había dado un gran salto en las últimas décadas. Los caminos estaban casi todos pavimentados, el agua y la luz habían llegado hasta los lugares más alejados, las viviendas mejorado en calidad y espacio, y la mayoría de los agricultores tenían su pequeño invernadero que les permitía en los periodos de frío cultivar algunas frutas, hortalizas, plantas e incluso flores.

Tampoco se veían en los campos las viejas «ojotas» campesinas, que eran unas rústicas sandalias de trabajo hechas con pedazos de neumáticos viejos amarrados con tiras de cuero, y que en otros lugares se conocen como chancletas, chinelas o hawaianas. Hoy en cambio era frecuente encontrar agricultores con zapatillas o flip-flops de la marca Crocs, y las tradicionales carretas de bueyes capaces de superar los más profundos barriales se habían convertido en modernas camionetas de doble tracción.

Una cosa nos resultó extraña, porque aunque los cambios estaban a la vista, a la mayoría de las mujeres y los hombres que vimos en los campos de mi país les faltaban los dientes. Después de investigar y consultar con expertos, nos dimos cuenta de que para un campesino era muy fácil obtener un crédito para comprar un vehículo o herramientas, porque ponía como prenda su tierra o su casa, y si no pagaba, los bancos le podían rematar o quitar ese respaldo. Pero los dientes no se pueden quitar, por lo tanto, son gastos para los cuales es casi imposible conseguir préstamos.

Con estos antecedentes aprovechamos la tribuna que nos dio el programa para hacer la denuncia, ya que nos pareció que había una gran deuda del Estado con el derecho a la salud en general de los campesinos, y en este caso con el acceso adecuado a los tratamientos dentales. Son las injusticias de un sistema que funciona de manera muy eficiente para los que tienen dinero, y al cual tienen acceso muy restringido o nulo quienes tienen una economía doméstica precaria.

También nos sorprendimos de que, en cada pueblo, por pequeño que sea, con mucho orgullo, trabajos comunitarios y ayudas municipales, mantienen buenas escuelas con instalaciones impecables y bien protegidas de las inclemencias del tiempo. Varias de ellas con la más avanzada tecnología, pizarrones digitales, computadores, pantallas, gimnasios con buenos equipos, multicanchas, etcétera. Solo un detalle no menor: son recintos educacionales que a veces tienen no más de siete alumnos y nueve funcionarios entre profesores y asistentes. Es decir, casi un 70 por ciento de las instalaciones están prácticamente desocupadas.

Uno se pregunta casi con indignación cómo es posible que esto pueda ocurrir, desperdiciando recursos, y la respuesta me la dio un profesor de una de las tantas localidades que visitamos. Hace treinta o cuarenta años el acceso a estos pueblos rurales era por caminos sin pavimentar y generalmente en muy mal estado, por lo cual la única opción de las familias era poner a sus hijos en las escuelas del lugar, ya que trasladarse a las grandes ciudades era un recorrido que podía tomar varias horas. Hoy, llegar a localidades con más recursos y mejores establecimientos educacionales, con acceso a cursos técnicos o de especialización, en bus, taxis colectivos, o en los propios vehículos familiares, puede demorar no más de quince minutos o media hora.

Estos viajes y recorridos por el mundo y mi país me han permitido el privilegio y la oportunidad de interactuar con miles de personas que, con sus relatos, historias, vivencias, críticas, opiniones o enseñanzas enriquecieron una parte muy importante de mi vida y mi carrera. Me dieron humanidad y me hicieron valorar aún más la importancia de la humildad, la diversidad y la necesidad de que las personas nos tomemos el tiempo para sentarnos en torno a una mesa en familia o con amigos, y compartir la vida.

Según estudios recientes realizados por el prestigioso foro de investigación política, económica y cultural Intelligence Squared, en una encuesta realizada a cientos de personas de distintos lugares del mundo se les preguntó si el dinero puede comprar la felicidad, y el resultado fue que el 49 por ciento dijo que sí, un 49 por ciento dijo que no, y un 2 por ciento dijo no saberlo. Pero cuando se les preguntó si viajar los hace felices, un 99 por ciento dijo que sí.

Por eso tal vez los jóvenes de las nuevas generaciones practican con tanta facilidad el llamado «turismo vivencial», que los enfrenta a lugares y experiencias desconocidos, en un ejercicio que tiene que ver más con una búsqueda por cambiar sus rutinarios estilos de vida y explorar nuevas sensaciones sin miedos ni prejuicios, dejando incluso a un lado las comodidades de la vida moderna. Hay un dicho popular chino que dice que «Uno es más sabio por viajar diez mil millas que por estudiar diez mil pergaminos». Yo creo firmemente en esto, sin desconocer que como dice una de mis frases para el cobre: «La preparación es la base de la improvisación».

De nada vale aislarnos para acumular riquezas o conocimientos, porque la verdadera felicidad está en compartir los buenos momentos de la vida y todo lo aprendido con quienes nos rodean. Yo me siento bendecido y orgulloso de haber tenido este regalo de viajar y recorrer los caminos de tantas vidas, y hoy que el tiempo poco a poco se me está agotando, aprecio cada uno de esos instantes con genuina modestia, y puedo decir sin temor a equivocarme que soy lo que soy gracias a la gente que conocí.

Capítulo 9

CERQUITA DEL CIELO

Hace sesenta y dos años me subí por primera vez a un avión. Era la época conocida como «la edad de oro de los viajes». Volar era absolutamente glamoroso y un boleto en clase económica de Nueva York a Londres, por ejemplo, podía costar más de tres mil dólares. Los pasajeros se vestían con ropa elegante, se ofrecía alcohol en vasos de lujo, champagne francés, vino del mejor, y en las comidas se podía disfrutar de una suculenta langosta, jamón serrano, caviar, todo servido en finas vajillas de porcelana.

Claro, no piensen que yo me di alguno de esos lujos. En mis sueños tal vez. Porque mi primer vuelo fue sobre Santiago, invitado generosamente por un amigo y cliente de mi padre. Y mi debut como pasajero internacional lo hice volando a Buenos Aires en 1956 en uno de los fieles Douglas DC-6 de cuatro motores a hélice, que cumplían la distancia en poco más de cuatro horas, el doble de lo que hoy dura el mismo trayecto. Desde entonces, no podría hacer ni siquiera una estimación cercana de las miles de horas y millas que he sumado a bordo de este extraordinario medio de transporte.

He volado en casi todo lo que se ha inventado para tal propósito: globo aerostático, planeador, Zepelín, aviones de combate, aviones chicos, grandes, raros, helicópteros de todos los tamaños y formas, incluso en el ya retirado Concorde, que entre Nueva York y Londres demoraba solo 2.53 horas, poco más de la mitad del tiempo que un vuelo normal en línea aérea comercial. Si hasta ahora no he volado en alas delta y no me lancé en paracaídas fue únicamente por falta de coraje.

Desde entonces la navegación aérea ha cambiado mucho. Los motores «a reacción» (del inglés *jet engine*), o llamados por nuestros padres «de propulsión a chorro», incorporados a la aviación comercial a fines de la década del cincuenta, acortaron las distancias y alcanzaron más altura, evitando las turbulencias y haciendo que los viajes fueran más placenteros, mejorando además la presurización a bordo y la calidad del aire.

Hay quienes le tienen terror a volar, y no soy uno de ellos. Como Woody Allen, puedo decir que «en los aviones el tiempo se me pasa volando».

De solo pensar que llevo treinta y tres años trabajando en Estados Unidos, y vuelo varias veces al mes entre Santiago y Miami, y a eso le sumo los 162 países que hemos recorrido haciendo la cámara viajera con *Sábado gigante*, ya el cálculo de horas volando se me hace casi imposible.

Recuerdo por ejemplo mi primer viaje a Nueva York en 1959, en un vuelo que demoró veintiocho horas con ocho largas escalas. Hoy, ese mismo trayecto demora menos de una tercera parte, unas nueve horas, y se puede hacer directo y sin escalas.

A las generaciones más jóvenes me imagino que les llamará la atención saber que se hacían regalos muy entretenidos al subir a un avión, algunos de ellos absolutamente prohibidos en estos tiempos. Las marcas de tabacos, por ejemplo, se asociaban con las líneas aéreas, y era común recibir al embarcar pequeñas cajitas con dos o más cigarrillos. A veces en los viajes había tanto humo en la cabina que los compañeros de asiento comenzaban a verse borrosos, y al llegar al destino hasta la ropa interior olía a cigarrillo.

En esa época aún no se ponían de moda los «duty free» en los aeropuertos, por lo tanto, uno de los mayores entretenimientos era comprar a bordo los productos que se ofrecían sin impuestos y a precios muy convenientes. No era fácil dormir, porque el zangoloteo por las turbulencias era muy intenso al volar a baja altura, y gran parte de los pasajeros debían hacer uso de las bolsas que se ofrecían para resolver los estragos estomacales del desagradable mareo. Además, por muy cómodos que fueran los asientos o butacones de primera clase, no existía el concepto actual de «cama aérea».

El mejor entretenimiento, y en mi caso mi mayor ilusión, era poder conversar con el vecino de asiento, porque los que me conocen son testigos de que tengo una condición especial para que mis interlocutores voluntariamente me cuenten con mucha confianza sus sentimientos y los hechos que han marcado sus vidas.

Puedo afirmar con responsabilidad que algunas de las conversaciones más interesantes que he tenido en mi vida con un desconocido o desconocida se han producido a gran altura. Es más, en algún momento pensé incluso resumir algunas de esas pláticas en un libro que podría haberse llamado «Confesiones de alto vuelo».

Y cuando tengo la suerte de que a mi lado viaje algún experto en temas que me interesan, o del cual conozco muy poco y me resulta atractivo, soy yo el que pregunta, y en ocasiones expreso sin problema mis intimidades o pido un sabio consejo. He contado y me han contado de todo. Me han tocado desde personas que querían «salir del clóset» y no sabían cómo hacerlo, o que venían del funeral de un familiar muy cercano y buscaban consuelo, hasta enfermos graves que viajaban a contarle a la familia la crítica situación por la que estaban atravesando. También he conocido algunos que se enamoraron perdidamente de una azafata, y varios que me han confesado sus frustraciones más íntimas o sus grandes sueños pendientes.

Debo decir también que he tenido conversaciones de esas en las que no se sabe cómo responder. Recuerdo el caso de un vecino de asiento que regresaba de un viaje a Miami con su amante (ella estaba sentada en clase turista), y él venía con el firme propósito de contarle todo a su esposa ese mismo día. Tenían veinte años de matrimonio y dos hijos menores de doce años. Ella pensaba que su marido estaba en un viaje de trabajo. Me pedía que le aconsejara cómo decírselo para no herirla, porque se había dado cuenta en ese viaje de que su señora había dejado de ser el amor de su vida. Mientras me contaba los detalles, yo recorría los archivos de mi mente y buscaba entre todas las ideas la que mejor pudiera ajustarse a un consejo razonable para tamaña circunstancia.

Le pregunté en primer lugar desde cuándo tenía esa relación y por qué la había buscado. Me miró sorprendido y me dijo: «No, don Mario. Yo no la busqué. Ella me buscó a mí». Quise ser lo más sincero posible y le dije: «Recuerde que estos encuentros furtivos se pueden convertir en momentos que confunden mucho. Hay aromas, sensaciones, vivencias y una ambientación muy diferente a lo que usted vive todos los días. Hay que ser muy objetivo para saber distinguir que lo que más atrae y cautiva en estas relaciones es el enamoramiento físico y el sexo. Los técnicos que han estudiado estas materias dicen que es cuando las feromonas están más altas se vuelven adictivas, pero con el tiempo se debilitan y la mayoría de las veces se extinguen».

El hombre me escuchaba con atención, me miraba con algo de inquietud, y mientras más le hablaba, más hundía la cabeza en sus hombros: «Además, piense bien en el gran problema que le va a causar a sus hijos. Va a perder parte importante de su relación con ellos, y sin duda le causará un profundo dolor a su esposa, quien por lo que usted me cuenta ha sido una gran compañera todos estos años». El acongojado infiel guardaba silencio unos segundos y me respondió: «Puta, Don Francisco. Usted sí que me cagó. Tiene toda la razón. Tengo que pensarlo mejor. Pero es que estoy tan enamorado».

En ese momento el piloto indicó que había que prepararse para el descenso, amarrarse el cinturón, guardar la bandeja, enderezar el asiento, y con toda esta rutina se interrumpió la conversación. El problema que me pasa con algunos de estos diálogos es que me quedo con la curiosidad de saber qué pasó después. ¿Se habrá separado? ¿Habrá dejado a la amante? ¿Le habrán servido mis palabras? Espero que al menos lo haya hecho reflexionar, porque soy un convencido defensor de la familia, y a los que me piden consejo siempre les digo que por sobre todos los problemas que uno pudiera tener, siempre hay que luchar por defender este principio que considero fundamental.

Los vuelos me sirven para conversar, pero también para reflexionar, crear y sobre todo para escribir mis ideas, propuestas y pensamientos con un bolígrafo negro, en un cuaderno amarillo (*yellow pad*), accesorios indispensables que también han formado parte de mi largo repertorio de supersticiones. Intenté modernizarme con varios modelos diferentes de computadoras portátiles, pero no tuve éxito porque nunca me resultaron realmente portátiles. Las olvidaba en todos lados, y para trabajar en ellas hay toda una burocracia previa que demora demasiado el proceso.

Lo que me ha resultado muy práctico y fácil es el uso del Ipad, que con la aplicación Pages se ha transformado en un compañero fiel hasta hoy. Es más, en este preciso momento estoy escribiendo este capítulo volando entre Los Ángeles y Santiago en mi «tableta», como le llaman a este práctico dispositivo realmente portátil.

Con la masificación del transporte aéreo se ha ganado en muchas cosas, pero hay algo que se ha perdido, y es el romanticismo que vivíamos los viajeros de ayer. Se achicaron los asientos, se apretaron los espacios, la comida ya no es muy gourmet y las porciones son microscópicas. Se prohibió fumar, aunque eso sí lo celebro y aplaudo, porque sin duda nos beneficiamos todos.

Hoy los viajeros, en especial los más jóvenes, van sumergidos en sus teléfonos celulares que les ofrecen toda la compañía y el entretenimiento que necesitan. Ya no hay esa amabilidad de antes en que el vecino nos decía: «Que tenga buenas noches» o al momento de cenar un caballeroso «Provecho», o al aterrizar un amable «Hasta luego, que tenga una buena estadía».

En mis viajes más recientes no supe siquiera si mis vecinos hablaban, y menos en qué idioma se comunicaban, porque incluso cuando las azafatas se acercaron para hacerles alguna pregunta, solo hicieron un mezquino movimiento de cabeza y manos para responder.

Pero de todas las anécdotas que me han ocurrido en mis viajes en avión, sin duda hay una que ocupa el primer lugar en el Top-10 del ranking. Me sucedió en un vuelo entre Miami y Santiago en febrero de 2000. En ese entonces Lan Chile (ahora llamada Latam) tenía una configuración distinta, ya que había una gran clase turista y solo cinco amplios y cómodos asientos de primera clase.

Cuando abordamos, nos dijeron que habría un pequeño retraso, ya que en la pista había una larga línea de aviones esperando para despegar. La tripulación nos tranquilizó ofreciendo unos generosos vasos de pisco sour, que casi todos aceptamos sin reclamar. Al momento de brindar con mis vecinos, me di cuenta de que los conocía a casi todos. Eran tres importantes empresarios chilenos, y uno de ellos viajaba con su esposa.

En una amena charla nos consumimos la primera ronda de tragos, hasta que el piloto volvió a comunicarse: «Señores pasajeros, les habla el capitán nuevamente, para informarles que nuestro tiempo de espera se extenderá por otros quince minutos debido al tráfico aéreo que hay a esta hora en el aeropuerto de Miami».

Tras el anuncio vino una segunda vuelta de pisco sour que todos recibimos con gusto para seguir la conversación. Tengo muy poca costumbre de tomar este tipo de tragos fuertes, y menos si me duplican la dosis. Al entrar por la boca parecen inofensivos, pero rápidamente los efluvios hacen el tránsito de la garganta a la cabeza. Mi experiencia etílica es más que nada con una o dos inocentes copas de vino, que es el límite absoluto de mi capacidad. En esta ocasión debo decir que sentí el suave mareo, y se me produjo además un pequeño desfase de audio. Como una forma de quitarme esta extraña sensación decidí levantarme y caminar por el pasillo del avión hacia la clase turista, y aprovechar además de saludar a mis compañeros de trabajo.

Regresaba de mi paseo, cuando una persona se acercó y me puso en el bolsillo del pantalón una pequeña tarjeta de visita y me dijo casi susurrando: «Léala, por favor». Simultáneamente sentí los efectos diuréticos del pisco sour y me fui directo al baño donde aproveché de leer el mensaje que recién me habían entregado: «Don Francisco: Estoy desesperado. Vengo de regreso a Chile. A mi hijo le quedan pocos días de vida y necesita urgente un trasplante de médula ósea. La clínica me pide dieciocho mil dólares para hacer la operación. Muchas Gracias. Guillermo».

Con la valentía que da el efecto del alcohol en su etapa inicial y con la cabeza aún funcionando a una velocidad más lenta, hice un cálculo mental y me di cuenta de que los dieciocho mil dólares que este padre necesitaba eran exactamente equivalentes al valor de los cinco asientos de primera clase que había en el avión. Salí del baño y con gran decisión me paré frente a mis cuatro vecinos y les dije: «Señores, ¿nuestros asientos valen una vida? Por supuesto que me miraron con una mezcla de curiosidad y susto. Uno de ellos me preguntó: «¿Cómo dices? ¿Por qué valen una vida?».

Les repetí la historia de la tarjeta y de inmediato se conmovieron con el mensaje, aunque también me doy crédito ya que en algo pudo contribuir mi breve pero convincente discurso. Sin pensarlo, uno de ellos dijo: «Mario, cuenta con el valor de mi pasaje y el de mi esposa». Los otros dos también se unieron, y por supuesto les dije que yo también me sumaba con el equivalente al valor de mi boleto. En no más cinco minutos habíamos logrado reunir los dieciocho mil dólares. Sentí una gran satisfacción, porque ayudaríamos a un padre que se notaba angustiado, y también porque había podido servir de puente para este acto solidario.

Durante el vuelo pedí a la azafata que por favor le dijera a la persona que firmaba la tarjeta que al aterrizar, antes de que abrieran las puertas, se acercara a nosotros para coordinar los detalles de la entrega del dinero. Así ocurrió. Apareció el preocupado padre, y antes de bajar acordamos que iría a mi oficina con todos los antecedentes médicos de la enfermedad de su hijo, el diagnóstico y los documentos que nos permitieran comprobar la historia que nos había relatado.

Durante la mañana, telefónicamente comencé a recolectar el dinero prometido por todos mis compañeros de viaje. Uno de ellos como que se nos anduvo arrepintiendo, pero ofreció cubrir la diferencia otro de los empresarios del grupo. A mediados de semana le entregamos el dinero reunido a Guillermo, el firmante de la tarjeta, y le deseamos mucha suerte con el tratamiento de su hijo. En ese momento me invadió una gran inquietud: ¿y si no era cierto? ¿Cómo les respondería a los generosos empresarios si la historia era falsa? Pensé realmente que podría tratarse de una estafa, y yo había pedido tres mil dólares a cada uno de mis vecinos de asiento en el vuelo. Ya era tarde para dudar. La persona de la tarjeta se había ido con el dinero en el bolsillo.

No me quedé tranquilo y me puse a investigar dónde trabajaba Guillermo y supe que se trataba de una empresa conocida, aunque la inquietud igual me quedó rondando en la cabeza. Por fortuna en diciembre de ese año recibí una tarjeta de saludo que decía: «Feliz Navidad, Don Francisco. Muchas gracias a usted y a sus amigos. Mi hijo se hizo el tratamiento y se está recuperando». Después, todos los años recibimos una tarjeta similar de saludo, hasta que nos anunció que su hijo estaba por entrar a la universidad.

Menos mal, pensé. El esfuerzo solidario a bordo de un avión había logrado un importante resultado. Le envié una copia de la tarjeta a cada uno de los generosos aportantes en esta causa, y me quedé tranquilo y muy contento por lo que pudimos hacer entre varios.

Hoy, veinte años después, quise escribir esta historia porque me pareció relevante, ya que muchas veces pasamos por la vida sin darnos cuenta de que en cualquier momento y circunstancia podemos hacer pequeñas acciones que pueden cambiar una vida. En este caso con mayor razón, porque colaboramos incluso en la maravillosa tarea de salvar una.

Pero antes de hacerles este relato, esta vez quise saber qué había pasado dos décadas después con Guillermo, el angustiado padre y su hijo enfermo que entonces tenía quince años y que hoy debía estar en los treinta y cinco. Teníamos solo un nombre y un apellido, y con esos pocos datos no sería fácil la tarea de encontrarlos. Fallamos en casi todos los intentos.

De seguro les extrañará que no incluya los nombres completos de los protagonistas, pero tengo varias razones para no hacerlo. Primero, fue un acto solidario privado y lo más importante, algunos de los que participaron de la historia, y que fueron mis compañeros de viaje, ya fallecieron. Además, considero que los beneficiados por la donación deben permanecer en el anonimato, a menos que ellos decidan otra cosa.

Luego de varias pistas, y de una investigación acuciosa en las redes sociales, dimos con Cristián, hijo de Guillermo y receptor de este tratamiento que le había salvado la vida. Tuvimos una larga y emocionante conversación, en la que pude comprobar que este joven que estuvo a punto de morir se había transformado en un hombre de bien, y no solo eso, dedicaba su vida a la investigación y la solidaridad.

Me contó que el trasplante al final no se había podido realizar, porque no se encontró a un donante compatible. Los dineros que recaudamos con mis vecinos de asiento en el avión le sirvieron para financiar sus tratamientos, y principalmente para pagar el alto costo del Interferón, droga que en ese momento se usaba para defenderlo de su delicada condición: Leucemia Mieloide Crónica (LMC). Cristián me señaló que su enfermedad no tiene cura, pero con medicamentos puede tener una vida cercana a lo normal, aunque sobre todo en esa época el costo de los tratamientos que tuvo que afrontar su padre fueron extremadamente elevados. Me dijo que la LMC le da a una persona en un millón, y que generalmente la padecen mayores de sesenta años, y que su caso fue muy inusual.

Luego del Interferón lo pusieron a prueba con un tratamiento recién aprobado en Estados Unidos en 2001 con la droga Imatinib, y que hoy está tratándose con un medicamento más moderno, llamado Nilotinib, que le produce menos efectos secundarios.

Lo que yo no lograba entender era por qué este tratamiento se había iniciado en Estados Unidos, y tampoco tenía claro si Cristián estaba en conocimiento de lo que había hecho su padre en el avión veinte años atrás, cuando me entregó una tarjeta pidiendo ayuda. Me señaló que de eso no sabía nada y que el papá solo les había contado que Don Francisco y sus amigos los ayudarían con el tratamiento, sin entrar en detalles.

También me contó parte de su historia familiar. Sus padres se habían separado cuando él tenía cuatro años, y aunque al principio vivió con la mamá, después quiso quedarse con el papá con quien se llevaba mejor, y la madre había viajado a Estados Unidos buscando un mejor futuro. El padre se había casado de nuevo y tuvo tres hijas que hoy tienen entre diecisiete y veintisiete años. Él vivía con ellos hasta que le diagnosticaron la enfermedad en 1999, a los quince años, y sus padres acordaron que era mejor asumir el tratamiento en Norteamérica porque con el seguro médico de la mamá se podría enfrentar mejor todo el proceso.

Alcanzó a estar poco más de un año en Estados Unidos, hasta que después de cumplir los dieciséis, ya con la enfermedad estabilizada, y sabiendo que sería su compañera para toda la vida, decidió regresar a Chile. En medio de caídas y recaídas, y haciendo un gran esfuerzo para poder cumplir con sus estudios, entrando y saliendo del hospital, logró dar la Prueba de Aptitud Académica (examen requerido en esa época en Chile para postular a la educación superior) y entró en 2003 a estudiar Psicología; luego hizo un máster de salud en la Universidad Católica, y un postgrado en lo que se llama hoy psicooncología, una especialización que le permite trabajar y ayudar a pacientes con cáncer y sus familias.

Con gran entusiasmo me dijo que tenía una pareja desde hacía cinco años que se graduó en Neuropsicología, una ciencia que se dedica a estudiar la relación entre las conductas que tenemos los seres humanos y los procesos que realiza nuestro cerebro.

El llamado telefónico duró poco más de una hora, mientras asistía a una conferencia con especialistas de todo el mundo, que se realiza anualmente en Madrid, donde expuso sobre Manejo de la Ansiedad y Depresión en personas que padecen LMC. Suele viajar ofreciendo estas charlas, representando a una organización sin fines de lucro creada por él en Chile para ayudar a pacientes que tienen su misma enfermedad.

Cuando le pregunté cuál era su mayor sueño, me respondió sin pensarlo: «Vivir». También me confesó que, como tenía esta enfermedad crónica, había acordado con su novia no tener hijos, vivir en unión libre, y dedicarse ambos principalmente a sus profesiones y proyectos de vida.

La historia hasta ese momento me parecía extraordinaria. Cristián no solo se había salvado, sino que además había dedicado su vida a ayudar a otros en su misma condición. Me pareció además un hombre muy tranquilo, preparado, claro en sus ideas y decisiones, mesurado y con un mundo interior muy activo.

Sin embargo, en mi mente había algo que aún no encajaba del todo. Era hijo único, pero su padre se había casado de nuevo y ¿ninguna de sus tres hermanastras fue compatible al momento del trasplante? ¿Ni siquiera lo habían intentado?

Le pedí a Cristián el número de teléfono de su padre para indagar más detalles de la historia, y ese mismo día me comuniqué con Guillermo. Hoy tiene setenta y un años, está retirado, pero sigue trabajando en lo que puede, porque no le alcanza su jubilación para vivir, como le ocurre a más de dos millones de personas mayores de sesenta y cinco años en el país, que reciben una pensión promedio mensual de menos de doscientos mil pesos, poco más de trescientos dólares.

Guillermo tenía la historia clara en su mente. Cuenta que me vio en el mesón de Latam del aeropuerto de Miami mientras hacía mi registro para el vuelo, y pensó de inmediato en pedirme ayuda. Escribió la tarjeta esperando el momento indicado para entregármela, sin saber siquiera si estaríamos en el mismo vuelo. Recuerda que estaba desesperado. El tiempo corría en contra y la vida de su hijo estaba en juego. Tal como me había contado Cristián, el dinero que recaudamos le sirvió principalmente para pagar el tratamiento y los medicamentos, y lo poco que sobró lo usó para viajar entre Chile y Estados Unidos y así acompañar a su hijo en el proceso de recuperación.

No tuvo problemas en contarme parte de su esforzada vida. Me dijo que estuvo casado quince años con la mamá de Cristián, una mujer muy enferma, que en los primeros años de matrimonio tuvo un cáncer uterino que obligó a los médicos a extirparle parte de sus órganos, y que todos sus recursos, incluso un pequeño emprendimiento que tenía, se los había gastado en esta enfermedad de su esposa.

Como las fechas no me cuadraban, le pregunté entonces si Cristián había nacido antes de todo esto y me responde: «No, Don Francisco. A Cristián lo tuvimos en el 84 y esta enfermedad de ella ocurrió el 75». Percibiendo por donde iba mi duda, me señaló: «Lo que pasa, Don Francisco, es que Cristián es adoptado. Lo recibimos cuando tenía solo un mes y un día. Se lo dijimos cuando tenía cinco añitos y nos estábamos divorciando. Fue un golpe muy fuerte para él».

Le pregunté entonces cómo ha sido esta relación con Cristián, porque además tiene tres hijas biológicas, y se emocionó diciéndome: «Don Francisco, mi hijo es mi hijo y lo adoro. Me conquistó desde guagüita y hemos sido muy cariñosos entre ambos» («Guagüita» en Chile es sinónimo de bebé).

Luego me contó que cuando a Cristián se le detectó la enfermedad a los quince años, buscaron a los padres biológicos para ver si eran compatibles para un posible trasplante de médula ósea. Lograron encontrarlos con ayuda de la policía, aunque ambos tenían vidas absolutamente separadas. No solo resultaron ser incompatibles, sino que además manifestaron no tener ningún interés en conocer ni saber de este hijo. Consultado por su padre, Cristián señaló en ese momento que tampoco quería saber de esas dos personas a las que jamás podría reconocer como padres. Para él, su papá y su mamá serían siempre Guillermo y su primera esposa.

La madre adoptiva de Cristián falleció hace diez años, después de luchar incansablemente con su enfermedad. Guillermo además me contó que, tras una larga infidelidad de su segunda esposa, decidió separarse hace pocos meses y hoy está viviendo con su hijo Cristián y su novia, quienes lo han acogido en su hogar y por quienes siente un profundo amor y agradecimiento.

Una vez más se hizo evidente con esta historia que hacer algo por los demás siempre recompensa con una gran satisfacción. Cuántas veces en nuestra vida tenemos oportunidades de hacer algo por alguien y no tenemos la capacidad o la sensibilidad para detenernos y pensar en que con un pequeño esfuerzo podemos transformar una historia.

Esa noche de febrero del año 2000, cuando esperábamos despegar del vuelo de Latam que nos llevaría de Miami a Santiago, les hablé a mis cuatro compañeros de cabina y les dije que nuestros asientos valían una vida. ¡Qué equivocado estaba! La vida es invaluable y un tesoro al cual no se le puede poner precio. Esto me lo confirma el mismo Cristián cuando le pregunto cuál es su gran sueño y me dice simplemente: «Vivir».

Jamás imaginé que las pocas palabras escritas detrás de la tarjeta que me entregó Guillermo en el pasillo del avión, luego de veinte años, se transformarían en esta gran historia en la que se mezcla el amor, los conflictos de una pareja, la superación, el esfuerzo y la solidaridad en todas sus dimensiones... Finamente todo se puede resumir en una sola palabra: vida.

Capítulo 10

UNA TRADICIÓN MILENARIA

El año 2012 se inició para mí con dos fuertes emociones profesionales enfrentadas. Por un lado, celebrábamos los históricos cincuenta años de *Sábado Gigante*, y por otro Univisión decidía en enero de ese año y por razones económicas cancelar el programa *Don Francisco Presenta* que durante doce años había liderado la sintonía de la televisión en español los miércoles a las diez de la noche. El espacio, que en el último año se había cambiado para los lunes en el mismo horario, fue reemplazado por una telenovela producida en México, que significaba un gasto muy inferior de producción para la compañía.

Lamenté mucho esta decisión ya que era un espacio que me permitía desarrollar una de mis grandes pasiones: la conversación. Más aún cuando en ella se pueden mezclar personas diferentes, con historias y experiencias a veces contrapuestas. Este tipo de programas, que ya había realizado con éxito en Canal 13 de Chile con el nombre *Noche de Gigantes* (1978 a 1992), me ofrecía una forma totalmente diferente de comunicarme con los invitados y el público, donde los temas se podían tratar con más tiempo y profundidad.

El fin del programa me produjo una gran frustración y a esto se sumó el cambio de folio de mis setenta, que me estaba generando algunas inquietudes que trataba de manejar de la manera más racional posible, aunque nada lograba tranquilizarme.

Sentía como si imaginariamente se me abría una compuerta con un letrero en la entrada que decía: «Estás en la última etapa de tu vida. Aprovéchala bien y haz todo lo que tienes pendiente». Hacía cálculos mentales pensando que me quedaba de vida un... ¿30 por ciento, 20 por ciento, o tal vez un 10 por ciento? Por supuesto es algo imposible de calcular, pero tenía claro, como en ninguna otra etapa de mi vida, que comenzaba a tener más presente que futuro.

Sin programa de conversación, y con este vertiginoso ingreso a la intimidante etapa que incluso la Organización Mundial de la Salud reconoce como «vejez o ancianidad», decidí que era buen momento de hacer un viaje junto a mi esposa y tomarme unos días para meditar. Me decidí por un lugar que tiene un profundo significado en mi historia familiar y personal: Israel.

Como la mayoría sabe, soy de origen judío y aunque confieso que no soy religioso practicante, y nunca lo fui, me considero tradicionalista en muchas cosas, y una de ellas se relaciona con mis creencias. Para mí, ser judío es mucho más que una religión, y me considero orgullosamente parte de una cultura, o de una civilización.

En este viaje a Israel visitamos con Temy una Yeshivot, que son casas de altos estudios judaicos donde ingresan muchos de los que quieren convertirse en rabinos o quienes asisten a clases por el simple placer de estudiar y aprender. Nos recibió el rabino director del establecimiento, quien me contó que aparte de los alumnos regulares, tienen a más de doscientas personas todos los días estudiando el Talmud o las Sagradas Escrituras en jornadas completas. Lo que hacen es tomar los textos bíblicos y adaptar el contenido de tal manera que tenga un sentido y una aplicación en los tiempos actuales.

Durante la conversación, me dio algunos consejos de vida muy interesantes, y antes de irme le hice una promesa: «¿Sabe, rabino? En honor a sus enseñanzas de aquí a fin de año todos los viernes voy a celebrar shabbat» (Me refería a la cena ritual que se realiza los viernes a la caída del sol y que según la tradición judía antecede al sábado, día sagrado del descanso). Me respondió con una sonrisa pícara y un español con marcado acento hebreo: «¿Po que hasta fing de agnio? ¿Pog que no siempgre?». Nos despedimos también con una sonrisa, y a la salida le dije a mi señora: «El hombre tiene razón. ¿Por qué hasta fin de año? El shabbat lo vamos a celebrar desde ahora y por siempre».

Había un solo problema: no teníamos idea de cómo se celebraba un shabbat. Recordé que accidentalmente en un restaurante de Miami había conocido pocos años atrás al rabino argentino Mario Rojzman, quien recién llegaba a vivir a la ciudad. Era también la época en que yo estaba promocionando mi tercer libro, *Entre la espada y la tv*, y como una manera de presentarme le regalé un ejemplar para que después me hiciera sus comentarios. Me llamó la atención, porque a los pocos días me envió un largo mensaje con un detallado y minucioso análisis del libro.

Nos caímos bien desde ese instante, y comenzamos a reunirnos con cierta frecuencia a conversar de la vida. En una de esas ocasiones le hablé de mi interés por realizar estas cenas de los viernes, y le pregunté si me podía enseñar cómo hacerlas. Con su asesoría comencé, primero tímidamente, invitando a parientes y amigos a reunirse en torno a una mesa, para cenar y conversar del texto bíblico que correspondía a la fecha y su interpretación aplicada a la vida de cada uno.

El rabino que habíamos conocido en Israel era ortodoxo, por lo tanto pertenecía a uno de los grupos más observantes de la religión judía. Pero Rojzman, aunque también es apegado a las antiguas tradiciones, tiene un pensamiento más moderno y un lenguaje cercano, y se acomoda mucho a mi forma muy aterrizada de entender la vida y la espiritualidad.

Han pasado más de diez años desde nuestra promesa en Israel y puedo decir orgullosamente que he cumplido semanalmente con el shabbat, en el cual participan dieciocho personas cada vez, incluidos mi esposa y yo. Hemos calculado que, entre las cenas realizadas en nuestra casa en Santiago y en Miami, ya superamos los siete mil invitados, la mitad de ellos personas que nunca habían tenido oportunidad de participar en un rito como este.

Hemos tenido a representantes de las más diversas denominaciones religiosas, de distintas corrientes de pensamiento, de culturas diferentes, también ateos, religiosos o agnósticos. Nos hemos sentado a la mesa con personas de todas las edades, profesiones, oficios y orientaciones, ya sean artistas, empresarios, políticos, intelectuales, deportistas, dueñas de casa o estudiantes. La idea es tener cada semana el más amplio abanico que las diversidades humanas nos permitan, para enriquecer el diálogo.

Para mí, la noche del viernes se ha transformado en un momento muy esperado de cada semana, y en una gran oportunidad para conversar y aprender de los más diversos temas, en algunos casos con sorprendente profundidad. Además, es el único día en que me permito romper con la dieta de turno, con moderación, pero sin restricciones.

Este nuevo compromiso que asumí libremente al comenzar mis setenta me obligó a iniciar de cero en el estudio de la Torá, parte importante del llamado Antiguo Testamento. Y lo que no deja de sorprenderme es que a pesar de que han transcurrido 3300 años desde que se escribieron esos textos, su contenido aún nos permite inspirar temas de conversación actuales, ecuménicos, interesantes, profundos y ejemplarizadores.

También aprendí que, a pesar de todos los avances tecnológicos y la agitada vida moderna, lo que ahí está escrito se puede aplicar perfectamente a los triunfos y conflictos que seguimos viviendo los seres humanos todos los días.

Confío en que con este comentario no voy a herir las creencias ni la fe de nadie, porque no habría nada más alejado de mis intenciones. Sin embargo, debo ser transparente ante ustedes y decir que sinceramente pienso que si la Biblia realmente fue escrita por Dios, es extraordinaria; si fue concebida por inspiración divina, sigue siendo una obra magnífica; pero si fue escrita por personas de acuerdo con sus propias ideas, ellos pueden ser considerados verdaderos genios.

La celebración de shabbat proviene del año setenta de la era cristiana, cuando por segunda vez fue destruido el Templo de Jerusalén (o Templo de Salomón), que era el santuario principal del pueblo de Israel, y que en su interior guardaba el Arca de la Alianza y el candelabro de los siete brazos, entre otros elementos sagrados. Las tropas romanas arrasaron con la construcción, de la cual solo quedó el famoso Muro de las Lamentaciones, y expulsaron a los judíos de la ciudad, quienes debieron continuar con sus vidas errantes. Como no podían llevarse el templo ni los símbolos sagrados que contenía, en su equipaje cargaban su fe como un gran tesoro, y construyeron sus propios templos en la santidad del tiempo, de cada día, y simbolizado en el shabbat.

Tuvieron que reinventarse y trasladaron el liderazgo de los kohanim (sacerdotes del templo), a los rabinos (en hebreo maestro, juez), quienes se encargaron de mantener sus creencias en las casas y lugares de estudio. La cena de shabbat es un ejemplo de esta adaptación y comenzó a celebrarse como inicio del día de descanso.

En esas veinticinco horas que se inician con la caída del sol del viernes y terminan en el ocaso del sábado, los más tradicionales se dedican al rezo, a la meditación, al descanso, y para poder concentrarse en estas actividades evitan viajar, cocinar, trabajar o realizar cualquier esfuerzo creativo. Debo decir que nuestra cena es más moderna, aunque conservamos los símbolos que le dan un marco espiritual a la reunión.

Por supuesto que con el tiempo hemos mejorado bastante la producción. Hoy incluso me atrevería a definirla como una gran tertulia o un programa muy íntimo de conversación sin cámaras. Al comienzo los dueños de casa nos sentábamos a la cabecera de la mesa y quedábamos lejos de los invitados. Pero luego de las experiencias que tuvimos en las cenas de Estado formales y protocolares en la Casa Blanca en Washington (State Dinner), nos dimos cuenta de que si nos sentábamos en el centro de la mesa, quedábamos más integrados al grupo y por lo tanto se generaba una mejor experiencia y cercanía.

Nos dimos cuenta también de que era difícil insinuarles a los invitados dónde sentarse, intentando mezclar el grupo a nuestro gusto, y de esta manera nació la idea de marcar previamente los puestos de cada uno con su nombre escrito en una tarjeta. Una vez que están todos reunidos en torno a la mesa, les explicamos el inicio del encuentro con los simbolismos tradicionales del shabbat, es decir el encendido de las velas, lo cual hace mi esposa o alguna de las mujeres presentes.

La tradición de encender las velas tiene su origen en la idea de que el fuego simboliza la presencia divina, que a su vez viene del relato sobre la zarzamora ardiente que vio Moisés en el monte Sinaí, donde Dios le reveló que estaba pisando Tierra Santa, le entregó los Diez Mandamientos, y le explicó la misión que tendría desde ese momento para guiar a su pueblo en la salida de Egipto hacia la Tierra Prometida.

Luego de encender las velas, se hace una bendición en hebreo y continuamos con la consagración del tiempo sobre el vino. Aquí hay una gran diferencia entre las enseñanzas judías y las cristianas, porque para los judíos la bendición del vino consagra el trabajo transformador del hombre con la vid, lo cual para los religiosos viene de un poder superior que es Dios. En el mundo cristiano, de acuerdo con lo que he aprendido, esta bendición hecha por los sacerdotes en la eucaristía convierte el vino en la sangre de Cristo.

Luego de estos ritos bendecimos el «pan trenzado» (se colocan dos panes en la mesa) que se conoce como «jalah», que según me cuenta el rabino representa el «maná» o la comida especial que Dios dio a los israelitas en sus cuarenta años en el desierto. La oración se hace en hebreo: *«Baruj Atá Adonái, Eloheinu Melej haolam hamotzí léjem min haáretz»*. (Bendito eres, Señor, nuestro Dios, rey del universo, quien extrae el pan de la tierra).

La tradición indica que el pan debe ser abundante para que alcance para las tres comidas del sábado y algo quede para el domingo. Es un pan dulce, hecho con huevo, y se forma de tres o más hebras de masa con las que se hace una trenza antes de hornearlo. La costumbre señala que el dueño de casa toma un salero dispuesto para esto y esparce sal sobre el jalah, y luego él mismo o cada invitado, con las manos, saca un trozo para comerlo. No se debe cortar con cuchillo, porque la mesa representa el altar y los hebreos tenían prohibido traer al templo artículos que representaran violencia. La sal recuerda la que se usaba para drenar la sangre de los animales en los sacrificios que hacían los kohanim en el templo.

Aprendí con estos encuentros que los judíos y cristianos coinciden, aunque con algunas diferencias, en muchos de los símbolos que ambas religiones conservan como parte de sus tradiciones. Si los judíos tienen el sábado como día del descanso, los cristianos adoptaron el domingo. En los primeros siglos de nuestra era, en los templos todos usaban sobre la cabeza la pequeña gorra conocida como «kippa» o «capello»; hoy todos los judíos la pueden usar en sus ceremonias religiosas, y los cristianos solo permiten su uso en la alta jerarquía. También si los sacerdotes egipcios eran lampiños, los judíos usaban barbas muy frondosas y un corte de cabello con rulos sobre las patillas (pelles). Para los egipcios, por ejemplo, el cordero era un animal intocable y sagrado, y los judíos al liberarse de la esclavitud a la que eran sometidos por ellos optaron por sacrificarlos para ofrecerlos a Dios.

La parte ritual de nuestro shabbat termina ahí, y no dura más de dos o tres minutos. Luego todos se sientan y comienza la cena y la conversación abierta, hasta que llega el momento de hablar sobre la interpretación de La Parasha, que es el texto bíblico semanal. Luego de explicar parte del contexto histórico en que se desarrolló lo que dice la escritura, proponemos un tema de conversación inspirado en lo leído, sobre el que todos pueden participar, opinar o preguntar.

Un ejemplo de esta dinámica es la lectura que corresponde al relato de la salida de los esclavos judíos de Egipto bajo la atenta conducción de Moisés, y el momento en que cruzan las aguas del Mar Rojo, en lo que se conoce como el Éxodo. El texto permite variadas interpretaciones, desde que el mar se abrió para que el pueblo pasara en su peregrinaje hasta que en realidad esto solo es una metáfora, y lo que realmente habría ocurrido es que un hombre llamado Najshon se lanzó primero al agua para impedir que las tropas egipcias lo regresaran a la esclavitud; habría caminado desde la orilla hasta que el agua le llegó al cuello, entonces comenzó a nadar y muchos lo siguieron.

La noche en que leímos este texto bíblico, el tema para conversar se tradujo en una pregunta para los presentes: ¿Cuándo consideras que en tu vida el agua te llegó al cuello? Usted que está leyendo aproveche de pensar: ¿Cuántas veces ha sentido el agua hasta el cuello y tuvo que nadar y luchar por llegar a la otra orilla? ¿Se dejó hundir y volvió para seguir esclavizado o peleó por salir de esa situación de la que estaba arrancando? ¿Siente que en este momento hay algo por lo cual el agua le está llegando al cuello?

Este mismo texto se podría haber convertido en una buena inspiración para hablar de la libertad: ¿Has sido siempre libre? ¿Qué cosas en tu vida te esclavizan y quisieras arrancar de ellas? ¿De qué te falta liberarte para caminar por la vida sin sentirte esclavo?

Cada semana un texto puede generar muchos temas interesantes que nos hagan reflexionar sobre lo que es nuestra existencia. Lo cierto es que, a pesar de que en esa época la expectativa de vida no superaba los cuarenta años, que no tenían ninguna de las herramientas que nos ofrece el mundo moderno y la tecnología, y su entorno estaba centrado principalmente en el trabajo agrícola, las mismas enseñanzas de la Torá que guiaban a esos hombres por el desierto nos sirven miles de años después para reflexionar sobre nuestro acontecer actual.

Hemos tenido noches gloriosas, en que la conversación se ha extendido hasta altas horas de la madrugada. También se han escuchado testimonios emocionantes, impactantes, sorprendentes, y hemos sido testigos de fuertes pero respetuosos enfrentamientos de opiniones, creencias o incluso visiones más complejas de quienes cuestionan la existencia de un ser superior.

Recuerdo por ejemplo una noche en que leímos el texto que habla de los gemelos Jacob y Esaú (el ovejero y el cazador), hijos de Isaac y Rebeca, nietos de Abraham, que siempre vivieron enfrentados y distantes, e incluso en algún momento uno amenazó de muerte al otro, hasta que llegó el día en que abandonaron sus rencillas y se abrazaron llorando.

Esa noche de shabbat, como es de suponer, hablamos de los encuentros y desencuentros que todos vivimos en nuestras familias y escuchamos fuertes testimonios de los invitados sobre rivalidades entre hermanos, y algunos de ellos incluso derramaron algunas lágrimas por dificultades y conflictos aún no resueltos.

Como muestra de lo poco que yo sabía de temas religiosos cuando iniciamos estos encuentros de los viernes, en una ocasión estaba sentado a mi lado el destacado periodista y escritor cubano Carlos Alberto Montaner, a quien le pregunté: «Carlos Alberto, ¿qué piensas de todo esto?». De inmediato me respondió: «Bueno, Mario, no es mucho lo que te puedo decir, porque yo soy agnóstico». Sin saber lo que estaba diciendo, le repliqué: «Ah, está bien. Entonces no crees en nada». Me respondió: «No, Mario, estás equivocado. No soy ateo, soy agnóstico. Es decir, creo en todo, pero no estoy seguro de nada». Lo miré sonriendo, le di la mano como gesto de agradecimiento y le dije: «Gracias, Carlos Alberto. Hasta este momento no sabía que estábamos en el mismo lado. Desde hoy también me declaro agnóstico».

Y en tiempos de pandemia, para no interrumpir nuestro compromiso al atardecer de los viernes, decidimos mantener estos encuentros virtuales, pero en familia. Todos acudimos puntualmente a la cita por zoom, lo cual ha sido muy enriquecedor para nosotros y estoy seguro de que también para nuestros hijos, nietos, yernos, nueras y familiares más cercanos.

He tratado de resumir en este capítulo las enseñanzas en esta década de shabbat, pero en realidad todo lo que he aprendido podría dar para un libro completo. Ha sido muy enriquecedor para mí, y estoy seguro de que también para mi esposa, compartir nuestra mesa y nuestra alma con estos miles de invitados. En lo personal debo decir que este ejercicio semanal me ha hecho mejor persona, y confío en que los que han participado de estos encuentros también puedan decir lo mismo.

Si además usted, que se ha tomado el tiempo de leer este capítulo del libro, ha podido sacar algún provecho de lo que ha ocurrido en mi mesa de los viernes, se justificará plenamente la idea de escribirlo. Y si lo comenta con algún cercano, o mejor aún, si lo ha inspirado para reunir a su familia y amigos en torno a una mesa para conversar de la vida, sin duda me hará muy feliz.

El negocio de confecciones que instaló en 1930 mi padre Erich Kreutzberger en Neisse, Alemania, calle Zollstrasse 28 *(Archivo personal de la familia Kreutzberger-Muchnick)*

Invitación a la boda de mis padres Anni Blumenfeld y Erich Kreutzberger en Breslau, Alemania, el 12 de agosto de 1937 *(Archivo personal de la familia Kreutzberger-Muchnick)*

Más de diez mil prisioneros judíos llegaron el 9 y 10 de noviembre de 1938 al campo de concentración de Buchenwald luego de la Noche de los cristales rotos. Entre ellos mi padre, Erich Kreutzberger *(Colecciones de la Fundación Buchenwald)*

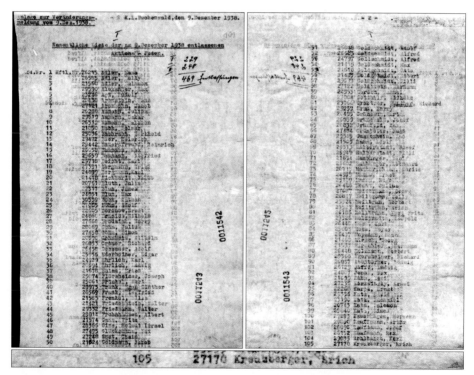

Listado de los prisioneros que ingresaron el 9 de diciembre de 1938 al campo de concentración de Buchenwald. Al final de la lista está mi padre, al que asignaron el número 27170 *(Colecciones de la Fundación Buchenwald)*

Mi madre y su familia salieron en el barco Virgilio desde Génova y llegaron a Valparaíso, el 20 de octubre de 1939 *(Colección de barcos italianos, en: http://www.naviearmatori.net/eng/ foto-130704-1.html)*

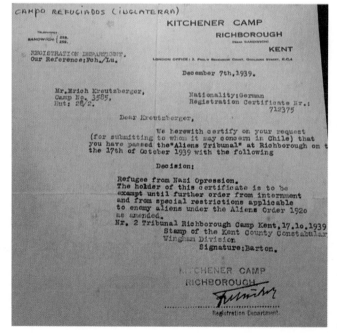

Lista de refugiados, entre ellos mi padre, ingresados en octubre de 1939 al Kitchener Camp, ubicado en las afueras de Sandwich, Inglaterra (© *Archivos de Kitchener Camp, Richborough, Sandwich*)

Certificado otorgado a mi padre el 7 de diciembre de 1939 autorizando su salida del Kitchener Camp con destino a Chile (© *Archivos de Kitchener Camp, Richborough, Sandwich*)

El barco Orduña que abordó mi padre zarpó de Liverpool a Valparaíso el 19 de diciembre de 1939 (© *Crown Copyright Images, reproducido por cortesía de The National Archives, Londres, Inglaterra*)

Con mis padres Erich y Anni en 1941 *(Archivo personal de la familia Kreutzberger-Muchnick)*

Mis inicios como técnico modelista en 1961 en Erich Confecciones, el negocio de mi padre en Santiago, Chile *(Archivo personal de la familia Kreutzberger-Muchnick)*

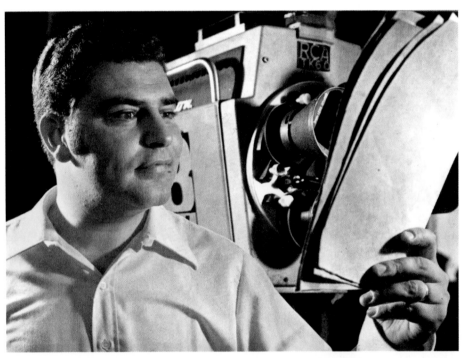

En el Canal 13 de la Pontificia Universidad Católica de Chile en 1962 me di cuenta de que lo mío era la televisión *(Archivo personal de la familia Kreutzberger-Muchnick)*

Cartones de continuidad de 1962 para indicar el regreso de un corte comercial *(Archivo personal de la familia Kreutzberger-Muchnick)*

Participar en *Sábados Gigantes* era toda una experiencia para el público, 1962 *(Archivo personal de la familia Kreutzberger-Muchnick)*

Visita a Jerry Lewis en 1977 en Las Vegas, Estados Unidos, para hablar del proyecto
Teletón en Chile *(Archivo personal de la familia Kreutzberger-Muchnick)*

En 1964 nuestros primeros
viajes internacionales para
grabar «La película extranjera»
de *Sábado Gigante*, uno de
los segmentos más antiguos y
exitosos *(Archivo personal de la
familia Kreutzberger-Muchnick)*

Cierre de la primera Teletón chilena, el 8 y 9 de diciembre de 1978 *(Cortesía Teletón Chile)*

El Alto, Bolivia, 1983
(Archivo personal de la familia Kreutzberger-Muchnick)

Ontario, Canadá, 1986
(Archivo personal de la familia Kreutzberger-Muchnick)

Mercado de San Ángel, México, 1986
(Archivo personal de la familia Kreutzberger-Muchnick)

En las Trajineras de Xochimilco, 1986
(Archivo personal de la familia Kreutzberger-Muchnick)

El primer programa *Sábado Gigante* en Estados Unidos, junto al conductor
cubano Rolando Barral y el popular José Luis Rodríguez, «El Puma», 1986
(Archivo personal de la familia Kreutzberger-Muchnick)

Sábado Gigante en Estados
Unidos (1986), junto al
productor Antonio Menchaca,
artífice fundamental del éxito del
programa, y al maestro Valentín
Trujillo, quien durante cuarenta
y tres años puso música a mis
palabras *(Archivo personal de la
familia Kreutzberger-Muchnick)*

Walt Disney World, Orlando, 1987
*(Archivo personal de la familia
Kreutzberger-Muchnick)*

Kingston, Jamaica, 1989 *(Archivo personal de la familia Kreutzberger-Muchnick)*

Primer museo construido por mi esposa Temy en nuestra casa en Chile, 1992 *(Archivo personal de la familia Kreutzberger-Muchnick)*

Invitación al popular programa de conversación norteamericano *The Tonight Show with Jay Leno*, el 22 de mayo de 1992 *(Archivo personal de la familia Kreutzberger-Muchnick)*

Paseo de la Fama, Hollywood, California, 1998 *(Archivo
personal de la familia Kreutzberger-Muchnick)*

En 2003, junto a un grupo de grandes artistas, grabamos *Mi homenaje gigante a la música norteña*, en reconocimiento a los inmigrantes mexicanos y centroamericanos *(Archivo personal de la familia Kreutzberger-Muchnick)*

Estrella en el Paseo de la Fama en Hollywood, entregada el 8 de junio de 2001 *(Archivo personal de la familia Kreutzberger-Muchnick)*

Junto a los gitanos en Antofagasta, Chile, 2005 *(Archivo personal de la familia Kreutzberger-Muchnick)*

San Pedro de Atacama, Chile, 2005 *(Archivo personal de la familia Kreutzberger-Muchnick)*

Emotiva despedida al maestro Valentín Trujillo en *Sábado Gigante*, el 31 de diciembre de 2005 *(Cortesía Univisión)*

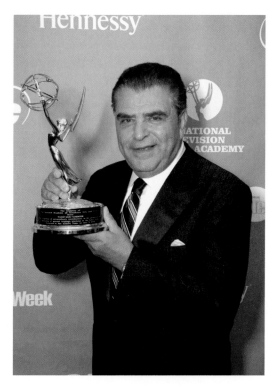

Premio Emmy a la trayectoria, San Antonio, Texas, 3 de junio de 2005 *(Archivo personal de la familia Kreutzberger-Muchnick)*

George Bush nos invitó a un almuerzo privado en el exclusivo restaurante Joe Stone Crab, de Miami, el 26 de julio de 2006 *(Archivo personal de la familia Kreutzberger-Muchnick)*

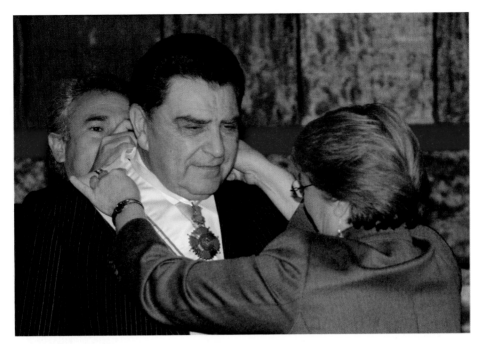

La presidenta chilena Michelle Bachelet me entregó la «Condecoración Servicios Meritorios a la República» el 2 de septiembre de 2008 *(Archivo personal de la familia Kreutzberger-Muchnick)*

Entrevista al senador Barack Obama el 21 de octubre de 2008, cuando era candidato a la presidencia de Estados Unidos *(Archivo personal de la familia Kreutzberger-Muchnick)*

Plaza Tiananmen. Pekín, China, 2008 *(Archivo personal de la familia Kreutzberger-Muchnick)*

La Gran Muralla china, 2008 *(Archivo personal de la familia Kreutzberger-Muchnick)*

Cubriendo el rescate de los 33 mineros chilenos atrapados en la mina San José. Copiapó, Chile, 2010 *(Archivo personal de la familia Kreutzberger-Muchnick)*

El presidente chileno Sebastián Piñera me entregó en 2010 la «Medalla Bicentenario» *(Archivo personal de la familia Kreutzberger-Muchnick)*

Caminata por los jardines de la Casa Blanca luego de la entrevista al presidente Barack Obama, 2010 *(Archivo personal de la familia Kreutzberger-Muchnick)*

Entrevista al desaparecido senador y candidato presidencial norteamericano John McCain, 2010 *(Archivo personal de la familia Kreutzberger-Muchnick)*

Entrevista al legendario cantante Vicente Fernández junto a su esposa María del Refugio en abril de 2014, en su rancho Los tres potrillos. Guadalajara, México *(Archivo personal de la familia Kreutzberger-Muchnick)*

Foto de la izquierda: Con el papa Francisco en Roma el 5 de febrero de 2015
Foto de la derecha: Entrevista a la Primera Dama, Michelle Obama, para promover ayuda financiera a estudiantes hispanos, 21 de febrero de 2015 *(Archivo personal de la familia Kreutzberger-Muchnick)*

Celebramos los cincuenta años de matrimonio con Temy en Jerusalén, el 28 de julio de 2015. Llegó toda la familia para sorprenderla *(Archivo personal de la familia Kreutzberger-Muchnick)*

Con Temy nos hemos casado dos veces. El rabino Mario Rojzman ofició el segundo matrimonio frente al Muro de los Lamentos, en Jerusalén, el 28 de julio de 2015 *(Archivo personal de la familia Kreutzberger-Muchnick)*

Una calle de Washington Heights en Nueva York fue nombrada Don Francisco Boulevard, el 8 de septiembre de 2015 *(Archivo personal de la familia Kreutzberger-Muchnick)*

Minutos finales del último programa de la historia de *Sábado Gigante*, 19 de septiembre de 2015 *(Cortesía Univisión)*

Junto a mi nieto, Ilan Numhauser, con quien realizamos el programa *Usted no reconoce Chile* para Canal 13, en octubre de 2015 *(Archivo personal de la familia Kreutzberger-Muchnick)*

Realizando actividades recreativas en el centro especializado para bajar de peso Buchinger Wilhelmi, en España, 2016 *(Archivo personal de la familia Kreutzberger-Muchnick)*

Una nueva etapa significó mi llegada como productor a Telemundo, donde en el año 2016 realizamos, entre otros programas, una competencia de talentos llamada *La Gran Oportunidad (Archivo personal de la familia Kreutzberger-Muchnick)*

Grabando el programa especial *Rostros de la Frontera* para Telemundo, en julio de 2016, donde las familias se encuentran a través de la reja y pueden tocarse con los dedos *(Archivo personal de la familia Kreutzberger-Muchnick)*

Reunión con la presidenta Michelle Bachelet el 16 de agosto de 2017 para invitarla a la inauguración de la ampliación del Instituto Teletón de Santiago, Chile *(Archivo personal de la familia Kreutzberger-Muchnick)*

Junto a la directora ejecutiva de Teletón, Ximena Casarejos, y la niña embajadora, Florencia Catalán, el 1 de diciembre de 2018 en el cierre de los cuarenta años de la Teletón en el Estadio Nacional de Chile *(Cortesía Teletón Chile)*

Desde el living de mi casa en Santiago, Chile, participé junto a todos mis compatriotas de la primera Teletón virtual de la historia, el 3 y 4 de abril de 2020 *(Archivo personal de la familia Kreutzberger-Muchnick)*

Programa especial *Vamos Chilenos*, en beneficio de las personas mayores, realizada de manera virtual el 18 y 19 de septiembre de 2020 *(Cortesía Teletón Chile)*

Capítulo 11

EL ÚLTIMO *SÁBADO GIGANTE*

Cuando comienza un año tengo por costumbre escribir en un pequeño papel mis metas y proyectos, y lo guardo en un pliegue especial de mi cincuentenaria y fiel billetera. Curiosamente el 2015 no lo hice. Visto con la mirada del tiempo, pudo ser un acto inconsciente. Ese año sin duda era especial para mí, algo incierto, porque estaba cumpliendo setenta y cinco años y en diciembre finalizaba mi contrato con Univisión.

Era el mes de febrero y hasta ahí todo parecía transcurrir normalmente, aunque con una agenda muy recargada. Tenía una invitación de Michelle Obama, entonces primera dama de Estados Unidos, para entrevistarla en Washington sobre uno de sus temas preferidos: el acceso a la educación y las becas disponibles para estudiantes hispanos. También me había comprometido con la Organización Panamericana de la Salud (OPS) para visitar su sede en la capital norteamericana y grabar mensajes para una campaña continental contra la obesidad. Por otro lado, tenía una visita programada al hospital St. Jude en Memphis, apoyando la gran labor que realizan en investigación y tratamiento del cáncer infantil en el mundo.

Entre todas las actividades, hubo dos que me marcaron. La primera de ellas fue un encuentro con estudiantes de leyes de la American University de Washington, la mayoría de origen hispano, que en una cena solemne celebraban su graduación como abogados. El decano de la facultad, Claudio Grossman, me pidió decir unas palabras de motivación a los jóvenes, lo cual hice con un inglés al estilo «Tarzán», mezclando frases en español en atención al origen de la mayoría de los presentes. Luego, una joven graduada subió al estrado para hablar en nombre de los alumnos y me sorprendió al dirigirse a mí con emocionantes palabras: «Quizás no lo sepa, Don Francisco, pero para muchos de nosotros, usted fue como una «nana» en parte importante de nuestra infancia y juventud. Su compañía en nuestro hogar, las tardes y noches de los sábados, nos dejó una profunda huella. Mientras nuestros padres trabajaban en sus modestos empleos como jardineros, choferes, obreros o limpiando casas ajenas, usted estaba ahí a través de la pantalla entregándonos alegría, compañía, música, información y muchos sentimientos conectados con nuestras raíces».

Sus palabras me tocaron profundamente porque de alguna manera estaba confirmando que nuestro programa, más allá de su rol de entretener, había llegado al corazón de la comunidad hispana en Estados Unidos. Nada más satisfactorio. Mientras la joven hablaba, vi como brotaban lágrimas en los rostros de algunos de los padres y familiares de este grupo de graduados, orgullosos testigos y protagonistas de este momento que marcaría sus vidas para siempre. Después del heroico esfuerzo de estos jóvenes y sus sencillas familias, estaban cumpliendo el sueño de titularse de abogados en el «país de las oportunidades».

La invitación más sorprendente que recibí a inicios de 2015 llegó desde El Vaticano. El papa Francisco me invitaba a moderar el IV Congreso Mundial de Scholas Occurrentes, que se realizaría con su presencia en Roma. Este llamado me impactó, por la oportunidad de estar cerca de este líder religioso que ha marcado la historia moderna con su estilo y mensaje, y porque a mi entender se trataba de una distinción especial hacia alguien que no profesa la fe católica. Y quizás, si tengo la posibilidad, podría cumplir con mi sueño de pedirle una entrevista. Confieso que al despedirme le hice la petición al oído, y aunque hasta hoy no recibo respuesta, confío porfiadamente en que algún día me sentaré a entrevistarlo.

En medio de este ir y venir, había algo que me inquietaba y preocupaba. El contrato con Univisión lo había firmado en 2012 con César Conde, quien ya no era presidente de la compañía, y con quien además había establecido un acuerdo de palabra que señalaba que una vez cumplida la fecha yo dejaría de conducir *Sábado Gigante*, y ellos se quedarían con el formato y el equipo de producción para continuar el programa con otros animadores. Yo podría mantenerme en la dirección creativa tras las cámaras, y al mismo tiempo haría un ciclo de programas de conversación al estilo *Don Francisco Presenta*, que ya habíamos probado con éxito entre 2001 y 2012, y que tenía menos exigencias físicas que *Sábado Gigante*.

César Conde era ahora presidente de Telemundo, competidora histórica de Univisión en Estados Unidos, y cualquier tema relacionado conmigo y el programa debía tratarlo en ese momento con Alberto Ciurana, presidente de programación y contenidos de Univisión. En los pasillos de la cadena ya circulaban fuertes rumores sobre el posible fin de *Sábado Gigante*. Además, sentíamos que en el último tiempo habíamos perdido importancia frente a la empresa y sus ejecutivos, y los talentos que preparábamos para continuar el programa el 2016, de acuerdo con el plan que yo suponía vigente, eran asignados a otras producciones. Lo mismo ocurría con los anunciantes que se mostraban interesados en contratar espacios en el programa.

Con la perspectiva del tiempo, hoy me siento como el marido engañado, ese que no quería saber lo que tenía que saber ni quería ver lo que había que ver. En medio de este incierto ambiente, el 17 de febrero (un buen número, que siempre juego en la ruleta) recibí un llamado de Alberto Ciurana. Casi siempre cuando a uno lo llaman a una reunión importante sin informar el motivo es porque, para bien o para mal, lo que se va a tratar será una gran sorpresa. Al subir a las oficinas ejecutivas del segundo piso, por si acaso, y como soy supersticioso, con los nudillos de mi mano derecha fui golpeando las maderas de los marcos de todas las puertas que atravesé en el trayecto. Estaba nervioso, ansioso, preocupado, y en mi cabeza circulaban mil conjeturas de todo tipo.

Es difícil incluso para mí entender cómo funciona mi compleja personalidad. Me recargo de energía y tranquilidad para enfrentar a cientos y miles de personas, pero en el «uno a uno» pierdo todas mis reservas de seguridad. Cuando llegué a golpear con timidez la puerta entreabierta de la oficina, claramente no estaba en mi mejor momento. Entré, y casi susurrando le dije algo vergonzosamente obvio: «Alberto, aquí estoy». Me respondió: «Pasa, Mario, toma asiento, por favor», con una sonrisa muy poco natural dibujada en su cara, lo que aumentó mi preocupación. «Qué tal, Mario», agregó. «Bien», le respondí, elevando un poco el tono de la voz para mostrar algo de entusiasmo y seguridad. Hubo una breve pausa, que me pareció eterna. Su rostro cambió de golpe, y mirándome fijamente con un tono autoritario me dijo lo que jamás pensé escuchar: «La empresa ha decidido terminar con *Sábado Gigante*, y como señala el contrato, te lo estoy avisando con doce semanas de anticipación».

Apreté con fuerza los dientes, hasta sentir dolor, tratando de disimular el impacto que me producía el anuncio. Se me tuvo que notar algo en la cara, porque sentí como si hubiera recibido un martillazo en la cabeza, y otro más fuerte en el alma. Débilmente, casi tartamudeando le respondí: «Pero teníamos un acuerdo. Univisión se quedaba con el formato y seguíamos el próximo año con otros conductores». Él bajó la vista y parecía leer algún párrafo del contrato que se encontraba sobre su escritorio y volvió a la carga: «Eso no es lo que dice aquí, y es toda la información que tengo».

Casi por instinto, y tal vez queriendo arrancar de este momento al que nunca imaginé que llegaría, me puse de pie y mirando hacia la nada, le dije: «Alberto, perdóname, pero había quedado en otra cosa con Univisión. Voy a hablar con Emilio Azcárraga (accionista mayoritario de Televisa y socio de Univisión). Que tengas buenas tardes». Me estiró la mano en señal de despedida diciéndome: «Claro, habla con él. Es buen amigo tuyo».

Me fui con paso rápido, y no recuerdo siquiera si me despedí de los que estaban afuera de su oficina. Sentía que la cabeza me iba a explotar. Bajé del segundo piso corriendo por la escalera a una velocidad que jamás lo había hecho, y con la mirada y la mente ausentes. Fui directo al estacionamiento, tomé el auto, y durante un par de horas, como un zombi, conduje sin rumbo por las calles de Miami. Transpiraba. Por más de una década pensé que me había preparado para este momento, pero sin duda no estaba listo para escuchar esa frase: «La empresa ha decidido terminar con *Sábado Gigante*». Esta vez era verdad, y no un simulacro de esos que tantas veces trabajé como un libreto en mi mente.

Se mezclaban en mi cabeza la rabia, el impacto de la noticia y la emoción de los recuerdos. Porque cincuenta y tres años atrás, en 1962, cuando con mi esposa esperábamos orgullosos la llegada de Patricio, nuestro hijo mayor, también recibíamos juntos los primeros pasos de *Sábado Gigante*. El programa había nacido de mis sueños artísticos más anhelados, y fue amamantado por el coraje y la juventud creativa de un joven de veintidós años que tenía más ganas que conocimientos, como todo padre primerizo.

Este bebé televisivo fue creciendo con el apoyo y el esfuerzo de muchos, hasta convertirse en el gran compañero de la familia chilena en las tardes sabatinas. Con este éxito alcanzado con perseverancia y un poco de locura, llenamos nuestras maletas y cruzamos las fronteras para convertirnos en 1986 en pioneros de la producción en español en Estados Unidos, donde al igual que en nuestro país natal recibimos el apoyo y el afecto del público.

Sábado Gigante, como lo señaló la prensa norteamericana, alcanzó el honor de ser «*The Longest running variety show ever*» (El show de variedades más antiguo de la historia). El programa recibió todos los premios y reconocimientos posibles de la industria, y el Guinness Book of World Records lo certificó como el de más larga duración en la historia de la televisión en el mundo. Teníamos éxito económico y de rating. Era doblemente difícil para mí entender por qué esta historia única tendría que terminar en las próximas doce semanas. Mi cuerpo temblaba mientras pensaba en esto.

«¿Qué voy a hacer?», me repetía una y otra vez. Eran cincuenta y tres años dedicados casi totalmente a lo que se había convertido en mi forma de vivir, y que de pronto se desvanecían para siempre. Recuerdo que, en medio de estas reflexiones, me detuve en un centro comercial para ensayar una especie de discurso dirigido a mis compañeros, fieles y talentosos, algunos de los cuales me acompañaban por varias décadas: «Estimados amigos (imaginé que les diría), después de treinta y tres años continuos de trabajo en Estados Unidos, debo decirles que solo nos quedan doce semanas en el aire».

Me imaginaba que era una pesadilla de la cual despertaría en cualquier momento. Era muy difícil convertir en palabras las sensaciones que estaba teniendo. Me fui a mi casa y esa noche dormí muy mal. Hasta ese momento la noticia la conocía mi almohada y yo. Al cerrar los ojos, me veía frente al equipo y esto me producía una gran angustia. Aunque muy mal dormida, la noche fue buena compañera. Al amanecer ya tenía mis pensamientos ordenados y una convicción: «Hay que seguir luchando. Este no es el fin del mundo. Toma el ejemplo de tu padre que lo perdió todo, salió de un campo de concentración, huyó de su tierra, llegó a Chile en un barco lleno de inmigrantes como refugiado solo con lo puesto, para comenzar de nuevo, formar una familia, y darte la vida».

El próximo paso era entonces reunirme con Emilio Azcárraga Jean a quien conocía desde los tiempos en que su padre, Emilio Azcárraga Milmo, era el presidente de Televisa. Con «Emilio chico», como era conocido en su juventud, siempre he tenido una relación muy cordial, y por lo mismo pienso que sin mayor trámite me concedió una entrevista en sus oficinas del centro de Miami. Faltaban cuatro días para la cita y mi cabeza era un torbellino, sobre todo por las noches, buscando en mi mente cómo hacer que este cierre de *Sábado Gigante* fuera espectacular y tuviera la trascendencia que merecía el final de una historia que yo considero, hasta hoy, única y extraordinaria.

Llegué al encuentro con Emilio inseguro y nervioso. Calculé el tiempo para conducir desde mi casa con la mayor tranquilidad mientras tenía un acalorado diálogo conmigo mismo: «Emilio es buen amigo mío y siempre me lo ha demostrado. Lo que vengo a pedir es justo. Además, yo me he portado bien, he sido buen colaborador y correcto en todo sentido. ¿Cómo me va a decir que no? ¿Y qué pasa si me dice que esa es la fecha y punto? ¿Qué le digo? ¿O sea, no me va a reconocer el esfuerzo de estos treinta años? Sería muy poco agradecido si me dijera eso. Aunque tal vez tenga razón y el programa debemos terminarlo. Pero si es así, ¿qué le cuesta dejarnos en el aire hasta diciembre?».

No me di cuenta en qué momento llegué, estacioné frente a la oficina, y me detuve frente a su secretaria, quien me despertó de mis pensamientos con un cariñoso saludo: «Hola, Don Francisco, qué gusto de verlo». Bajando la voz en tono de complicidad agregó: «Emilio lo está esperando». Como un alumno frente al director del colegio, entré con paso firme y creo que exageradamente alegre, para disimular mi ansiedad y nerviosismo, mientras apretaba mis manos para aparentar seguridad: «Hola, hola Emilio», dije sin mucha creatividad.

Como siempre lo ha hecho conmigo, me respondió afectuosamente mientras ambos tomábamos asiento: «Qué tal, don Mario, cómo estamos». Ese «cómo estamos», igual que en el teatro, me dio el pie que necesitaba para comenzar: «Bueno Emilio, no estamos tan bien como quisiéramos».

Lentamente entré en materia con mi discurso, poniendo en práctica todo lo aprendido en estas más de cinco décadas: «Comprenderás que doce semanas no son suficientes para terminar la historia de un programa que lleva cincuenta y tres años en el aire. Recuerda que yo tenía un acuerdo de palabra para que en diciembre siguiéramos con otros animadores. Hay un gran equipo a mi lado en esto. Hemos conseguido grandes éxitos para la compañía en estos años». Y seguí enumerando una larga lista con nuestras virtudes y todos los adjetivos que pude recordar para darle el mayor peso posible a mi petición.

Emilio me escuchó atentamente asintiendo con la cabeza. Cuando terminé mi exposición, me dijo en tono lánguido: «Don Mario, lamentablemente en este caso no puedo hacer nada». La respuesta me cayó como una patada donde más duele, y no es difícil imaginarse dónde. Quedé mudo. No era lo que esperaba escuchar. Y del alma me salió un chilenismo que por suerte dije solo para mí mismo: *«Cómo no vai a poder hacer nada, weón, si vos soi el dueño de esta weá».*

En medio de esta mezcla de emociones traté de reponerme, mostrar algo de tranquilidad y dibujar una sonrisa mentirosa que debió parecer una mueca para decirle: «Bueno, gracias de todas maneras por recibirme, Emilio. Nos vemos». Esto último, en buen chileno, significa simplemente que *«cagamos»*.

En ese momento también recordé que cuando en 2012 hicimos la fiesta de los cincuenta años de *Sábado Gigante*, Emilio asistió como uno de nuestros invitados estelares, y casi al finalizar la velada y después de uno que otro tequila me tomó del brazo y me llevó aparte para decirme: «Mario, este es el momento de colgar los guantes, como en el boxeo. Ahora debes retirarte en gloria y majestad». Con el corazón apretado por sus palabras le respondí sin pensar: «Emilio, quizás tengas razón, pero no estoy preparado para eso». Tal vez ya en ese momento Emilio tenía un plan estratégico para la programación del sábado en la tarde cuando decidiéramos terminar con el programa.

Tengo que decir la verdad, salí de ahí derrotado, sintiendo que mi cuerpo pesaba el doble de lo normal. Todo me parecía gris mientras retomaba el diálogo con mi yo interno: «¿Qué hago, entonces?» No era difícil adivinar la respuesta. Lo que he hecho toda mi vida adulta cada vez que me enfrento a las penas y alegrías y a todas las emociones fuertes: comer. Me fui directo a un Deli «a pensar» con un tremendo sándwich de pastrami con chucrut y queso, conocido mundialmente como «Reuben», y una cerveza light para sentirme menos culpable (escribo este recuerdo y se me hace agua la boca).

Los «Deli», como se conocen en Estados Unidos, están entre mis lugares favoritos para comer, no solo porque ofrecen comida rápida, barata y accesible, sino tal vez porque me recuerdan mi juventud precaria en Nueva York, o porque la mayoría tiene dueños de origen judío, y las comidas que venden son muy similares a las que preparaba mi madre.

Mientras estaba cumpliendo rigurosamente con este autorecetado pero efectivo tratamiento para la depresión momentánea, masticando mi delicioso y evocador sándwich, se me ocurrió que era momento de hablar con mi amigo y abogado César Álvarez, para pedirle que me acompañara precisamente a Nueva York a una reunión con el presidente y CEO de Univisión Randy Falco. Desde ese momento, contactar a mi abogado se convirtió en una obsesión (otro rasgo de mi compleja personalidad) que duró toda la tarde.

Lo llamé más de una docena de veces, hasta que logré comunicarme en la noche. Me pidió disculpas porque estaba en una reunión fuera de la oficina, y no esperé mucho para contarle mi desgracia. Aceptó de inmediato viajar conmigo y, más aún, se ofreció para contactar a Randy Falco y coordinar la reunión. Al día siguiente al mediodía ya teníamos una respuesta: Nos recibiría el miércoles 1 de abril a las diez y media de la mañana en las oficinas de Univisión en Manhattan. Me sugirió que viajáramos el día anterior para tener tiempo de ponernos de acuerdo y no correr riesgos con los eventuales atrasos de los vuelos desde Miami.

Viajamos en aviones separados, y me propuse la tarea de escribir una larga lista de lo que consideraba eran los atropellos y barbaridades que había sufrido injustamente en el último tiempo en Univisión. Al llegar, César Álvarez leyó la lista con cara de preocupación y me preguntó: «¿Me puedes decir a qué vamos?». Sorprendido con su reacción, le respondo: «Bueno, vamos a conseguir una extensión del plazo de doce semanas que me dieron». Un tanto molesto me respondió: «¿Y de qué nos sirve para eso esta lista de reclamos? ¡Mario, tenemos que hacer todo lo contrario! Tenemos que llegar de manera muy positiva a decirle que, en atención al gran éxito del programa en todos estos años, y a la gran oportunidad que nos ha dado la empresa en las tres décadas, queremos hacer un cierre espectacular que sea un broche de oro para Univisión y nuestra gran historia».

Convencido por mi abogado de la forma en que debíamos enfrentar la reunión, llegamos diez minutos antes de la cita. Mi nerviosismo era más que evidente y cumplí minuciosamente con todas las supersticiones posibles de mi repertorio, aunque debo decir que, en este caso específico, con muy poca fe. Realmente no pensaba que esta gestión tendría un resultado positivo. Sin embargo, guiado por el principio de la perseverancia que siempre me ha servido, sabía que teníamos que intentarlo.

Mientras esperábamos, César revisaba papeles, y yo sumergido en pesimistas diálogos silenciosos con mi mundo interior: «Qué le podrá interesar a Randy Falco *Sábado Gigante*. Ni siquiera conoce nuestro idioma. No creo que conozca nada de la historia del programa». A diferencia de los anteriores ejecutivos, desde que era presidente y CEO de la empresa jamás se había reunido conmigo, y la única vez que le pedí una entrevista, me recibió en un pasillo de las oficinas de Univisión en Miami.

Puntualmente, y con una amplia sonrisa, salió el propio Randy a recibirnos: *«Please come in»*. Cumpliendo rigurosamente con el entrenamiento que me hizo mi abogado minutos antes, le di la mano y le mostré mi «felicidad» con una gran sonrisa. Saludó amablemente a César, y nos sentamos en su cómoda aunque sobria oficina. Antes de que pudiéramos decir nada, abrió los brazos y nos habló a los dos, pero mirándome a mí: «Mario, el programa no terminará en mayo como estaba programado, sino el 19 de septiembre».

Sentí como si el alma me volviera al cuerpo, y recuperaba una parte de mis energías. Es más, si empujábamos un poco podríamos incluso llegar hasta fin de año. Estuve a punto de pedírselo, cuando recordé que el primer domingo de diciembre tenía que hacer la Teletón en Chile, que estaba cumpliendo treinta y siete años de trabajo en favor de los niños con discapacidad.

En una fracción de segundos me di cuenta de que las dos cosas al mismo tiempo serían imposibles de realizar, y por fortuna ni siquiera alcancé a mencionarlo. Por lo tanto, hice un gesto afirmativo con la cabeza y aunque estaba muy contento, no quería que se me notara demasiado. Habíamos conseguido lo que buscábamos: veinticuatro semanas para cerrar la inigualable historia de *Sábado Gigante*.

Hasta el momento en que escribo estas líneas hay algo para lo cual no tengo respuesta: este cambio de fecha expresado con tanta seguridad por Randy Falco, ¿era producto de su generosa reflexión, o tendría algo que ver Emilio Azcárraga con esta repentina extensión? Siempre he pensado con algo de malicia que Emilio llamó a Randy y le dijo: «Oye, démosle unas semanas más a este viejo en su despedida y que se vaya contento».

Habían pasado dos meses desde la reunión donde me comunicaban que debía terminar el programa. Dos meses que pudieran ser parte de una lista negra como los más malos de mi vida televisiva. Hubo noches en que soñé cosas absurdas, como por ejemplo que volvía furioso a la oficina de Alberto Ciurana y le golpeaba el escritorio diciéndole: «Estás equivocado, *Sábado Gigante* se queda y el que se va eres tú». Luego lo sacaba a empujones de la oficina. También hubo días en que me levantaba muy alegre diciéndome «Listo, se acabó la esclavitud. Ahora tendré todo el tiempo para mí. Para hacer todo lo que nunca pude hacer». Pero de inmediato mi otro yo me respondía: «Pero qué estás diciendo, si lo que más te gusta hacer es *Sábado Gigante* y estar encerrado en un estudio de televisión».

En algún momento de confusión llegué incluso a pensar que podría ser buena idea ir a Telemundo (nuestra competencia en ese momento) para proponerles continuar ahí con *Sábado Gigante* desde el 1 de enero de 2016. Después me daba cuenta de que era imposible, porque trasladar la compleja maquinaria del programa que había demorado treinta años en afiatarse era una tarea que implicaba un riesgo muy alto para todos.

A mi alrededor hasta ese momento solo tres personas clave del grupo de productores sabían lo que estaba pasando. No había querido comunicar la situación al resto para no desmoralizarlos, y porque estaba dispuesto a agotar todas las instancias que fueran necesarias para buscar una salida más honrosa. Me preocupaba en especial que mis compañeros recibieran una compensación económica justa por los años de esfuerzo en la construcción de esta historia.

Decidimos con el productor ejecutivo Antonio «Cuco» Arias que era hora de convocar a todo el equipo. Aunque no había ninguna información oficial, la inquietud de todos era evidente; algo estaba pasando y había tensión en el ambiente. No recuerdo exactamente lo que dije al comenzar la reunión, pero sé que no fueron palabras lastimeras ni hablé de una derrota.

Traté de ser muy transparente y sincero y me ayudé con uno de los puntos de mi «Decálogo del éxito»: «Si te caes noventa y nueve veces, tienes que levantarte cien». Luego hice una especie de arenga con un nudo en la garganta: «Nosotros como muy buenos profesionales desde mañana nos pondremos a trabajar para hacer el mejor *Sábado Gigante* y vamos a tratar de que esta sea una despedida gloriosa del programa más longevo de la televisión mundial. Esto que está ocurriendo aquí es algo histórico, no pasó nunca. Yo sé que se avecina un cambio de vida para todos nosotros, y es triste. Pero este debe ser un momento alegre porque nosotros hemos llegado hasta donde nadie llegó. Llegamos al Everest, subimos la cumbre y nos quedamos mucho tiempo, años. Por eso el primer aplauso es para ustedes».

En la medida que avanzaba la reunión, la preocupación y el dolor se fueron transformando en energía y poco a poco comenzamos a tomar conciencia del desafío que teníamos por delante. Salimos de ahí llenos de entusiasmo, decididos a demostrar por qué siempre nos llamaban «el equipo ganador de Univisión», el que tantos aplausos y reconocimientos había recibido en la compañía y en la industria.

Desde ese momento nos pusimos a pensar y planificar lo que serían los próximos veinticuatro capítulos del programa, que debían que ser muy especiales. Con «Cuco» Arias acordamos que la primera tarea sería obtener recursos adicionales para invertir en la producción. Ya sabíamos que a través de las líneas oficiales de Univisión no lograríamos nada, y por eso recurrimos a ejecutivos de niveles medios con quienes manteníamos muy buenas relaciones, y los que finalmente nos consiguieron gran parte del dinero que buscábamos. El resto lo pondríamos nosotros con esfuerzo y creatividad.

Empezamos a encendernos cada vez más con lo que estábamos viviendo, y nos olvidamos de que en realidad se trataba del cierre de la historia de *Sábado Gigante*, y por lo tanto el final de nuestro trabajo. Iniciamos de inmediato la convocatoria para que nos visitaran las grandes estrellas de la música hispana, muchos de ellos habían iniciado sus carreras con nosotros, o debutado internacionalmente en nuestro escenario: Enrique Iglesias, Prince Royce, Paulina Rubio, Lupillo Rivera, Yuri, Chino y Nacho, Chayanne, Luis Fonsi, Marc Anthony, Daddy Yankee, Shakira, Juanes, Laura Pausini, etcétera. La mayoría nos honró con su presencia en vivo en el programa de cierre o en las cuatro semanas previas.

En el penúltimo programa quisimos hacer un homenaje a nuestros familiares que nos cedieron su tiempo y espacio, muchas veces más allá de lo aceptable, para desarrollar nuestra tarea. Fue muy duro ver ese estudio lleno de esposas, esposos, madres, padres, hijos, hijas, nietas, nietos de mis compañeros. Más de doscientas personas que serían afectadas directamente con el fin del programa. Pensé que era justo dedicar este programa a ellos, porque desde muy joven, en la fábrica junto a mi padre, aprendí que cualquier trabajo que requiera más de una persona, se debe hacer en equipo. *Sábado Gigante* nunca lo hice solo; fue el resultado del trabajo de mucha gente que puso su talento y profesionalismo al servicio de un sueño y un proyecto.

Para organizar en detalle lo que sería el último programa, tuvimos docenas de reuniones, opiniones y discusiones. Una de las diferencias más importantes que tuve con el equipo fue por una idea que daba vueltas en mi cabeza, y que hoy reconozco era un poco extraña: quería terminar el programa saliendo del estudio montado en una carreta. Me imaginaba que era el personaje del lechero Tobías (Tevye) en la famosa comedia musical *El violinista en el tejado*. En la obra, ambientada en 1905, Tobías tiene cinco hijas, y vive en la pequeña aldea ucraniana de Anatevka, de donde debe huir luego que los zares ordenan la expulsión de los judíos del pueblo. Sale en su carreta con muy pocas cosas, y solo con parte de la familia.

Yo me veía como Tobías, saliendo de Univisión a las once de la noche del 19 de septiembre, montado en la carreta, dejando atrás algo que no quería dejar, y que había sido parte importante de mi vida por más de cinco décadas. Debía irme con el «hoy» y sin un «mañana». Como Tobías, no veía más a mis vecinos (mis compañeros), tendría que cambiar mi forma de vivir, y partir hacia lo desconocido solo con lo necesario. El equipo se opuso rotundamente a la idea de la carreta, y pensaron que era una extravagancia y que no correspondía al momento histórico que vivíamos. Seguramente no pude hacerles entender lo que representaba para mí esa imagen simbólica de la carreta de Tobías. Al final negociamos la carreta por un bus.

La semana fue muy intensa preparando cada detalle, y recibiendo a los invitados que viajaron desde distintos lugares del mundo para acompañarnos. Como si el destino quisiera ponerme a prueba hasta los límites, las horas previas no fueron fáciles. Siempre he padecido de psoriasis, pero precisamente en esos días se me había esparcido por todo el cuerpo y tenía que untarme completo con cremas anestésicas para soportar la picazón.

Ese viernes en la noche aprovechando que estaba en Miami toda mi familia, incluidos mis hijos y nietos, hicimos la tradicional cena judía de shabbat. Compartimos como si nada pasara, y mientras los veía a todos reunidos en torno a la mesa, pensaba que nuestra familia se había construido al alero, o más bien a la sombra de *Sábado Gigante*. Y digo a la sombra haciendo un mea culpa por todas las horas que les había quitado a ellos para perseguir el éxito. Terminamos la sobremesa casi a la medianoche y decidí irme a descansar. El sábado era el gran día, el que nunca pensé que llegaría, el que no quería que llegara, pero que finalmente llegó. Me acosté satisfecho, pero algo me tenía incómodo.

Como a las dos de la mañana me desperté con un dolor de muelas que fue creciendo durante la madrugada. A las siete ya era intenso, insoportable, un dolor como pocas veces en mi vida había sentido. Para mala suerte de mi dentista, tenía su número de celular y lo llamé apenas asomaron los primeros rayos del sol. Lo desperté, le expliqué lo que me pasaba y me respondió: «Eso no es para mí. Tienes que ir a un especialista que te haga un tratamiento de conductos». A las ocho y media de la mañana estaba sentado en el sillón del doctor, con un lado de la cara adormecido por la anestesia, y con gran angustia y rebeldía pensando en por qué me estaba pasando esto en uno de los días más importantes de mi vida.

Me preocupaba la posibilidad de no estar en las mejores condiciones para la gran tarea que me esperaba. Mientras el dentista tenía sus dedos y parte de sus manos hurgueteando en mi boca, repasaba cada uno de los contenidos que en pocas horas más se transformarían en el último *Sábado Gigante*. Trataba de hacer un esfuerzo mental para autoconvencerme de que estaría bien, pero el médico me recordó que muchas de las emergencias dentales se gatillaban precisamente por fuertes emociones.

Con la cara hinchada llegué al mediodía a nuestras oficinas en Univisión, donde me esperaban periodistas de medios de comunicación de varios países para ser testigos de este momento histórico, a quienes por supuesto enfrenté con mi mejor sonrisa, aunque algo deforme. En el trayecto desde la consulta del dentista algo curioso comenzó a ocurrirme. A pesar de la soriasis, el dolor de muelas y la noche sin dormir, las incomodidades iban pasando, y me sentía con una fuerza especial, con una energía desbordante, con muchas ganas de vivir este día que había imaginado hasta en sus mínimos detalles.

Lo primero que hicimos fue reunirnos todo el equipo por última vez antes de salir al aire. Había preparado unas palabras para cada uno, y luego les entregamos una medalla que simbolizaba mi agradecimiento por los años de esfuerzo y dedicación.

Me sorprendió verlos a todos vestidos elegantemente, como si fueran a una fiesta, cuando en realidad se trataba de nuestro último día de trabajo. Entendí que para todos era un momento histórico, y sentían gran orgullo de ser parte de este glorioso equipo de «los gigantes».

Hoy pienso que, en el fondo, ni ellos ni yo queríamos fallar, y en esa reunión previa estábamos nerviosos, hablando más fuerte de lo habitual, con risas estridentes, los libretos se nos caían de las manos, y se nos olvidaban detalles importantes de la apretada pauta.

Tenía gran ansiedad por entrar al estudio y comenzar el programa dando «Gracias a la vida», tal como habíamos planificado, al compás de este hermoso «himno humanista» de la famosa cantautora chilena Violeta Parra. Era también una fecha con mucho significado para mi país, ya que el 18 y 19 de septiembre de cada año se celebran las fiestas patrias, en las que festejamos un nuevo aniversario de nuestra independencia. Por eso mis primeras palabras estuvieron dedicadas a Chile, ya que además tres días antes un fuerte terremoto, de magnitud 8.4, había azotado la zona centro-norte dejando víctimas fatales, heridos, destrucción, y generando un tsunami en toda la costa que añadió más daño y dolor.

Ese último *Sábado Gigante* quedará en mi memoria para siempre. Fue como alguna vez lo soñé. Sentados en la gradería estaban mis familiares, amigos, exjefes. A lo lejos se escuchaba el murmullo de las mil quinientas personas del público que esperaban vivir en un set especial construido en el estacionamiento de Univisión lo que sería este cierre histórico. Ellos estaban ahí representando a los millones que nos acompañaron en vivo todas las semanas en el estudio o desde sus hogares a través de la pantalla. Era nuestro homenaje simbólico a todos los que nos brindaron su aplauso y sintonía a lo largo de estos cincuenta y tres años.

Muchos me han preguntado si en ese momento sentía alguna emoción, y la verdad es que era una mezcla de miedo al futuro, incertidumbre y un profundo orgullo. Todo eso me daba una gran fuerza interior, como quien después de correr una maratón por años va a cruzar la meta para recibir el trofeo con el que ha soñado largo tiempo.

Gran significado tuvo también para mí la presencia en el estudio de los tres expresidentes de Univisión, César Conde, Ray Rodríguez y Joaquín Blaya, porque de alguna manera al haber aceptado sentarse a vivir esas tres horas finales de *Sábado Gigante*, reconocían que nuestro trabajo había sido importante para el desarrollo y crecimiento de la empresa.

En el caso de César Conde, su presencia tenía una connotación especial ya que, tal como he mencionado, era el presidente de Telemundo, competencia de Univisión. Y esa misma cadena, seguramente por sugerencia de él, en un hecho inédito en la televisión en español en Estados Unidos, hacía menos de un mes me había invitado a la prestigiosa entrega de los «Premios Tu Mundo 2015», donde me honraron con un reconocimiento por mi trayectoria, y me sorprendieron con un afectuoso mensaje de la presidenta de mi país, la señora Michelle Bachelet Jeria.

También estaba quien fuera por varias décadas el productor general del programa, Antonio Menchaca, y su esposa. Antonio fue artífice fundamental del éxito de *Sábado Gigante* en Chile y Estados Unidos y encabezó nuestro equipo con maestría y gran capacidad, y es responsable directo de muchos de los grandes éxitos que todos vivimos y disfrutamos.

Y para estar sentado al piano ese día viajó desde Chile el eterno maestro Valentín Trujillo, quien me había acompañado casi desde mis inicios hasta su retiro en diciembre de 2005. Quienes me conocen, y quizás el público también pudo notarlo, en mi animación hay un antes y un después tras la partida de Valentín. Nunca más pude encontrar quien pudiera tener esa extraordinaria capacidad de poner música a mis palabras como él lo hizo durante cuarenta y tres años.

Pocos saben que la mañana de ese último *Sábado Gigante*, Valentín sufrió una grave caída fracturándose seriamente la mano derecha, lo cual, en el caso de un pianista, pudo significar incluso el final de su carrera. Asumiendo el riesgo, quiso estar ese día tocando con una mano vendada y entablillada, y con calmantes para mitigar el dolor.

Mientras avanzaban los minutos la sensación de orgullo fue creciendo en mí y creo que en todos nosotros. Ese día la mezcla de contenidos característica de nuestro programa, con juegos, humor, música y entrevistas, estuvo cargada de símbolos, recuerdos, mensajes y emociones. Fueron poco más de tres horas inolvidables, y entre la gran cantidad de mensajes que recibimos, me queda sobre todo el recuerdo agradecido de las palabras con que nos honró el presidente de Estados Unidos Barack Obama y su esposa, la primera dama Michelle Obama:

(Presidente): «Hola amigos, y buenas noches. Don Francisco, felicitaciones por una carrera extraordinaria».

(Primera Dama): «Durante cincuenta y tres años *Sábado Gigante* ha estado presente en las salas de los hogares a través de Estados Unidos y ha sido parte importante de nuestra cultura».

(Presidente): «Por décadas usted ha ayudado a millones de personas en este país a valorar que la familia es lo primero».

(Primera Dama): «Para muchos norteamericanos las noches de los sábados no volverán a ser las mismas sin usted. Gracias, Don Francisco, por la alegría y el entretenimiento que nos ha regalado por tantos años. Lo vamos a extrañar».

(Presidente): «Buenas noches a todos».

Cuando me tocó anunciar la pausa final para ir a comerciales y regresar con el cierre del programa, por primera vez esa noche sentí que me flaqueaban las piernas y las rodillas temblaban. Recuerdo que dije con algo de nerviosismo: «Amigos, vamos a comerciales para iniciar el último segmento de esta larga historia». Durante los cuatro minutos que duró la tanda comercial, aunque estaba rodeado de todo el equipo sobre el set principal, sentía que estaba como en una burbuja, en diálogo profundo conmigo mismo, y con mi mente enfocada en la gran responsabilidad que tendría en segundos, al despedir como se merecía esta exitosa maratón televisiva. Estaba en la cuenta regresiva de mis 2756 semanas frente al público con *Sábado Gigante*. En el minuto final de más de once mil horas de mi vida dedicado casi con porfía a perseguir este sueño.

En los días previos preparé con mucha dedicación lo que serían mis palabras para este histórico cierre. Quería simbolizar este momento con una caja, al igual que lo hice en 2002 en la celebración de los cuarenta años del programa, donde en ese entonces había guardado los recuerdos de mis cuatro primeras décadas en televisión. Ahí quedaron el primero y el último libreto, recuerdos de la celebración y varias fotografías.

A esa caja le puse una cinta y la cerré diciendo que estos cuarenta años ya me pertenecían y eran parte de una historia que nadie podría arrebatarme. Además, invité a los presentes a que me acompañaran en los siguiente diez años, para los cuales tendría otra caja, a la que no le pondría la tapa. En 2012, al cumplir las cinco décadas de *Sábado Gigante*, cumplí mi promesa: una segunda caja donde guardé algunos símbolos de nuestra historia, y que esta vez quedaría abierta, porque algún día alguien, o yo mismo, se encargaría de cerrarla.

Ese 19 de septiembre de 2015 era el día y la hora para hacerlo. Pedí perdón al público por todos los errores que pude haber cometido. Agradecí a mi familia, a Univisión y Canal 13 de Chile que me habían permitido su pantalla para comunicarme con el público por tan largo tiempo. Con todo el equipo rodeándome, comenzaron a sonar los acordes del tema «Hasta Siempre» que habían producido para este gran momento mis buenos y generosos amigos Gloria y Emilio Estefan.

Eran poco antes de las once de la noche cuando bajamos juntos del set musical y comenzamos a caminar hacia la salida. Ya no me picaba el cuerpo, nada me dolía, ni sentía la cara hinchada. Es más, tenía una gran paz y una profunda alegría. Escuchaba a lo lejos los aplausos y la hermosa voz de Gloria Estefan cantando: «*Siempre hay un principio, siempre hay un final... Cuando el tiempo pasa, ya no volverá... Las historias, los momentos imborrables... Emociones que por siempre existirán... Abrazarte, agradecerte, y decirte frente a frente... Porque habrá un* Sábado Gigante... *Hasta Siempre*».

Mientras avanzábamos por la escalera entre los presentes, recuerdo que besé a mi esposa, a mi familia, y también me despedí de algunos de los invitados. Salimos del estudio tal como habíamos imaginado, con la frente muy en alto y orgullosos. Atravesamos por el medio de la galería especial que se construyó para el público en el estacionamiento de Univisión. Entre ellos habíamos regalado durante el programa tres automóviles, como premio y homenaje a la gente que nos brindó su aplauso, su preferencia y su compañía.

La afectuosa reacción que mostraban mientras caminábamos era genuina, hermosa, emocionante. Algunos se abalanzaban sobre mí, me besaban, abrazaban, palmoteaban mi espalda, me gritaban con cariño, y otros simplemente nos miraban con lágrimas en los ojos. También algunos de mis compañeros avanzaban abrazados y llorando. Yo recibía todo eso como si fuera un sueño, y mientras caminaba sentía como si estuviera suspendido en el aire y que una suave brisa me empujaba entre la gente.

Finalmente subimos al bus. No era la carreta de Tobías, el lechero, y tampoco estaba tapizado de imágenes del programa, como lo había pedido, pero de alguna manera se pudo representar lo que buscaba y partíamos todos hacia lo desconocido. Una vez adentro, se desató una gran explosión de alegría, una catarsis de desahogo, y en medio de los abrazos y las fotos se destaparon un par de botellas de champagne.

Mientras, en la sala de control, nuestro director Vicente Riesgo se negaba a bajar la palanca, en lo que se llama en televisión *fade out*, marcando el fin definitivo de *Sábado Gigante*, como lo había hecho en más de mil quinientos capítulos anteriores. Según nos contaron después, había varios ejecutivos de la cadena en ese lugar contemplando nerviosos lo que ocurría. Finalmente, Vicente pidió a su director técnico que hiciera la cuenta regresiva y diera por terminada la transmisión, luego de lo cual se produjo un profundo silencio, que fue roto con los abrazos emocionados de todos los presentes.

Nuestro programa había marcado para siempre la historia de la televisión en Chile y en Estados Unidos. Canal 13 de la Universidad Católica y luego Univisión se habían convertido en importantes medios de comunicación en gran parte gracias al aporte de *Sábado Gigante*. Dejamos una huella profunda en los corazones de muchas familias por generaciones. Pudimos representarlos, entretenerlos, informarlos, y cuando fue necesario, también defenderlos. Y lo más importante: siempre los tratamos con respeto y dignidad. No habríamos llegado nunca tan lejos si nos hubiéramos alejado de la gente. No me importaba ni siquiera la ausencia de los altos ejecutivos de la compañía, porque estábamos junto a los que siempre nos habían acompañado.

Mientras a bordo del bus se vivía una verdadera fiesta, dábamos vueltas sin rumbo por las calles en torno a los estudios.

Al regresar, Univisión había organizado un cóctel en el que Alberto Ciurana dijo unas breves palabras, y nos regaló a Cuco Arias y a mí un bolígrafo. Lo que realmente me molestó y consideré una falta de delicadeza es que al mismo tiempo que se nos despedía, en las pantallas del salón se mostraban imágenes de *Sabadazo*, programa hecho en Televisa, México, que se anunciaba como nuestro sucesor en el mismo horario. El destino quiso que ese programa se mantuviera pocos meses en el aire, porque no tuvo la aceptación esperada del público en Estados Unidos.

En un momento del evento, se me acercó César Conde y me dijo casi susurrando al oído: «Felicitaciones, don Mario, en enero voy a conversar con usted». Lo escuché, pero con la euforia del momento, creo que solo atiné a darle las gracias. La frase me quedó guardada como para digerirla después que todo terminara.

El cóctel siguió con una animada fiesta en la que todos bailaron y celebraron. Tratando de disimular, decidimos junto a mi esposa Temy comenzar a retirarnos. Le pedí que me acompañara para cambiarme y sacarme el maquillaje, para lo cual debimos atravesar el estudio de *Sábado Gigante*. En otro gesto que me pareció también innecesario, un grupo de trabajadores estaba destruyendo a martillazos nuestra escenografía, lo cual interpreté casi como un símbolo de todo lo que habíamos vivido en los últimos meses. Se me acercaron mis compañeros a manifestarme su molestia por como estaban desarmando el set, pero les pedí que lo tomaran con calma, porque para mí ya nada de eso tenía relevancia.

Era la última vez que entraba al camarín donde por tres décadas elegí mi vestuario, y me preparé para grabar o salir en vivo al aire. Mientras María Lok, a quien cariñosamente le decimos «La China», me sacaba el maquillaje le pedí que por favor, una vez que todos salieran, recuperara el viejo sofá que estuvo ahí desde nuestros inicios en Estados Unidos.

Un mueble de cuero café oscuro, rasgado por los años y el uso, pero que tenía para mí una importancia especial porque originalmente estaba en la entrada de la oficina de Joaquín Blaya, ejecutivo de la estación local de la cadena SIN (precursora de Univisión), y el primero que creyó en nuestro proyecto de hacer *Sábado Gigante* en Estados Unidos en 1986.

Fue en ese sofá donde me senté hace treinta y tres años por largas horas a esperar que Joaquín me recibiera para mostrarle videos y tratar de convencerlo de que nos diera la oportunidad de exportar el programa desde Chile y probarlo en Miami. Hasta hoy la China guarda celosamente en su casa la histórica reliquia, a la espera de saber, como todos nosotros, cuál será su próximo destino.

Mientras Antoine Mari, nuestro peluquero, y María iban sacando y ordenando las cosas del camarín, mi señora me observaba en silencio. La adrenalina comenzaba a bajar y eso hacía que mis movimientos se volvieran más lentos que lo habitual. Me desvestí con especial cuidado, porque había decidido que todo lo que usé ese día en el programa se convertiría en otro recuerdo y símbolo de este histórico 19 de septiembre del 2015.

La señora Gloria Rodríguez, que se encargó de cuidar mi vestuario todos esos años, guardó cuidadosamente en una bolsa la camisa blanca, la corbata y el pañuelo rojo, el traje, los zapatos y el cinturón negro. Conduje contento a mi casa, y esa noche dormí mejor que nunca. Había cerrado como soñé el ciclo histórico de *Sábado Gigante*. Nada más me podía importar.

Al sábado siguiente, en algún momento del día Temy me dijo: «Marito, no te acuerdas qué día es hoy...?». Sinceramente pensé que había olvidado algún cumpleaños o aniversario importante. Le respondí que en realidad no tenía idea de lo que pasaba en esa fecha. Ella me dijo entonces: «¿Te das cuenta de que es tu primer sábado sin el programa...? ¿No lo echas de menos...?».

La verdad, como le dije a ella ese día y lo repito hasta hoy, no lo extraño, porque aprendí que en la vida hay que saber cerrar círculos. Yo había cerrado el círculo de *Sábado Gigante* la noche del 19 de septiembre de 2015.

Nunca he visto ese capítulo final, y creo que ya no lo voy a ver, porque ese día, tal como le había prometido a mis compañeros y a mi familia, con la cinta del orgullo por un buen trabajo y una historia construida por muchos, cerré definitivamente la caja donde se guardó para siempre todo lo vivido con nuestro querido programa.

Capítulo 12

NUEVA OPORTUNIDAD

La noche del 19 de septiembre de 2015, después de cincuenta y tres años, cerré el ciclo más importante de mi vida laboral. Lo que relato hoy con la mirada del tiempo, siento como si jamás hubiera ocurrido. Es como si en ese instante me hubiera envuelto una nube de polvo que me transportó y con la misma velocidad se esfumó. He logrado reconstruir parte de lo que ocurrió ese día con lo que me han contado los que estaban ahí y los vagos recuerdos e imágenes que se me quedaron en la memoria.

Pasaron varios días antes de que fueran asomando con nitidez los sonidos y las imágenes de los aplausos, los abrazos, apretones de mano, el beso especial y agradecido a mi esposa Temy, el guiño a mis hijos y nietos, y una voz que me había susurrado al oído en medio de la fiesta: «Felicitaciones, don Mario, en enero voy a conversar con usted».

Tal como dije antes, sé que mi mente escuchó esa frase, pero yo iba como suspendido en el aire camino a la catarsis de la celebración organizada por la empresa, y muchas emociones difíciles de definir se cruzaban por mi cabeza.

Durante la primera semana mi mente se mantuvo ocupada con los ecos del impacto mediático que desató en el mundo el cierre de la historia de *Sábado Gigante*, atendiendo entrevistas y respondiendo mensajes y llamados. A la semana siguiente me trasladé a Chile para unirme de lleno a una intensa agenda orientada a la convocatoria de nuestra Teletón 2015. La campaña tuvo gran éxito, y logramos una vez más, con la solidaridad de todo el país, superar ampliamente la meta y reunir más de cincuenta millones de dólares.

Pese al éxito obtenido, a las pocas horas de terminado el evento comencé a sentir una creciente y profunda angustia. Me preguntaba con insistencia qué hacer, cómo seguir. Las noches se volvieron interminables, y el insomnio consumía parte de mi energía. Me daba vueltas como trompo en la cama, y recorría una y otra vez mi vida de principio a fin.

Recordaba esa frase susurrada al oído por César Conde, presidente de NBC Telemundo, en medio de los aplausos y la euforia al cerrar *Sábado Gigante*: «...en enero voy a conversar con usted». ¿Me convendrá regresar a la televisión? ¿Será este el momento de parar? Si decido no seguir, ¿qué pasará con el equipo? ¿Es justo que después de tantos años los abandone? Estas preocupaciones y una porfiada psoriasis que me tenía de nuevo con una desesperante picazón en todo el cuerpo me estaban agotando las fuerzas y la paciencia.

Tal como me lo había anunciado, en enero llegó el esperado llamado de César Conde para reunirnos. Entonces la vorágine de mis interrogantes cambió de dirección. ¿Cuál será el ofrecimiento? ¿Qué será lo que me quieren proponer? Lo único que tenía claro es que cualquiera fuera el proyecto que Telemundo tuviera en mente conmigo, sería menor a todo lo que habíamos logrado con *Sábado Gigante*. Este simple ejercicio mental me servía también para bajar mis expectativas sobre esta reunión y enfocarme con realismo en lo que el futuro me tuviera preparado.

Llegó el día y encontré a César inyectado de optimismo: «Don Mario, le ofrezco hacer los domingos a las diez de la noche un programa de conversación... Mejor dicho, le ofrezco hacer un gran programa llamado *Don Francisco te invita*». De inmediato la idea me hizo sentido. No se demoró más de diez segundos en convencerme.

Mientras César hablaba, pensaba que el prestigio de *Sábado Gigante* y la oportunidad que le habíamos dado a tantos artistas famosos, sumado a la experiencia de nuestro equipo, nos garantizaban una buena plataforma para el éxito. Teníamos contactos al más alto nivel con personalidades del mundo del espectáculo y la política, que seguramente atenderían de inmediato nuestro llamado. Como dicen en la hípica, esta parecía una «carrera corrida».

Tuve que contenerme para no saltar sobre él diciéndole «acepto». En cambio, de manera caballerosa le agradecí la oferta y muy civilizadamente nos dimos la mano sellando el inicio de un acuerdo.

Mi primera decepción ocurrió al firmar el contrato. Ni parecido al que soñaba, y menos al que esperaba. Esta fue la primera alerta que me indicaba que la televisión estaba acelerando su proceso de cambio, y profundizando la crisis. Además, y tal vez lo más difícil de aceptar, yo ya no era el mismo, y a los ojos de la industria estaba comenzando a perder importancia y valor.

Sin saber si estaba haciendo lo correcto, acepté las condiciones. Por otro lado, entendía que mis opciones no eran muchas y como siempre en circunstancias similares, pensé que si lograba ser exitoso una vez más, todo volvería a su nivel.

Al día siguiente me presentaron en una reunión a todos los ejecutivos de Telemundo, y la experiencia de cinco décadas haciendo entrevistas me permitió leer con bastante precisión y realismo el lenguaje corporal de algunos de los presentes. Sus miradas expresaban con claridad lo que sentían. Imaginaba que en sus mentes se estaban preguntando: «A quién se le pudo ocurrir contratar a este viejo de setenta y cinco años, qué aporte puede hacernos». Estaba en esas cavilaciones cuando el presidente de la cadena Telemundo, Luis Silberwasser, tomó la palabra: «Sabemos que usted, Don Francisco, es muy exitoso. Pero aquí no queremos nada que se parezca a *Sábado Gigante*».

En ese momento pensé: «Comenzamos muy mal. La marca *Sábado Gigante* es mi mayor orgullo y tiene cinco décadas de éxitos sin precedentes en la historia de la televisión». Aunque jamás pensé que era una opción hacer de nuevo el programa, por el tiempo que nos demoraríamos en retomar el nivel de producción que teníamos, la experiencia y el estilo con que el público me conocía por tantos años tenían que estar presentes en cualquier proyecto que iniciáramos.

Me quedé callado y me tragué lo que pensaba mientras mis colegas hacían esfuerzos por explicar nuestra propuesta, que de alguna manera se basaba en todo lo que habíamos aprendido en las décadas anteriores. Por otra parte, esos mismos ejecutivos expresaban su confianza en nosotros y nos pedían realizar tres programas de una hora cada uno, que ocuparan la franja de tres horas los domingos entre las ocho y las once de la noche. Nos sentíamos perfectamente capaces de enfrentar el reto.

Presentamos un proyecto que en el papel parecía totalmente lógico. Diseñamos una escenografía modular, muy moderna y tecnológica, que, con pequeños cambios que no requerían mayor inversión, podía adaptarse a distintas necesidades. Trabajaríamos los tres programas con el mismo equipo, distribuyendo las tareas semanales de *Don Francisco te invita* y las grabaciones de un programa con niños que llamaríamos *Siempre niños* y uno de talento para adultos que nombramos *La gran oportunidad*.

Al proyecto se le dio luz verde después de un intrincado proceso burocrático que demoró varias semanas. Fue realmente emocionante ver que el equipo regresaba casi completo para integrarse con entusiasmo a esta nueva oportunidad, pese a la poca estabilidad que podíamos ofrecer. Muchos de ellos ya tenían otros trabajos y no dudaron en dejarlos y acudir al llamado. Traté de ser muy objetivo al explicar que la única garantía que podíamos ofrecer en esta etapa era un año de trabajo dedicado a probar una fórmula que para mí también estaba llena de incertidumbre.

Al llegar a esta nueva empresa tuvimos que adaptarnos a otra realidad, comenzando desde cero, respaldados solo por la experiencia y una gran historia. Cada avance fue difícil, pero siempre estuvimos dispuestos a superar todas las dificultades con el objetivo de dar continuidad a nuestro principal proyecto laboral y vocación de vida: la televisión. Debo reconocer que la cadena nos dio todos los recursos y el apoyo para desarrollar nuestro plan de trabajo, y estoy seguro de que supimos responder profesionalmente y con toda nuestra energía para el estreno de esta nueva oportunidad que comenzó el 9 de octubre de 2016.

Telemundo programó a las nueve de la noche, previo a nuestro horario, la serie *Hasta que te conocí*, que mostraba un recorrido por los sesenta años de la exitosa vida de Juan Gabriel. Se dio la trágica coincidencia de que *El divo de Juárez* falleciera repentinamente de un infarto el 28 de agosto en Santa Mónica, California, pocas semanas antes de nuestro debut. Como era lógico de suponer, por el merecido afecto, respeto y devoción que el público siempre le brindó a este gran artista, la serie tuvo un éxito sin precedentes, lo cual sin duda impactó positivamente el rating de nuestras primeras siete semanas al aire.

Los números que teníamos superaban por primera vez en ese horario a la competencia, y todos celebrábamos el triunfo, aunque sabíamos que esta no era una carrera de cien metros, sino una maratón que recién comenzaba. De igual manera, ante los resultados de audiencia, nos felicitábamos mutuamente y nos repetíamos con algo de arrogancia: «somos los mejores».

Pero todo cambió una vez que terminó la serie dedicada a Juan Gabriel. En diciembre los números comenzaron a bajar, y nos volvimos vulnerables. Aunque seguíamos duplicando lo que antes tenía Telemundo en ese horario, débilmente lográbamos cifras que estuvieran a la altura de las proyecciones.

Si bien el 2017 fuimos muy eficientes en ajustarnos al proyecto, ninguno de los programas alcanzó el éxito que la empresa y nosotros esperábamos. En retrospectiva, pienso que nos comprometimos por sobre nuestras capacidades y las posibilidades que observábamos. Estábamos muy ansiosos por salir al aire, y aprobamos fechas y plazos que afectaron los necesarios procesos de producción.

Hoy también creo que dividir un equipo para realizar tres proyectos diferentes genera una suerte de competencia interna que no beneficia los resultados. Y tampoco calculamos bien lo que significaba en términos prácticos tener un grupo trabajando para cincuenta y dos semanas, y una subdivisión de ese mismo grupo para realizar en el mismo periodo dos ciclos de programas de trece semanas. La idea era mantener a buenos productores todo el tiempo, sin tener que liberarlos una vez terminado cada proyecto. En el papel la idea parecía viable, pero en la realidad no pudo sostenerse.

Podría enumerar varias otras dificultades como por ejemplo el que nunca habíamos trabajado para otros conductores y no nos dimos el tiempo de estudiarlos bien y adaptar los contenidos al estilo y talentos específicos de cada uno. Tampoco medimos las exigencias legales que tenía Telemundo para este tipo de contenidos y competencias, que eran muy diferentes a lo que conocíamos. Sabíamos muy bien hacer programas de larga duración, pero no teníamos experiencia en la realización de tres producciones al mismo tiempo, de características muy diferentes cada una.

Explicaciones puede haber muchas, pero aprendí desde mis comienzos en televisión una frase que no me pertenece, pero que subscribo totalmente, y que se la decíamos en los primeros años del programa a los productores que fallaban en algo que se les pedía, y que para justificarse comenzaban a relatar todas las dificultades que tuvieron para cumplir con la tarea. Ese era el instante en que Antonio Menchaca, productor general, los miraba seriamente y les decía: «Aquí no se televisan explicaciones».

Creo siempre que la mejor receta es tener un profundo sentido de autocrítica. Soy descarnado en mis análisis de los errores cometidos, y poco eufórico en celebrar los triunfos. Principalmente porque siento que «la soberbia del éxito dura hasta el siguiente fracaso».

Al parecer los agoreros tenían razón, y yo estaba seguro de que quienes confiaron en nosotros y nos llevaron a esta nueva oportunidad comenzaban a inquietarse. Aunque no me lo demostraban ni me lo decían, imagino que estaban pensando que la marca Don Francisco y su equipo ya no eran suficiente garantía para conseguir el éxito. Por otro lado, me imaginaba que, en la nueva realidad económica de esta industria, la empresa no podía distraer recursos en un experimento como el que nosotros estábamos intentando.

De a poco me fui dando cuenta de que habíamos equivocado el camino, y lo que estábamos haciendo no era lo que el público esperaba de mí. Además, nada de lo que pensábamos que ocurriría con los grandes artistas y personalidades hispanas cuando los llamábamos para invitarlos se dio en la realidad, y aunque nos visitaron importantes figuras, nunca pudimos alcanzar aquellas estrellas que imaginamos. Quisimos hacer una gran sopa, pero no conseguimos los ingredientes necesarios. Como alguna vez le dije con un descarnado realismo a un colega que me pidió un consejo para triunfar en televisión: «En este trabajo no hay amigos... El único amigo de verdad es el éxito».

En ese momento enfrenté al equipo y le expresé claramente mis sensaciones. Consideraba urgente hacer algo distinto, un cambio total. El público no estaba reaccionando a lo que hacíamos, y tampoco yo estaba respondiendo como siempre lo hice.

En todo hay una primera vez, y en mi caso esta fue la ocasión. Sentí que mis compañeros no estuvieron de acuerdo con mi diagnóstico y mucho menos estuvieron dispuestos a respaldar mi creatividad. Era algo inédito que me produjo una sensación de gran inquietud e inseguridad. Otra vez las noches pasaron a ser largas y se me desató una nueva batalla interna, aunque ahora con un componente adicional, ya que no estaba seguro de cómo debía enfrentar la reacción del equipo.

Pensaba que quizás tenían razón y yo no estaba en condiciones de responder adecuadamente a lo que proponía hacer, que en definitiva era salirnos de las entrevistas y dedicarnos más al juego y al entretenimiento en los que el público fuera el protagonista y tuviera incluso la posibilidad de llevarse cada semana grandes premios. Esto, por supuesto, matizado con artistas y segmentos de entrevistas humanas, como siempre lo hicimos.

Para mí no tenía mucho sentido discutir y presionar, porque, aunque tuviera la razón, sabía que a esas alturas tendría que ser por un corto periodo. Como dice la canción del compositor cubano Pablo Milanés: «El tiempo pasa, nos vamos poniendo viejos...»

Esta lucha diaria, constante, tenía una respuesta inequívoca semanal: los ratings. En promedio estaban por debajo de la competencia. Traté de imponer cambios menores en los contenidos, lo cual sin duda no fue suficiente. Además, tuvimos el agravante de que los programas que se estrenaron en el horario previo al nuestro no fueron muy exitosos, lo cual hizo aún más difícil remontar las cifras.

Pedimos reiteradamente a Telemundo estudios y encuestas que nos revelaran más detalles de lo que estaba ocurriendo, y la respuesta siempre fue la misma: «Todo está muy bien con ustedes, el programa tiene muy buena imagen y reconocimiento en la gente». La tecnología esta vez quedó en deuda conmigo y el equipo, porque no supo ayudarnos a marcar el camino, y nuestras percepciones no fueron suficientes para cambiar el rumbo.

Al año de estar al aire la cadena me propuso pasar el programa al mismo horario, pero el día sábado, y extenderlo a dos horas. Me negué de inmediato a la idea por una simple razón: había sido el rey de los sábados por más de medio siglo, y no estaba en mis planes regresar de comparsa en una franja que era la menos rentable e importante de la semana. En ese momento me di cuenta de que estábamos en el principio del fin de esta nueva oportunidad en Telemundo, y que mi idea de construir una franquicia para transferirla a otros animadores comenzaba a diluirse en el horizonte. Y como soy realista, entendí también que este sería el final de mi carrera en televisión, aunque mi subconsciente y mi consciente no quisieran aceptarlo.

Seguían pasando las semanas y mi lucha interna se estaba haciendo cada vez más pesada, hasta que la cadena me hizo un nuevo ofrecimiento: cambiar el programa para el horario de las siete de la tarde los domingos. Fue muy fácil decir inmediatamente que no, porque sabía que era un horario mucho más débil en rating y por lo tanto con menos posibilidades de recursos. Todo esto ocurría mientras los ejecutivos aseguraban que mi contrato se cumpliría según lo acordado, hasta diciembre de 2018.

En medio de todo esto, llegó al área de programación y contenidos de Telemundo un nuevo ejecutivo, conocido de todos nosotros, con quien compartimos por décadas en Univisión: Francisco «Cisco» Suárez. En mayo de 2018, Cisco nos invitó a una reunión en las nuevas y modernas oficinas de la compañía en la ciudad de Doral, para conversar de nuestro trabajo y de nuevos proyectos. Nos preparamos profesionalmente con una elegante presentación de nuestras ideas, y antes de entrar en materia hicimos gratos recuerdos de los tiempos que vivimos juntos, con algunas infaltables y sabrosas anécdotas.

Una vez que comenzamos con nuestra exposición, Cisco decidió convocar a la reunión a una ejecutiva responsable de finanzas para analizar las posibilidades económicas de nuestras propuestas. La sorpresa de todos fue grande, incluido del propio Cisco (o al menos eso fue lo que reflejó su rostro), cuando mirando sus tablas llenas de números, ella señaló que sería muy difícil la realización de cualquier nuevo proyecto, porque para nosotros solo había presupuestos aprobados hasta agosto de ese año. Cuco Arias, nuestro productor ejecutivo, mostró de inmediato su incomodidad, ya que esa información era totalmente diferente a la que él manejaba con el propio departamento de finanzas.

En este punto, por supuesto, la reunión cambió de rumbo. No tener presupuestos aprobados solo podía significar una cosa: esta segunda oportunidad en Telemundo llegaba a su fin, y lo único que nos quedaba era preguntar con qué recursos contaríamos para los programas finales. Sin duda no fue la mejor manera de enterarnos, pero nos despedimos caballerosamente de Cisco, quien nos miraba desconcertado, y salimos del edificio con un profundo sabor a derrota.

Cerrar esta etapa no fue nada fácil. Nos dieron cuarenta y cinco días para realizar tres meses de programas, nos rebajaron el presupuesto, y el 9 de diciembre a las once de la noche despedimos el ciclo de ciento diez ediciones de *Don Francisco te invita* dando gracias al público, a la cadena Telemundo y al equipo que lealmente se había reconstruido para este nuevo desafío.

La compañía nos ofreció un bonito cóctel de agradecimiento, asegurándonos que para ellos siempre habíamos sido exitosos, y que estaban muy conformes con nuestro trabajo. El presidente César Conde vino en persona a decirnos unas palabras. En los rostros de este fiel equipo había emoción y algo de frustración.

Nadie se atrevió en ese momento a decir la verdadera razón del término de este ciclo en Telemundo. Yo agradecí las amables palabras y los gestos que tuvieron con nosotros, pero debo ser sincero: no les creí ni en ese momento ni ahora. Estoy convencido de que esperaban más de nosotros, y no supimos cumplir con esas expectativas. En vez de correr la maratón que habíamos planificado, solo avanzamos unos pocos metros, y con obstáculos.

Con mi realismo autoflagelante, pienso que para entender lo que vivimos en esta etapa hay que revisar en detalle los errores y atenuantes. Entre estos últimos, debo destacar el desorden interno de Telemundo, donde siempre vimos poca claridad en las decisiones de los ejecutivos a cargo de programación y contenidos. En esa área había constantes reestructuraciones y en tres años vimos un desfile de jefes que iban y venían. Con todos tuvimos la mejor relación, pero nunca supimos exactamente cuál era el plan que tenían diseñado para nosotros.

Otro atenuante sin duda es la crisis de la televisión en el mundo, con la irrupción de los contenidos digitales y la diversidad de plataformas que compiten por captar la atención de los mismos públicos. El impacto en la industria de la televisión abierta es generalizado y obliga a las empresas a reducir dramáticamente sus costos de producción y operación, y a generar sociedades para poder financiar sus proyectos. Nuestro formato estaba basado en un alto grado de producción para cada minuto que se pone al aire, lo cual lo hizo cada vez más insostenible en los nuevos tiempos de la industria. Los costos y los resultados de rating no estuvieron de nuestro lado.

Creo justo señalar también cuáles fueron nuestros errores. Sobreestimarnos y enfrentar con poca modestia esta nueva oportunidad fue nuestra principal falla. Esto además empañó nuestra visión y no nos permitió leer con claridad lo que el público esperaba de nosotros, y de paso debilitó el liderazgo que yo debía ejercer. El innegable paso del tiempo me impidió en lo personal darme cuenta hasta cuándo y hasta dónde podía y debía hacer lo que estaba haciendo. Dedicaba mucho tiempo a observar lo que pasaba a mi alrededor y me negaba a mirarme a mí mismo.

El tiempo ha transcurrido y tuvimos que volver a nuestra esencia. Es decir, reinventarnos y comenzar de nuevo. Trato de adaptarme a los tiempos, a las necesidades de la industria, buscando oportunidades adecuadas a mi calendario. Nuestra oficina en el centro de Miami parece un aeropuerto «lleno de pilotos» (como se llama en televisión a las propuestas de programas), un viejo chiste que solo puede ser entendido por productores en situación de retiro como nosotros.

Gran parte del equipo, muchos de ellos jóvenes y muy buenos profesionales, está trabajando y construyendo su propio futuro en diferentes proyectos relacionados con esta nueva y difícil época que vive la televisión, incluso varios de ellos reubicados en distintas áreas de Telemundo. Seguimos en contacto a través de la tecnología, con un chat de WhatsApp que llamamos «Gigantes de siempre», aunque principalmente permanecemos conectados desde el alma, porque aún vibramos con el orgullo de la historia que construimos juntos a través del tiempo.

Es difícil romper un vínculo personal que se ha establecido a lo largo de varias décadas de entregarnos a diario y con pasión a una tarea que sin duda transformó nuestras vidas. Para nosotros esto nunca fue un trabajo, y todos los días nos llevábamos bajo el brazo a nuestras casas un pedacito de nuestros errores, pero también del afecto mutuo y los aplausos.

Y aquí me encuentro, con ganas de vivir, preparando nuevos proyectos y sueños y siempre destinando parte importante de mi tiempo en nuestra Teletón chilena, que requiere de una especial dedicación en esta etapa de recambio generacional.

Debo reconocer lo difícil que es bajar los brazos luego de casi sesenta años vividos «a concho» (como se dice en mi país).

No es fácil reconocer que ya no soy el mismo y que he perdido capacidades. Confieso que al terminar esta nueva oportunidad en Telemundo, estaba lleno de ideas para continuar frente a la pantalla como si nada hubiera pasado. Pero igual que en el amor, el tiempo ha sido el mejor calmante.

Estoy convencido de que es el momento de dar por concluida mi loca carrera hacia el éxito y el aplauso, y dedicar más tiempo a mi esposa, a mi familia y a mí mismo. No debo continuar haciendo lo que siempre hice, y tengo que buscarme alternativas para seguir comunicando a otros lo que siento y he vivido.

Esto último porque, de acuerdo a la forma que sea más adecuada a mi cronología, necesito compartir mis aprendizajes en charlas, conferencias, a través de programas especiales, internet, Facebook live o cualquiera de las plataformas que nos ofrece el amplio abanico comunicacional del mundo moderno.

Quiero vivir esta etapa, que en definitiva también es una nueva oportunidad, dignamente y siendo realista con mis capacidades físicas e intelectuales, y disfrutar del mundo que me rodea, especialmente de los más cercanos, por el tiempo que la vida me lo permita.

Mientras reviso el relato de este capítulo, noto que me extendí más allá de lo que pensaba en detalles técnicos de lo vivido en esta nueva oportunidad, que pudieran resultar distantes para alguien que no pertenece al mundo de las comunicaciones. Sin embargo, al meditarlo, creo que esta experiencia es válida para cualquiera, sin importar la actividad que realice.

Porque aprendí que los errores enseñan, que la modestia permite enfrentar siempre nuevos retos para reinventarse cuantas veces sea necesario, y que la autocrítica descarnada es fundamental para avanzar. De no aplicar estas reflexiones, no habría llegado hasta aquí, y lo más importante, no hubiera podido escribirles este libro.

Capítulo 13

LA FAMILIA

Proteger a mi familia de los sabores y sinsabores de la popularidad en más de medio siglo de exposición mediática ha sido una de mis preocupaciones permanentes, aunque debo decir con la perspectiva del tiempo, que ha sido prácticamente imposible impermeabilizar esa intimidad en los momentos más públicos de mi carrera. Los éxitos, fracasos, demandas, mentiras, falsas acusaciones, insultos, grandes reconocimientos y emocionantes triunfos sin duda afectaron a mi entorno más cercano tanto en lo positivo como en lo negativo.

Sería imposible escribir este libro sin dedicarle un espacio a mi familia, a la que considero el pilar fundamental de mi vida y mi carrera, y que siempre he defendido como el núcleo natural, universal y fundamental de la sociedad. Estoy convencido de que la semilla de todo lo que la vida me ha regalado en estos años se plantó y germinó junto a mis seres más queridos. Me declaro sin ambigüedades un hombre de familia.

Poco habría podido avanzar en la vida sin el afecto y apoyo incondicional de mis hijos Patricio, Viviana y Francisco, y la presencia constante y minuciosamente dedicada de mi esposa Temy, con quien hemos construido la familia en paralelo con mi carrera. Estos cincuenta y ocho años juntos los comparo con una travesía en velero cruzando el océano: con días soleados, otros nublados, algunos muy amenazantes, y unos pocos enfrentando fuertes tormentas, incluido uno que otro huracán categoría cuatro o cinco (los más intensos).

En algunos momentos de la navegación, podría decir que el velero de nuestra familia ha estado a un paso de naufragar, sin embargo, el amor, la voluntad y el esfuerzo, sobre todo de Temy, han logrado mantenernos a flote. A esta altura podemos decir que las aguas están calmas, el sol brilla, nos impulsa una suave brisa y no hay nubes en el horizonte.

Nos conocimos a los dieciséis años siendo adolescentes, y a los veintidós decidimos casarnos. Eran tiempos muy diferentes, y crecimos en una sociedad en la que el machismo equivocadamente guiaba muchas de nuestras conductas. Temy dejó sus estudios universitarios de química y farmacia para dedicarse de lleno al hogar, a construir una familia y criar a nuestros hijos. Yo había regresado recién de Nueva York, Estados Unidos, hasta donde fui enviado por mi padre para estudiar Técnico Modelista en Confecciones, y colaborar en la fábrica de ropa que él tenía en Santiago. Lo que traje de este viaje, más que un título, fue una maleta llena de sueños e ilusiones.

Entonces no lo tenía claro, pero con el tiempo reconozco que a los veintidós años yo era un adolescente, y mi esposa una mujer muy madura y preparada para enfrentar la vida y sus responsabilidades. Las nuevas generaciones, en comparación a lo que ocurría en los sesenta, enfrentan la vida de una manera muy diferente, y para los jóvenes actuales casarse ya no es una prioridad. En muchos de los casos viven juntos, haciendo vida de pareja, sin un compromiso formal, mientras cada uno de manera independiente busca su propio desarrollo personal.

Si regresamos a mi metáfora de una travesía en velero cruzando el océano, pienso que hoy es más probable que a la primera tormenta cada uno tome su salvavidas y busque su propia forma de salvarse, aunque eso implique muchas veces nadar en sentidos opuestos.

En nuestro caso comenzamos prácticamente de cero, apoyados solo por el sueño de formar juntos una familia y convertirnos en padres, aun cuando teníamos claro que ambas cosas no sabíamos muy bien cómo hacerlas. Cometimos muchos errores, pero las equivocaciones y fracasos se convirtieron al final en importantes lecciones de vida.

Abrirnos paso como pareja de recién casados no fue tarea fácil. Diría que más bien estresante, sobre todo el primer año. Vivir la alegría y el temor ante la llegada del primer hijo. Entender y aceptar que las libertades de un hombre soltero no se condicen con una vida responsable de jefe de hogar. En paralelo, además, iniciaba mi carrera de animador con etapas de grandes euforias y depresiones, en un complejo proceso de aprendizaje de esta nueva actividad que envolvía reconocimiento, aplausos, grandes triunfos y estrepitosas derrotas.

Este carrusel de sensaciones nuevas lo pude digerir con más tranquilidad gracias a la compañía y sabiduría de Temy, quien además nunca quiso competir conmigo y comprendió desde un comienzo que la mejor manera de sortear las dificultades era complementándonos. Mi convicción y confianza en la familia es fruto de la experiencia en estos años de casado, y tiene que ver también con el esfuerzo incansable y paciente de ambos por superar las barreras que iban apareciendo en el camino.

Por supuesto que las oportunidades que me dio la televisión impactaron directamente mi vida y la de mi familia. La popularidad, las jornadas de grabaciones sin horarios, los viajes, las largas reuniones creativas fueron los mayores conflictos entre nosotros. La combinación explosiva del éxito y la popularidad no son buenos consejeros y se convierten en alimentos indispensables del ego, algo muy difícil de manejar. Cuando estaba saboreando la adictiva adrenalina del éxtasis por algún triunfo, me sentía campeón del mundo. Y cuando inevitablemente se iba esa sensación placentera que no dura mucho, venía la caída y el aterrizaje forzoso. Ahí siempre estaba mi esposa para regresarme a la realidad y la calma.

Temy tiene una capacidad admirable de saber cómo consolarme y levantarme, y aprendió a lidiar con mi desequilibrio y falta de racionalidad, consecuencias directas de la popularidad. En esta etapa me quedó clara una enseñanza que traduje en una frase que intento jamás olvidar: «La soberbia del éxito dura hasta el siguiente fracaso». Entender esto pudo dar mayor estabilidad a mi vida, y defenderme mejor del fuerte mareo que produce el aplauso.

Gracias a la fuerza y entereza de Temy pudimos sobrellevar los primeros y difíciles años de la crianza de los hijos, en los que debo reconocer con algo de sentimiento de culpa tuvo que remar casi en solitario. Por eso estoy convencido de que en toda relación «la mujer es el sexo fuerte, por la debilidad que tiene el sexo fuerte por el llamado sexo débil». Esto además se reafirma en los tiempos actuales, cuando todo conduce a una mayor justicia e igualdad entre los géneros.

En estos años de matrimonio hemos tenido que superar, como todas las parejas, muchas dificultades. Entrar en el detalle de lo que ha sido este largo proceso podría dar para otro libro, y a pesar de todas las tormentas que hemos debido enfrentar en esta travesía, estamos muy orgullosos de la familia que tenemos, y sin duda para ambos este ha sido el mayor triunfo de nuestra unión. Estamos convencidos de que para formar una familia solo se necesitan dos, no importando el sexo, el género o las opciones de cada uno.

Al cumplir los veinticinco años de matrimonio apareció otra variable que vino a complicarnos: el desafío de *Sábado Gigante* internacional. Las grabaciones en Estados Unidos me obligaban a estar la mitad del tiempo en Miami y la otra mitad en Santiago. Temy se encargó más que nunca de las tareas de la casa y yo vivía montado en un avión o encerrado en estudios de televisión de alguno de los dos países. Esta época, además, coincidió con las bodas, amores y desamores de nuestros hijos, con las consecuencias naturales que todos los matrimonios sufrimos en esta etapa: el síndrome del nido vacío.

La casa se quedaba sin niños, y esto afectó sobre todo a mi señora, quien en ese momento se cuestionó el haber abandonado sus estudios universitarios de química y farmacia, y no haber tomado la decisión al casarnos de compartir el hogar con un trabajo. Para evitar los largos periodos separados y acostumbrarnos a esta nueva vida, de común acuerdo decidimos que lo mejor era radicarnos en Miami.

Por suerte, al poco tiempo llegó el primer nieto y todo se transformó de nuevo. Su llegada nos revivió el espíritu y nos envolvió en el mágico proceso de conversión a una nueva calidad de vida: ser abuelos. Comprobamos que, para los nietos, las abuelas y abuelos son una deliciosa mezcla de risas, historias maravillosas y amor incondicional, y con un importante detalle: sin la responsabilidad de educar que tienen los padres. Nos revitalizamos y sentimos otra vez la exquisita sensación de tener un bebé junto a nosotros.

Se hizo evidente en esta etapa lo extraordinariamente útiles que somos los abuelos cuando los padres tienen que salir, y se nos encargó la misión de quedarnos a cargo de los nietos. Esas noches como cuidadores felizmente designados se nos transformaron en verdaderas aventuras. Nos pasó de todo, y muchas veces no supimos muy bien cómo resolver una crisis, y tuvimos que pedir asesoría externa. La idea era no fallar, para que no existiera la más mínima posibilidad de que la próxima vez acudieran a otros abuelos. Hoy miramos emocionados a nuestros nueve nietos que cierran maravillosamente el círculo afectivo de nuestra familia.

Mientras ellos crecen, nosotros seguimos envejeciendo y navegando entre los naturales desencuentros y los esperados encuentros que tenemos todas las parejas. Me imagino que un matrimonio que no discute es porque simplemente no se escuchan, no se quieren o tienen alguna patología severa en su relación. En alguna oportunidad una experta en relaciones de parejas me dijo en una entrevista algo que con el tiempo entendí como una gran verdad: «Hay solo una diferencia entre una pareja que se separa y una que no lo hace: la primera no logró ponerse de acuerdo, y la segunda sí».

En las nuevas generaciones este es un tema que se asume con mucho menos tolerancia, y tal como lo experimentamos en nuestra propia familia, si hay algún desacuerdo serio, las parejas toman rápidamente caminos diferentes, muchas veces sin intentar una solución. Hemos sido testigos del sufrimiento que esto ocasiona a los nietos, a los hijos y sus parejas, y por supuesto también nos ha afectado a nosotros. Las crisis después se superan, todos se entienden con gran naturalidad, y podemos decir que como toda familia moderna tenemos más nueras y yernos que la cuota que nos corresponde de acuerdo con el número de hijos.

Los años pasan, los nietos siguen avanzando en su propia navegación, y cuando tienen algún problema, ¿a quién recurren? Claro, a los abuelos. Hay un dicho popular que tal vez explica por qué ocurre esto: «La razón por la cual los abuelos y nietos se llevan tan bien es porque tienen un enemigo común». No sé si es tan cierto, pero la realidad es que en varias oportunidades hemos tenido que interceder ante algún castigo impuesto por sus padres, o les hemos prestado el hombro para que lloren sus frustraciones académicas o sus penas de amor.

La gran esperanza de Temy era que yo al cumplir los sesenta y cinco tomara la decisión de jubilar para que realmente pudiera dedicarle más tiempo a ella y a la familia. Fue un intento de convencimiento que realizó con gran insistencia y perseverancia. Me lo expresaba a diario, cada semana, cada mes, casi como un mantra. Y luego, como se acercaba la fecha y no veía una reacción en mí, comenzaba a reprocharme por la cantidad de medicamentos que estaba consumiendo todos los días para poder mantenerme activo: para la diabetes, el colesterol, el ácido úrico, la tiroides, la psoriasis, etcétera.

Sinceramente, lo último que quería era jubilar, porque si hay algo que disfruto plenamente es estar sobre un escenario animando, actuando, entrevistando, y recibiendo el afecto y el aplauso del público. Además, siempre he pensado que jubilarme equivale a colgar el alma, es como una forma distinta de morir.

Por supuesto, nunca ocurrió tal jubilación, pero en el año 2012, en una de las tantas cenas de celebración de los cincuenta años del programa, que además coincidía con nuestras bodas de oro, le dije a Temy que me retiraría y que haríamos un gran festejo por nuestras cinco décadas de matrimonio. Es más, para sellarlo tomé una servilleta, ella me pasó un lápiz, escribí y firmé un compromiso ante todos los presentes con la siguiente frase: «Me retiro al cumplir cincuenta años de *Sábado Gigante* en diciembre de 2012. Firma, Mario Kreutzberger». Ese año cumplía setenta y dos, y tal vez no era un mal momento para hacerlo.

Luego me di cuenta de que jamás hay que dejar una evidencia como esa, menos con dos copas de vino en el cuerpo, y peor aún cuando no se tiene la convicción absoluta de poder cumplir.

La celebración de los cincuenta años de *Sábado Gigante* fue espectacular, con más de mil doscientos invitados, y brindamos por este hito que además se convirtió en un publicitado récord mundial. En lo personal, sin haber fallado un solo sábado, solo aquel de 1974 cuando que acompañé a mi madre en su despedida a la eternidad.

La fiesta gigante fue inolvidable, llena de símbolos y rodeado de las personas que habían sido fundamentales para el crecimiento y desarrollo del programa. Todo estuvo al mejor nivel, pero sabía que algo no estaba bien: una vez más tenía claro que le había fallado a mi esposa, quien era responsable en gran parte de que yo hubiera podido llegar hasta este gran hito en mi carrera. Ella no dijo nada, pero había guardado silenciosamente la servilleta con el compromiso que yo había firmado meses atrás, y en los años siguientes, cada vez que pudo, con delicadeza me lo recordó.

Es curioso el paso del tiempo. Porque con los avances de la medicina, la tecnología, el maquillaje, en algo he podido defenderme de la huella que van dejando los años. Pero en esta lucha desesperada por verme más joven, comencé a mirarme en el mejor espejo que todos tenemos: nuestro círculo más cercano. En mi caso, me he mirado siempre en Temy, por quien han pasado la misma cantidad de años. Ahí me di cuenta de que un espejo común a veces engaña.

Recuerdo una noche en 2014 cenando en un restaurante con una pareja de grandes amigos, César y Cristina Álvarez. Ocurrió lo habitual, cuando las damas se levantan juntas para ir al baño. El momento oportuno para que los caballeros hablemos claramente. Nuestros amigos en ese tiempo vivían juntos, pero sin casarse. Él me dijo casi susurrando: «Mario, quiero contarte que Cristina es muy seguidora de la virgen de Guadalupe, y he decidido invitarla a México a visitar la basílica, y ahí de sorpresa tengo todo preparado para pedirle la mano». Le respondí: «Si haces eso, yo cumpliría con algo que tengo pendiente hace casi dos años con Temy. Mi idea es llevarla de sorpresa a Israel, y tener todo organizado para celebrar nuestras bodas de oro, y casarnos nuevamente junto al Muro de los Lamentos y frente a toda la familia».

César no solo cumplió con su promesa guadalupana, sino que al poco tiempo realizó una magnífica ceremonia de bodas a la cual por supuesto fuimos invitados. Eso me hizo avanzar en mi proyecto personal. Con la ayuda y complicidad de mis hijos y nietos, sin que ella pudiera sospechar nada de lo que estábamos tramando, comenzamos con la producción del evento. Nos demoramos casi un año en los preparativos, porque mi idea era que todos pudieran estar. Coordinar y acomodar los tiempos y viajes de tanta gente no fue una tarea fácil.

Cuando tuvimos todo listo, le dije a Temy que haríamos un viaje de vacaciones a Europa precisamente acompañados de nuestros amigos Cesar y Cristina, quienes fueron mis cómplices más cercanos en esta idea de celebrar nuestras bodas de oro atrasadas en Jerusalén. Mientras paseábamos por Madrid, busqué una ocasión que pareciera casual y les dije a mis compañeros de viaje que como aún nos quedaban cinco días de vacaciones les proponía irnos todos a Israel. Por supuesto Cristina y César sabían de qué se trataba, pero Temy no sospechaba nada.

A todos les pareció una gran idea y al día siguiente volamos a Tel Aviv, y por coincidencias y atrasos en los vuelos, aterrizamos a la misma hora en que toda nuestra familia en total secreto estaba llegando desde Chile. Mis hijos y nietos, que mantienen una gran comunicación con mi esposa por WhatsApp y Facebook, hasta ese momento la tenían totalmente engañada, enviándole fotos de un Santiago lluvioso, o mostrándose en actividades por completo alejadas de la idea de este viaje.

Al llegar al aeropuerto Ben-Gurión mi señora estaba indignada porque yo no paraba de hablar por teléfono. Lo que no sabía es que estaba coordinándome con el resto de la familia para no toparnos, ya que para empeorar las cosas habíamos llegado al mismo pasillo del terminal aéreo. Para que ellos salieran antes, trataba de demorar nuestro caminar exagerando un poco mis urgencias de ir al baño, lo cual molestó aún más a Temy. Ella veía que me estaba comunicando con alguien y no sabía con quién ni por qué. Todos los involucrados en la producción estábamos muy atentos para que la sorpresa, que con tanta dedicación habíamos preparado, no se fuera a arruinar por esta involuntaria coincidencia.

Llegamos al hotel agotados por el viaje y la tensión de los sucesos, aunque triunfantes porque la sorpresa seguía intacta. Nos recostamos un rato, y como ya era el atardecer del viernes, en un momento le dije a Temy: «¿Qué te parece que bajemos un rato al comedor para ver como celebran aquí el shabbat?». Era la pregunta clave para bajar al salón donde todo estaba preparado para iniciar la sorpresa y la fiesta, pero su respuesta complicó las cosas: «No, Marito. Anda tú. Yo estoy muy cansada». Para convencerla tuve que recurrir a un lenguaje y un tono un poco más autoritario: «Eso no puede ser, Temy. Aunque sea por una hora, acompáñame».

A regañadientes se levantó y bajamos al restaurante. Con mi nerviosismo y la emoción de lo que iba a ocurrir, abrí una puerta equivocada y por supuesto al otro lado no había nadie. Esto me desconcertó un poco, y con algo de frustración fuimos a una segunda puerta. La abrimos y ahí estaba toda nuestra familia reunida aplaudiendo y esperándonos con ansias, incluido nuestro amigo el rabino Mario Rojzman, quien había viajado desde Miami para acompañarnos. Hasta ese momento Temy había contenido bastante sus emociones, y pensó que como a mí me gustan las grandes producciones había organizado este shabbat especial con toda la familia en Jerusalén. Además, le pareció una gran idea.

Lo que ella no sabía era que, a la hora del postre, frente a todos los invitados, le preguntaría si quería casarse una vez más conmigo el siguiente miércoles 28 de julio de 2015, en una gran ceremonia con toda nuestra familia y algunos amigos, en una terraza preparada frente al Muro de los Lamentos. Por suerte me dijo que sí, y en ese momento los dos nos emocionamos, por el gran significado que tenía este acontecimiento en nuestra historia personal y familiar.

La ceremonia estuvo maravillosa pero no exenta de anécdotas. Antes de viajar le había pedido a Temy que llevara un vestido blanco muy elegante que tenía, pensando en que pudiera usarlo en esta ceremonia de nuestras bodas de oro. Como pretexto le inventé que como iríamos a Europa con César y Cristina, era posible que tuviéramos que acudir a alguna cena de gala importante y ese era el vestuario más adecuado. Cuando estábamos en medio del viaje me di cuenta de que el vestido blanco no estaba en su equipaje, y había traído uno púrpura porque según ella le quedaba mejor. Llamé de emergencia y en secreto a mi hija Vivi a Chile y le pedí que fuera a nuestra casa, buscara ese vestido blanco y lo llevara a Israel. De esa manera pudimos estar los dos vestidos con toda elegancia para celebrar nuestras postergadas bodas de oro.

Ahora es como si hubiéramos regresado a los comienzos. Estamos muy unidos, y creo que de manera inconsciente nos preparamos para recorrer de la mano nuestra última etapa en esta parte de la vida. En silencio y con la mirada, sin tener que decirnos mucho, estamos acompañándonos, dándonos aliento, disfrutando cada amanecer que nos regala el destino.

Como la vida siempre nos da de dulce y agraz, al poco tiempo de regresar de este viaje que marcó de manera indeleble nuestra vida familiar, me comunicaron que Univisión había tomado la decisión de no continuar con *Sábado Gigante* a comienzos de 2015. Aunque lo suponía y presentía, fue un duro golpe que durante casi un mes digerí absolutamente solo. En situaciones como esta, mis noches siempre han sido más difíciles que mis días, y para consolarme en esas horas de oscuridad solo había una persona: mi esposa.

Luego del histórico cierre de *Sábado Gigante*, y tal como hemos relatado en las páginas anteriores, vino la segunda oportunidad en Telemundo, que transcurrió con la inquietud permanente de que este nuevo ciclo de mi vida profesional tenía una fecha de expiración, porque en definitiva esa es la lógica de la vida. Aunque debo reconocer que no siempre la lógica de la vida es la lógica de la mente. Irremediablemente llega el momento en que, aunque se hagan todos los esfuerzos para reinventarse y buscar alternativas, uno debe aceptar que el tiempo se está agotando o que definitivamente se agotó.

A veces pienso por error que las cosas con que me toca vivir nadie más las vive con la intensidad que a mí me ocurren. ¿Por qué será? ¿Nos pasa a todos? ¿Será el ego que a veces nos encierra en un mundo tan personal, que no vemos más allá de nuestra propia realidad?

Por supuesto que todos debemos pasar por cada etapa de la vida con más o menos las mismas experiencias, y sentirán lo mismo que yo los que reciben el aviso de que tienen que jubilar de su empleo, el gerente general o presidente de una empresa al que le dicen que tiene que abandonar su posición, o aquel comandante en jefe al que le comunican que tiene que dejar a su tropa y pasar a retiro.

Todo lo anterior es cierto, pero también debo ser sincero y confesar que todos los días hago el mayor esfuerzo por mantenerme de alguna manera activo en la otra pasión de mi vida, además de la familia: la televisión. Entiendo que no soy el mismo y he perdido condiciones. Mi resistencia física es limitada, mis jornadas de trabajo deben ser más cortas, y luego de ellas necesito el doble del tiempo para recuperarme. Hago dieta, ejercicio diariamente, y uso algunos trucos cosméticos para tratar de mentirle un poco a la cámara. Pero el reloj avanza y veo que el tiempo poco a poco se va agotando y no hay nada que yo pueda hacer.

Hay cosas que tengo claras en este momento. Hay que mantenerse activo físicamente con las energías de que disponemos, y con la mente funcionando con todas sus capacidades, sin adormecerla. Hay que mantenerse con las mismas ganas de vivir. Y lo más importante, reconocer que ese hombro, esa mano, ese calor que me contiene y duerme a mi lado todos los días es insustituible.

No me importa si suena a frase conocida o cliché, pero creo con firmeza en ella: «La familia unida jamás será vencida». Lo que sueño, espero y confío es que hayamos tenido la suficiente claridad para transmitir a nuestros hijos y nietos este legado, y se mantengan igual de unidos cuando ya no estemos. Pero ese es un misterio, y solo el tiempo dará la respuesta. Temy y yo no estaremos, y serán ellos los que tendrán que seguir escribiendo ese nuevo capítulo de nuestra historia familiar.

Capítulo 14

UN PREMIO POR ESCUCHAR

En noviembre de1980 estábamos en plena producción de la tercera Teletón y yo me preparaba mentalmente para cumplir el 28 de diciembre mis primeros cuarenta años de vida. Además de inquieto e hiperquinético en esa época tenía una energía desbordante, y sin exagerar confieso que trabajaba entre doce y dieciséis horas diarias, lo cual por supuesto no era del agrado de mis compañeros, y menos de mi esposa y la familia.

Las dos campañas anteriores de Teletón habían tenido gran éxito, y desde el 1 de diciembre de 1979 ya estaba en pleno funcionamiento el Instituto de Rehabilitación de Santiago y nos preparábamos para inaugurar en julio de 1981 los centros de rehabilitación de Concepción y Antofagasta. Eran años en los que se necesitaba mucha promoción y los recursos que teníamos para eso eran muy reducidos.

Recuerdo que para esta convocatoria decidimos arrendar un bus y llevar artistas y promotores de Teletón a varias ciudades, incluida Valparaíso (el puerto más importante del país), en un viaje que demoraba poco más de dos horas desde Santiago. Hicimos una escala para almorzar en una pequeña localidad ubicada a mitad de camino llamada Curacaví, que se caracteriza desde los inicios de la república por ofrecer a los viajeros suculentos platos típicos. En aquella época este trayecto se hacía en carreta o a caballo y demoraba por lo menos dos días, dependiendo del clima, y en este lugar se detenían las caravanas para alimentarse y pasar la noche.

Hoy Curacaví conserva esa tradición y es conocido por sus exquisitos sándwiches con «pan amasado» cocido en hornos de barro, jugosas empanadas y los mundialmente famosos «dulces chilenos». Para mí una parada obligada de siempre (hasta hoy) es el restaurante Agua de Piedra para disfrutar de un «chacarero» (pan con carne, porotos/frijoles verdes, tomate y mucho ají verde picante) con el infaltable vaso de «chicha» local (fermentación no destilada de la uva) y de postre un pastelito relleno de manjar (dulce de leche).

Como es habitual llegué con hambre y me senté junto al conductor, con quien habíamos iniciado una entretenida conversación, y el resto de los participantes de la gira se repartió en otras mesas. Los dos pedimos un inmenso «chacarero» que desbordaba sus frescos ingredientes. Un comensal vecino muy alegre me reconoció y felicitó efusivamente por la Teletón, mientras me ofrecía un vaso de whisky con hielo de la botella que estaba compartiendo con sus amigos. Le ofreció también a mi compañero de mesa, que, como responsable conductor designado, por supuesto no aceptó.

Para no quedar mal tomé el vaso y lo acompañé con un brindis, pero a mi generoso nuevo amigo al parecer ya le estaba haciendo efecto el mosto escocés y me hablaba sin detenerse de lo maravillosa que era la obra de Teletón mientras me rellenaba el vaso una y otra vez. Aproveché una de las pocas pausas que me permitió su elocuencia para dirigirme a mis compañeros y apurarles el almuerzo para continuar el viaje.

Le agradecí al vecino y cuando quise pararme de la mesa sentí los primeros efectos de un tipo de destilado de alcohol que ni ayer ni hoy me acostumbré a beber. Mientras me dirigía a la puerta del local iba despidiéndome de los meseros que nos habían atendido con afecto, y me abordó un elegante cliente y su dama acompañante. Luego de saludarme con gran caballerosidad, me dijo con voz profunda y medio engolada: «Don Francisco, perdone que lo moleste, lo felicito por su campaña de los niños lisiados, pero dígame una cosa, ¿no ha pensado usted en hacer un hogar para niños huérfanos con síndrome de Down?».

Tratando de que no se me notara mucho el desfase de audio que el whisky me estaba ocasionando, y mientras caminaba hacia el bus, le respondí con la voz igualmente acontecida, diría que casi imitándolo: «¡Qué buena idea! Le prometo que la voy a considerar». A esa altura ya sentía el cuerpo más liviano y escuchaba a lo lejos las voces de quienes me hablaban.

No recuerdo haberme despedido del elegante caballero, pero de vuelta en el bus me acomodé en mi asiento y mientras reanudábamos el viaje comenzó a envolverme una profunda modorra, mientras en mi mente se repetía una y otra vez la pregunta del caballero: «Don Francisco, ¿no ha pensado usted en hacer un hogar para niños huérfanos con síndrome de Down?», «Don Francisco, ¿no ha pensado usted en hacer un hogar para niños huérfanos con síndrome de Down?»

Debí dormir algunos minutos porque recuerdo que de pronto desperté con la mente muy clara y sin pensar le grité al conductor: «Amigo, ¡devuélvase ahora mismo! Tengo que volver al restaurant Agua de Piedra». Me miró sorprendido y me dijo: «Don Francisco, ¿se le quedó algo? Porque podemos avisar a Carabineros y al regreso lo recogemos». Le respondí con mucha convicción: «La verdad es que no se me quedó nada, pero créame que tengo que volver ahora mismo». El conductor con algo de incomodidad me replicó: «Bueno, voy a tratar de girar. Me voy a demorar un poco porque estamos cerca del túnel Zapata y aquí hay mucho tráfico y la maniobra es lenta».

Al ver que el bus giraba se me acercaron algo preocupados dos de los artistas y me preguntaron si había pasado algo y si estábamos regresando a Santiago. Entendí la inquietud y les dije: «Perdón, pero solamente por unos minutos debo volver ahora mismo al restaurant». Me di cuenta de que sin decírmelo sospechaban que mi urgencia tenía que ver con una repentina necesidad de ir al baño, aunque preferí no aclararlo y mantener mis razones en silencio.

En realidad, la única motivación de mi impulsivo deseo de regresar en ese momento al restaurante era que con la breve siesta mi mente se había aclarado y necesitaba preguntar al engolado caballero por qué me había hecho esta pregunta: «Don Francisco, ¿no ha pensado usted en hacer un hogar para niños huérfanos con síndrome de Down?».

Cuando por fin estacionamos, grité a mis compañeros ¡ya vuelvooooooo! y bajé corriendo. Entré al restaurant y por fortuna en el mismo lugar estaba la elegante pareja disfrutando de una suculenta cazuela a la chilena (sopa con carne, papas, zapallo y choclo), a quienes les dije con la respiración bastante agitada: «Discúlpenme la descortesía que tuve hace un rato. Usted me sugirió la idea de hacer un hogar para niños huérfanos con síndrome de Down y la verdad es que no le puse la debida atención a sus palabras».

Me respondió el elegante caballero: «De ninguna manera, Don Francisco, tome asiento por favor, ¿quiere tomar algo?». Un poco apurado le dije: «Gracias, pero mis compañeros me están esperando afuera». Con algo de enojo me dijo: «Don Francisco, tengo un solo hijo y él tiene síndrome de Down. ¿Sabe cuál es mi mayor preocupación en la vida? Que cuando yo me muera y su madre también, nadie se hará cargo de él». La dama que lo acompañaba no hizo gesto ni comentario alguno, por lo que imaginé que ella no era parte del tema, y mi experiencia de años observando el lenguaje gestual me decía que ella pertenecía a otro capítulo en la vida del elegante caballero.

Me pareció muy lógica la preocupación de este padre al que de nuevo agradecí la sugerencia, pero a quien por el apuro ni siquiera pedí el nombre. Sabía por otra parte que no lo podría ayudar porque nuestra campaña recién comenzaba y no podíamos distraernos del objetivo principal que era la rehabilitación de «niños lisiados», usando el lenguaje con el cual se identificaba en esa época a las personas en situación de discapacidad.

Al despedirme le dije: «Es muy importante lo que me dice y lo consideraré en nuestra próxima reunión con la Sociedad Pro-ayuda al Niño Lisiado. Seguro que la inquietud que usted me señala la tienen muchos padres que viven una situación similar. Me parece que es muy necesaria una fundación que se dedique a este tema».

Me extendió la mano y me dijo: «Usted tiene toda la razón. Le agradezco que haya regresado para decirme esto». Nos despedimos con afecto y nunca más supe de él hasta veintiocho años después de ese fortuito encuentro en un restaurante de Curacaví.

Estábamos a meses de la Teletón número 22 con el lema «Gracias a ti podemos seguir». Como cada año, la campaña era difícil y por todos lados buscábamos recursos tratando de superar la cifra anterior. Era el 2008 y teníamos una dificultad adicional, ya que al año siguiente había elecciones presidenciales en Chile y no podríamos realizar la Teletón porque se nos cruzaban las fechas.

Ya habíamos construido diez modernos Institutos de Rehabilitación a lo largo del país y si lográbamos superar la meta, garantizaríamos poco más de un año de atención a nuestros pacientes. Estaba en medio de estas preocupaciones cuando Patricio, mi hijo mayor, me contó que tenía un amigo que ayudaba a administrar los recursos de una institución benéfica, y pensaba que ellos podrían estar interesados en hacer un aporte a Teletón. Se trataba de la Fundación Isabel Aninat, dedicada a promover iniciativas de cuidado, educación e integración de personas vulnerables, en especial de niños y jóvenes con capacidades diferentes.

Nos pusimos de inmediato en contacto, y luego de una breve reunión telefónica nos pidieron que enviáramos todos los antecedentes y el material que pudiera demostrar el trabajo de nuestra Teletón para estudiarlo. Al final, el día del programa se hicieron en efecto presentes con un significativo aporte, lo cual se repitió también el 2010.

Se acercaba la Teletón de 2011, y desde la generosa Fundación Isabel Aninat nos preguntaron si seríamos capaces de atender en los institutos a lo largo de Chile a los niños con síndrome de Down, porque si la respuesta era positiva, ellos podrían aumentar significativamente el aporte a nuestra campaña. Nos explicaron que, en una etapa temprana del crecimiento, estos niños tenían dificultades motoras que requerían de tratamiento de rehabilitación especializado, y pensaban que nosotros podíamos proveerlo.

Por supuesto nos pareció una propuesta totalmente viable y hablamos con nuestros equipos médicos, y entre todos aprobamos la idea. En lo personal me llamó la atención que nos pidieran específicamente colaborar en el tratamiento de niños con síndrome de Down, y en una de las reuniones hice pregunta. Nos explicaron que la fundación nació en 1986 y su creador quiso dedicarla sobre todo a personas con este síndrome, poniendo especial énfasis en el cuidado de su hijo que tenía esa condición.

Por los detalles que me estaban entregando comencé a recordar la conversación tres décadas antes en un restaurante de Curacaví. Pregunté por la edad del creador de la fundación, algunos detalles físicos, y recordé su voz engolada y la gran preocupación que manifestó por su hijo. Me di cuenta entonces de que el caballero elegante con el que había hablado en 1980 en el restaurante Agua de Piedra era el agricultor y empresario chileno Juan Luis Undurraga Aninat, quien antes de morir había dejado toda su fortuna a esta fundación para ayudar a personas con la misma condición de su hijo.

Había otra coincidencia, ya que en 1978 (dos años antes de nuestro encuentro en Curacaví), cuando enfrentábamos el desafío de la primera Teletón, la empresa Soprole (Sociedad de Productores de Leche), cuyo accionista principal y presidente era este mismo empresario y elegante caballero, fue el segundo auspiciador en comprometerse con la campaña y hasta hoy es uno de nuestros principales y fieles colaboradores. Actualmente Soprole se ubica entre las compañías más importantes de Chile, y produce casi el 50 por ciento del yogurt y la leche líquida que se consume en el país.

Pero esta historia no termina aquí, porque escribiendo este relato para el libro, pedí a mi colaborador Marcelo Amunátegui que investigara más acerca de Juan Luis Undurraga Aninat, creador de Soprole y de la Fundación Isabel Aninat, y él me entregó un valioso material con artículos y referencias sobre la vida de este empresario y agricultor nacido en Santiago en 1924.

Con esos datos en la mano llamé a Enrique Alcalde (hijo), presidente de la Fundación Isabel Aninat, quien me contó, entre otros detalles, que Juan Luis Undurraga Aninat no había sido buen estudiante, se había retirado de la escuela antes de terminar sus estudios secundarios, a los dieciséis años lo habían contratado para administrar un campo agrícola, y a los veintiuno le entregaron el fundo La puntilla de El Monte (localidad cercana a Santiago) como parte de la herencia que le había dejado su madre para que dirigiera su explotación.

El tiempo transcurrido, su esfuerzo y sus habilidades agrícolas y comerciales lo hicieron surgir y destacarse rápidamente. Compró varios campos de cultivos y creó diferentes empresas hasta que, en 1949, cuando tenía veinticinco años, convocó a varios productores lecheros de la zona y los invitó a formar la Sociedad de Productores de Leche (Soprole), que presidió por décadas.

Según sus cercanos, era estricto, de carácter fuerte, gozador de la buena vida y muy obsesivo con sus ideas. Al parecer también destacaba por una gran sensibilidad social, y por lo mismo sus empleados le tenían afecto y respeto. Su prestigio y labor comunitaria lo llevaron a ser elegido por casi dos décadas como alcalde de la pintoresca localidad de El Monte, donde pasó gran parte de su vida.

Se casó tardíamente a los cuarenta y nueve años, en 1973, con una viuda que tenía ocho hijos. El matrimonio fracasó, y tres años después decidieron ponerle fin, aunque juntos tuvieron un hijo que nació con síndrome de Down, a quien también bautizaron con el nombre de Juan Luis. Según los antecedentes investigados, al momento de separarse estaba tan incómodo con su esposa que cortó todo contacto con ella. El hijo se quedó viviendo con su madre, aunque Juan Luis siempre mantuvo la preocupación y el contacto con él. Confirma lo que a mí me había dicho en Curacaví, que el gran miedo que tenía era el futuro de su único hijo cuando él ya no estuviera.

En 1986, a los sesenta y dos años y mientras luchaba contra un agresivo cáncer estomacal escribió un testamento en el que dejaba establecido que toda su fortuna quedaría en manos de una fundación «de derecho canónico» bautizada con el nombre de su madre, Isabel Aninat Echazarreta. Le pregunté a Enrique Alcalde qué significaba una fundación «de derecho canónico», y me respondió que la única diferencia legal con otras fundaciones es que estas se regían por las leyes de la Iglesia católica y que sus beneficiarios debían ser principalmente instituciones de ayuda relacionadas con esta institución religiosa.

La molestia de Juan Luis con su exesposa debió ser muy grande, porque en el testamento queda expresamente señalado que no le deja bienes, y también en el escrito le pide que devuelva el anillo de brillantes que le regaló al comprometerse.

Juan Luis Undurraga Aninat falleció en 1990 y dejó a la Fundación Isabel Aninat una fortuna de varios millones de dólares. Al año siguiente de su deceso, su exesposa demandó a la fundación a nombre de su hijo y logró llegar a un acuerdo por un pago cercano a los ocho millones de dólares. Según señalan en la institución, en ese momento perdieron el 70 por ciento del capital, aunque por fortuna siempre mantuvieron el total de las acciones de la empresa Soprole.

Luego de algunos años, con serias dificultades económicas, en 2008 la fundación logró vender en condiciones extraordinarias el paquete accionario de Soprole por más de doscientos millones de dólares. La exesposa, al ver esta millonaria transacción, decidió intentar nuevamente una demanda, insistiendo en que la Fundación Isabel Aninat no existía bajo la legislación chilena. Esta nueva demanda aún está en proceso y esta vez dirigida contra la Iglesia católica como institución.

Por ahora los demandados han ganado las dos primeras instancias judiciales y están a la espera de la resolución final de la Corte Suprema de Justicia.

De estos antecedentes legales no tengo más que lo relatado aquí, porque mi verdadera intención era destacar en estas páginas la importancia de las donaciones de la Fundación Isabel Aninat a Teletón. Gracias a esos aportes se creó un programa especial en nuestros institutos de rehabilitación para atender a niños con síndrome de Down, desde recién nacidos hasta los seis años, a través de un sistema que llamamos «Estimulación Integral del Desarrollo Psicomotor».

El Director Médico Nacional de Teletón Bruno Camaggi me explicó que los niños con síndrome de Down presentan una serie de características físicas y ciertos problemas de salud asociados a los cromosomas, y nacen «hipotónicos», es decir con disminución de sus capacidades musculares. Presentan además una «hiperlaxitud» (sus extremidades se ven fláccidas) y todo esto dificulta el avance en las diferentes etapas de su desarrollo, aunque con una estimulación integral y temprana pueden llegar a superarlo con cierto desfase en relación con los niños que nacen sin el síndrome. Ellos seguirán aprendiendo y avanzando a su ritmo, logrando gran autonomía e independencia. Para todo el proceso de rehabilitación van a necesitar terapia ocupacional, fonoaudiología, kinesiterapia y controles médicos constantes.

Según el doctor Camaggi, gracias a los aportes de esa institución entre 2010 y 2019 en Teletón se han atendido 7050 niños con síndrome de Down.

El protagonista de esta historia me obliga a plantearme una pregunta que le hice al presidente de la Fundación Isabel Aninat: «¿Usted cree que esa conversación con José Luis Undurraga en un restaurante de Curacaví en 1980 pudo influir en su decisión de crear una fundación?».

Para mi sorpresa Enrique Alcalde respondió: «Don Francisco, estoy seguro que influyó, porque él me comentó años después la conversación que tuvo con usted en ese encuentro en Curacaví. Recuerde que su obsesión siempre fue el futuro de su hijo. Después de su muerte, el muchacho siguió viviendo con su madre y en la época más adulta quedó a cargo de una pareja de trabajadores en su campo de La Puntilla en El Monte. Después lo trasladaron a Santiago, donde estuvo con su madre hasta que lamentablemente falleció en 2019».

Esta historia creo que podría ser el argumento de una gran película, aunque solo le falta el final que próximamente se escribirá en la Corte Suprema de Chile.

Por esos misterios del destino o la creencia religiosa que el lector tenga, siento que la vida del protagonista de esta historia se ha prolongado a través los 7050 niños con síndrome de Down atendidos en Teletón y otros muchos que han beneficiado con la importante labor que realiza a diario la Fundación Isabel Aninat. Con el tiempo espero que este apoyo crezca y se beneficien más niños del legado que con enorme generosidad dejó Juan Luis Undurraga Aninat.

Poder contar esta historia nacida de un encuentro fortuito en un restaurante de Curacaví, en la zona central de Chile, me indica que las coincidencias no existen y además me reconfirma el poder infinito que pueden llegar a tener la filantropía y la solidaridad.

Una vez más aprendí aquí el valor de escuchar, y en este caso siento que hubo también «un premio por escuchar».

Capítulo 15

CUARENTA AÑOS DE SOLIDARIDAD

Después de la maravillosa y noble tarea de construir una familia junto a mi esposa, sin duda este capítulo de mi vida es el que me ha dado grandes momentos de orgullo y satisfacción. Tener la oportunidad de realizarme en mi oficio de comunicador y conquistar un espacio en la televisión fue muy importante y lo valoro, pero nunca nada ha llenado tanto mi alma como lo que hemos conseguido a través de nuestra Teletón.

Pese a que muchas veces he hablado y escrito sobre Teletón, creí necesario dedicarle un capítulo especial, para que ustedes puedan tener la oportunidad de conocer cómo se inició esta historia que se ha convertido en uno de los eventos solidarios más importantes de Chile, y en un modelo a seguir en varios países del continente.

Los invito a retroceder a 1978, cuando yo estaba cumpliendo treinta y ocho años y mi vida comenzaba a dar un giro que no estaba en mis planes ni en mis más escondidos sueños y proyectos.

Sábados Gigantes pasaba por una de las mejores etapas de su historia, mi carrera gozaba de una gran popularidad, y en la pantalla desbordaba energía para entretener las tardes sabatinas de los chilenos. Mi bienestar económico había superado cualquier expectativa. Disfrutaba de bienes y cosas materiales que me hacían sentir privilegiado, y mis hijos tenían acceso al mejor nivel de educación que había disponible en el país. Casa, auto, viajes y un reconocimiento que jamás imaginé conseguir. Estaba más que contento con todo lo logrado hasta ahí.

Pero había algo que me inquietaba. Era como una corriente subterránea que todos los días se agrandaba un poco más. Una sensación extraña de insatisfacción, aunque no sabía muy bien cuál era su origen. Supe en ese momento que los triunfos materiales no son suficientes para alcanzar la felicidad plena. Como decía el gran poeta chileno Pablo Neruda, «La felicidad es interior, no exterior, por lo tanto, no depende de lo que tenemos sino de lo que somos».

Me di cuenta de que había recibido mucho, y que algo tenía que hacer para compensarlo y agradecerlo a la vida. Pensé incluso que, si no lo hacía, correría el riesgo de tener que devolver todo lo obtenido. Mi padre siempre me había inculcado que pase lo que pase en la vida, sea bueno o malo, hay que agradecerlo, celebrarlo y aprender.

Para intentar superar esta insatisfacción se me ocurrieron varias ideas. Algunas bastante locas. Recuerdo, por ejemplo, haber querido promover a través del programa la crianza de conejos para mejorar los ingresos de las comunidades más necesitadas. Era una época en que había sectores de Chile donde la gente tenía muy poco acceso al consumo de carne, y pensamos livianamente que esta idea podía tener un doble propósito: servir de alimento a muchas familias y de paso generar ingresos para ellos mismos con la venta de los cueros que se venderían a industrias especializadas en Europa.

Para llevar adelante el proyecto, y como plan piloto entregamos doscientos conejos a un municipio, el que destinó un terreno para instalarlos y comenzar luego el proceso de reparto a las familias de la comuna. El problema fue que el piso que se construyó para contenerlos no tenía la suficiente firmeza, y no se consideró que los conejos son expertos en hacer túneles.

Como podrán comprender, la idea se transformó en un gran desastre, ya que una grave y destructiva plaga de conejos invadió terrenos de cultivos provocando mucho daño a pequeños agricultores.

Con esta experiencia me quedó claro que no todas las ideas son buenas, y para realizarlas hay que actuar con responsabilidad y recurrir a la ayuda de expertos.

En otra oportunidad me invitaron a participar del programa «Dingolondango» de Televisión Nacional de Chile (TVN), que conducía Enrique Maluenda, quien estaba de regreso en el país después de residir unos años en Puerto Rico. De acuerdo con la Real Academia de la Lengua Española, la palabra «dingolondango» significa «expresión cariñosa, mimo, halago, arrumaco». El programa, como su nombre lo indicaba, tenía como objetivo la realización de actos de bondad y solidaridad, y los invitados participaban representando instituciones benéficas. Pese a que se hacía en el canal opuesto al que yo trabajaba, quise participar por las características sociales del contenido y porque se trataba de un espacio dominical que no era competencia directa con nosotros.

Mi participación fue exitosa y gané el capítulo representando a la «Sociedad Pro-ayuda al Niño Lisiado», por lo tanto, el dinero del premio, sumado a mi aporte personal, fue entregado a esta institución. Como gesto de agradecimiento, a la semana siguiente fui invitado a conocer la vieja casona que tenían en la calle Huérfanos, donde recibían a los pacientes en un modesto y pequeño centro de atención. Ahí me encontré con una conmovedora realidad: el trabajo de médicos y kinesiólogos, muchos de ellos voluntarios, que con muy pocos recursos realizaban esforzados tratamientos de rehabilitación a una docena de niños en situación de discapacidad.

De inmediato recordé un viaje que habíamos realizado en 1976 a Estados Unidos con un equipo del programa, para grabar una serie de reportajes a propósito de las celebraciones del Bicentenario de la Independencia de ese país. En una de nuestras escalas, en el hotel, vimos parte del Teletón que cada año realizaba Jerry Lewis en favor de la Asociación de Distrofia Muscular.

Fue un momento memorable, ya que además fuimos testigos del emotivo reencuentro de Jerry Lewis y Dean Martin después de veinte años distanciados. Ambos habían formado durante una década el famoso dúo cómico-musical *Martin y Lewis*, y el abrazo de reconciliación fue promovido por Frank Sinatra, amigo de ambos, para ayudar a esta obra benéfica.

En mi cabeza se unió lo que había visto junto a mis compañeros de viaje en ese maratónico programa norteamericano con las necesidades evidentes de esta institución chilena que luchaba con gran esfuerzo por entregar rehabilitación a niños con discapacidades. Pensé que tal vez aquí estaba la oportunidad que buscaba para devolver al público y la vida todo lo que me habían regalado.

Como se dice en el lenguaje de los artistas, «me tiré a la piscina», y sin pensarlo mucho hice un llamado a mis colegas de la televisión para que me acompañaran en esta aventura, guiado por la idea de que seguramente ellos tendrían la misma necesidad que me perseguía, de devolver a través de alguna obra todo lo que había recibido de la gente con su aplauso.

El proyecto era hacer un programa de veinticuatro horas para arreglar la antigua casa de la calle Huérfanos y dar una mejor atención a ese 5 por ciento de niños con alguna discapacidad de la ciudad de Santiago que se atendían en este modesto centro de rehabilitación. Propuse reunir la ambiciosa suma de un millón de dólares, cifra que jamás se había conseguido en campaña solidaria alguna en el país.

Mis colegas aceptaron el reto con entusiasmo, aun cuando éramos competidores en una época muy diferente de la televisión, en la que existía una marcada rivalidad entre los canales, y los horarios se peleaban con mucha vehemencia. Hoy pienso que no me equivoqué, y que todos comprendieron que este esfuerzo era una buena manera de agradecer al público por el reconocimiento que nos hacía todos los días.

La primera Teletón fue histórica. No solo juntamos el millón de dólares que nos habíamos propuesto, sino que triplicamos la meta, permitiendo incluso que el proyecto cambiara totalmente de rumbo. En vez de arreglar la antigua casa de Huérfanos, conseguimos con la ayuda de las autoridades comprar un terreno en la calle Alameda y construir el primer Instituto de Rehabilitación Infantil Teletón de Chile, que se inauguró el 1 de diciembre de 1979.

De ahí en adelante se sucedieron con mucho éxito las siguientes maratones solidarias, que permitieron la construcción de otros tres centros en las ciudades con mayor población del país, Antofagasta y Concepción (1981) y luego Valparaíso (1982). Cada año prometíamos un nuevo instituto y doce meses después lo estábamos inaugurando. Parecía que el proyecto era muy eficiente y contábamos con el optimismo y la colaboración de la televisión chilena, los medios de comunicación en general, las empresas, las instituciones, y lo más importante, teníamos la confianza del público. Pero había algo sobre lo cual no teníamos conciencia, y era que en la medida que avanzábamos con el proyecto, aumentaba nuestro grado de compromiso con el futuro de esta obra.

Cuando llegó el momento de hacer la sexta Teletón, propusimos a los directivos de la institución hacer un programa especial de agradecimiento para cerrar con broche de oro nuestro esfuerzo solidario con esta campaña. Don Ernesto Rosenfeld, presidente de la Sociedad Pro-Ayuda al Niño Lisiado, nos miró desorientado y me dijo con gran preocupación: «Mario, entonces tengo que cerrar los cuatro centros que se han construido, porque no tendríamos como mantenerlos». En ese mismo instante me di cuenta de que habíamos adquirido sin pensarlo una responsabilidad que era para siempre y de la cual no podíamos alegremente desligarnos.

Acabamos de cumplir cuarenta y dos años de Teletón, una obra que se ha convertido en uno de mis mayores orgullos, porque me ha permitido junto a mis colegas y a todos los chilenos ser parte de un evento solidario que, puedo decir con bastante certeza, es único en el mundo.

Las estadísticas que podemos exhibir en estas cuatro décadas son impresionantes, porque al valor de hoy hemos reunido más de un billón de dólares, superando todas las dificultades y haciendo que más del 70 por ciento del país se uniera en torno a esta campaña solidaria. La marca Teletón, de acuerdo con todos los estudios especializados, es la más prestigiosa y confiable del país, y la gran mayoría de las familias chilenas la sienten como propia.

De aquel modesto proyecto de arreglar la antigua casona de la calle Huérfanos pasamos a tener catorce centros de rehabilitación a lo largo del país; y de atender al 5 por ciento de los niños en situación de discapacidad de Santiago, hoy se atiende al 93 por ciento de ellos de cero a veintidós años.

La presión popular comprometió de tal manera a las regiones, que al final casi todas tienen su instituto, los que han sido construidos gracias también a los aportes de los gobiernos regionales. Solo falta uno en Ñuble, recién establecida como región en agosto de 2017, y otro en O'Higgins, que tiene un 5 por ciento de niños en situación de discapacidad, y que será necesario construir con aportes del Estado y de la empresa privada.

Por fortuna podemos decir que el país completo se siente dueño de esta obra que entre todos construimos. Mucho más que eso, le hemos dado visibilidad a la discapacidad; y la mayoría de las leyes que se han promulgado en estos años han surgido luego de las reiteradas campañas de Teletón.

Para mí es muy gratificante constatar todos los días que Teletón permite mejorar la calidad de vida de tantos niños, dando esperanza y futuro a ellos y sus familias. Emociona ver la alegría de los padres cuando son testigos del primer paso de sus hijos, o cuando los ven por primera vez ponerse de pie. Gracias a las nuevas tecnologías, tratamientos médicos que antes tomaba décadas alcanzar sus objetivos, hoy se consiguen resultados asombrosos en no más de noventa días.

Es difícil a veces encontrar las palabras precisas para describir lo que siento al ver lo que hemos logrado con Teletón, y al mismo tiempo motivar a otros para que experimenten la placentera sensación de hacer algo por los demás. Con el tiempo he entendido que esto que hacemos se llama precisamente «filantropía», que en definitiva es hacer algo por otros sin esperar nada a cambio. Es como un amor incondicional, sin fines de lucro.

La palabra proviene del griego y significa «amor a la humanidad». Y puedo decir con responsabilidad que, aunque no se espera nada a cambio, se recibe mucho todos los días, porque la satisfacción de ver los resultados vale mucho más que el esfuerzo realizado.

Hemos servido en estos años a más de ciento treinta mil familias, y en la actualidad tenemos treinta y un mil pacientes activos en todo el territorio, y cada año recibimos tres mil nuevos niños que acuden a nuestros centros con la esperanza de la rehabilitación.

Inspirados en nuestro éxito, varios países latinoamericanos han realizado sus propias campañas ayudados por nuestra experiencia y asesoría. Por esta razón decidimos también impulsar en 1998 la creación de Oritel (Organización Internacional de Teletones), que ha permitido reunir a dieciséis países del continente para intercambiar experiencias médicas y comunicacionales.

Pero como toda obra humana desarrollada en torno a un objetivo solidario, para que tenga futuro debe encontrar una forma de ser sustentable en el tiempo. Y veo cada día con mayor preocupación y angustia que el aporte del país y el apoyo del Estado se hacen insuficientes para cubrir el crecimiento y modernización de la infraestructura y el aumento significativo de nuevos pacientes. A esto se suma, además, la llegada a Chile de varios grupos de inmigrantes, que constituyen el 5 por ciento de las familias que están acudiendo en busca de tratamientos para las discapacidades de sus hijos.

Me he reunido reiteradamente con las más altas autoridades del país, de esta administración y de las anteriores, incluidos la presidenta y los presidentes de la República, y no hemos logrado conseguir un aumento del aporte estatal que sea realmente significativo. Somos un país solidario, y lo hemos demostrado en innumerables ocasiones, pero la filantropía de las grandes empresas y de las familias más poderosas de Chile todavía tiene mucho camino por recorrer.

En mi opinión, parte del problema radica en que, en nuestra sociedad, por cuestiones ancestrales, no se aplaude la donación de los poderosos, como en otras culturas, sino más bien se castiga al filántropo y se desprecia su riqueza. Y cuando ellos deciden ser generosos, despiertan suspicacias y surgen voces que los acusan de querer ocultar algo tras su aparente acto de bondad. En definitiva, como señala el dicho popular, se le busca «la quinta pata al gato», frenando intenciones genuinas que podrían permitir extender mucho más allá las cadenas solidarias.

Escribo todo esto cuando estoy cumpliendo ochenta años y siento que ya no tengo las fuerzas necesarias para estar presente en programas de televisión como antes, colaborar con la motivación y convocatoria a mis compañeros y al país, y encontrar las soluciones que permitan que esta gran obra permanezca, sobreviva y siga regalando esperanza. Poco a poco veo que se me acaba la energía para sacar adelante una nueva Teletón.

Junto a la directora ejecutiva de la Fundación, Ximena Casarejos, quien ahora asume un cargo en el directorio, estamos desde el primer día comprometidos con este esfuerzo, pero debo decir, aunque a ella no le guste, que por los dos se siente el paso de estas implacables cuatro décadas. Claro, por mí mucho más que por ella, aunque ambos estamos de acuerdo en que llegó la hora de que otros tomen «la posta» o «el relevo», y preparen el camino para los próximos cuarenta años de Teletón.

Nuestro principal socio, la televisión, vive una evidente crisis que aún no tiene visos de terminar, y estamos inmersos en un mundo interconectado y bombardeado por infinitas fuentes de contenidos y de información. De esta manera es muy difícil, o no tengo la capacidad ni la claridad de saber, dadas las circunstancias, cómo aglutinar de nuevo al país en torno a esta tarea solidaria.

Confieso que para mí es un momento difícil porque me siento responsable de que la institución que creamos con cientos de comunicadores, empresarios y colaboradores de todos los sectores del país siga funcionando, y que exista un plan trazado ante cualquier emergencia. El problema es que me he enamorado de la obra y no sé cómo transferir ese amor a las nuevas generaciones, para que ellas disfruten también de este acto solidario de Chile que permite la rehabilitación a miles de niños, y que hace tan bien al alma de todos los que la conocemos y nos involucramos en ella.

Por suerte veo que hay mucha gente que también siente la Teletón como algo propio, y que gracias a su aporte se han podido construir estas gloriosas cuatro décadas. Con las fuerzas que aún me quedan, pese a que cada vez son menos, espero hacer lo correcto y luchar hasta el día que me lo permitan mis capacidades, y ayudar a pavimentar el futuro de esta gran institución que se ha convertido en parte de nuestra identidad nacional.

La historia dirá si lo que entregamos por Teletón en los primeros cuarenta años de amor y solidaridad fue suficiente para que este milagro de esperanza sea inagotable en el tiempo. Como mensaje a esas nuevas generaciones, y parafraseando al escritor y filósofo español Miguel de Unamuno, les digo: «Deberíamos tratar de ser los padres de nuestro futuro, en lugar de los descendientes de nuestro pasado».

Capítulo 16

EL ESTALLIDO SOCIAL

Son las cinco de la mañana del domingo 20 de octubre de 2019. Me despierto sobresaltado y muy inquieto luego de dormir muy mal por menos de cuatro horas. Estuve hasta pasada la medianoche viendo las transmisiones ininterrumpidas de la televisión que mostraban las imágenes de lo que estaba ocurriendo en Chile tras el llamado «estallido social». Vi a medio país en llamas, con grupos de encapuchados saqueando e incendiando supermercados, bancos y estaciones de gasolina, atacando hospitales, destruyendo plazas, parques y buses del transporte público. Las informaciones señalaban que violentistas habían quemado más del 50 por ciento de la red del tren subterráneo de Santiago, el «metro» que tanto nos enorgullece. La situación es angustiante, terrible.

Escribo a esta hora porque desde hace dos noches que no puedo dormir bien. Todo comenzó el viernes pasado. Ese día me levanté tranquilo. Tenía programada una cita al médico que controla mi peso, para después del mediodía ir a las oficinas de la Fundación Teletón donde revisaríamos detalles de la campaña 2019, y luego me concentraría en la preparación de mi acostumbrada cena de shabbat. Mientras desayunaba, recibí un mensaje en mi WhatsApp desde el Palacio de La Moneda (Casa Presidencial de Chile) de Magdalena Díaz, jefa de Gabinete del presidente Sebastián Piñera: «Don Mario, buenos días. Al

269

presidente le gustaría tomarse un café con usted. ¿Podría como a las diez y media de la mañana?»

A la más alta autoridad del país por respeto no se le dice nunca que no, pero faltaba media hora para mi cita con el médico (se había demorado un mes en dármela) y no quería perderla. Llamé a Magdalena para decirle: «No quisiera negarme a la invitación del presidente, pero en la mañana no alcanzo a ir a La Moneda. ¿La reunión podría ser como a las dos y media? Si es así, cancelo todo lo que tengo a esa hora». Ella hizo las consultas y rápidamente me respondió: «Perfecto, don Mario, a esa hora dejamos la reunión. Será antes de que el presidente se reúna con la delegación china que viene a coordinar su participación en la COP 25» (Conferencia de Naciones Unidas sobre el Cambio Climático).

Lo primero que pensé es «¿qué será lo que quiere el presidente con tanta urgencia? ¿Quizás no le gustó algo que dijimos en las últimas semanas?». Con estas inquietudes acudí a la cita con el médico, quien de paso me dio la buena noticia de que estaba haciendo un buen trabajo con la dieta y que había bajado unos kilos o libras. Eso me llenó de motivación y energía para el resto del día, que sin sospecharlo hasta ese momento se convertiría en uno de los más recordados de mi vida.

Antes del almuerzo llegué a las oficinas de Teletón en el centro de Santiago, lugar donde he ocupado gran parte de mi tiempo en estas últimas semanas, concentrado en la tarea de transferir a las nuevas generaciones todo lo aprendido de esta gran obra solidaria. Me parece que es tiempo de que sean otros los que tomen el liderazgo para las próximas cuatro décadas. Los más jóvenes tienen visiones diferentes de cómo se debe enfrentar el trabajo de esta institución y estoy convencido de que esa es la mirada que debe guiarnos hacia adelante.

Faltaban poco más de dos meses para el gran evento programado para el 29 y 30 de noviembre. Teníamos algunos temas urgentes que resolver, pero preferí dedicar esas dos horas que me quedaban para preparar lo mejor posible la reunión con el presidente Piñera. He aprendido que cuando él enfrenta un tema lo hace con pleno conocimiento, y es necesario estar muy claro para responder cada una de sus preguntas con certeza y sin titubear.

Hay algo en lo que quiero estar muy claro porque me lo menciona cada vez que me reúno con él. Tenemos un proyecto para construir un teatro más grande, moderno, con capacidad para albergar diferentes tipos de eventos, que sirva a nuestro programa Teletón anual, y para todos los eventos promocionales que desarrollamos durante el año. La idea se comenzó a trabajar hace más de una década, pensando en que no era fácil conseguir en Santiago un lugar de estas características. Además, teníamos un amplio terreno que no estábamos aprovechando en su totalidad.

El proyecto se lo presentamos a la presidenta Michelle Bachelet en su primer periodo de gobierno (2006-2010), quien entendió nuestros requerimientos y nos otorgó a fines de 2009 los primeros recursos para iniciar la construcción. Al año siguiente Chile celebraba doscientos años de vida independiente, y el acuerdo fue que ese aporte económico del Estado formaría parte de las obras con las que el país celebraría el bicentenario. Todo parecía marchar sobre ruedas hasta que la naturaleza hizo su trabajo.

La presidenta entregaba su mandato el 11 de marzo, y pocos días antes, el fatídico sábado 27 de febrero de 2010, el país fue golpeado por uno de los más violentos y destructivos terremotos y tsunamis de su historia, que dejó un saldo de 525 víctimas fatales, quinientas mil viviendas destruidas, más de dos millones de damnificados, y parte de la infraestructura de la zona centro-sur con daños severos.

El nuevo gobierno encabezado por el presidente Sebastián Piñera en su primer mandato (2010-2014), al momento

271

de asumir debía enfrentar la difícil tarea de la reconstrucción, después de una tragedia que fue calificada como la peor ocurrida en el país en los últimos cincuenta años. Los recursos comprometidos el año anterior por la presidenta Michelle Bachelet para Teletón fueron congelados por las nuevas autoridades y las obras del nuevo teatro, que ya habían comenzado, debieron suspenderse.

Al momento de escribir estas líneas, el proyecto cumple diez años prácticamente paralizado, aunque en el segundo mandato de la presidenta Bachelet (2014-2018) el gobierno liberó parte de los recursos, lo cual nos obligó a reformular la idea original y pensar en algo más modesto, pero que cumpliera con el objetivo de convertirse en un moderno centro de eventos que se pudiera transformar, además, en salas multiuso de acuerdo con las necesidades.

Volví a mis reflexiones: «¿será de esto que me quiere hablar el presidente Piñera?». Había escuchado comentarios que circulaban entre sus cercanos acerca de que él pensaba que las dificultades económicas que enfrentábamos con el proyecto se debían en parte a que nos habíamos «fundido» el dinero otorgado por el gobierno para el nuevo teatro, es decir, que lo habíamos usado para otra cosa. Por esta razón, pedí a la fundación que me diera un documento del banco con el cual pudiéramos demostrar que esos dineros permanecían guardados en la cuenta Teletón del Banco de Chile.

Si no es eso de lo que necesita hablar conmigo el presidente, ¿será que quiere responderme a lo que conversamos en una audiencia que me dio hace unos meses? En esa oportunidad le señalé que por presión popular habíamos crecido irresponsablemente, y que de los diez centros de rehabilitación que teníamos, ya íbamos en catorce, prácticamente duplicando los metros cuadrados construidos a lo largo de Chile. Y todo eso, proporcionalmente, con una cifra similar de recaudación. Le dije esa vez con total transparencia que en algunos institutos estábamos usando solo un 50 por ciento de las instalaciones, y le expliqué que, en lo personal, me había costado años entender que estábamos atendiendo con una menor intensidad y que eso provocaba serias consecuencias en nuestro trabajo diario.

Le conté además que teníamos largas listas de espera en cirugías, y reconocí al mismo tiempo que no todas nuestras dificultades estaban relacionadas con recursos, y que hacíamos un gran esfuerzo por resolver algunos problemas de eficiencia en la operación de los centros. También le dije que Fonasa (Fondo Nacional de Salud), el seguro de salud público en Chile, nos aportaba un 20 por ciento del valor anual de la rehabilitación de cada niño, y que si este monto se mantenía no podríamos seguir entregando la adecuada frecuencia en los tratamientos de rehabilitación, lo que además de generar frustración a muchos pacientes y sus familias, nos podía afectar seriamente la recaudación anual el día del programa.

En esa ocasión, y como acostumbra, el presidente me escuchó atentamente, hizo anotaciones con un lápiz negro en la misma hoja del informe que le entregué, y con su regla y un lápiz rojo subrayó algunos párrafos. Me agradeció la visita y se despidió con amabilidad.

Podía ser todo eso de lo que me quería hablar, porque a mi entender la situación que le había descrito era altamente preocupante. Aunque estábamos atendiendo al 93 por ciento de los niños en situación de discapacidad que hay en el país, sabíamos que el estándar de los tratamientos era bueno pero no óptimo, y nuestro compromiso ha sido siempre buscar la excelencia, lo cual en mi opinión no estábamos cumpliendo. No soy experto en administración y a través del tiempo las cifras que me entregaban eran buenas, y confieso que no tuve la capacidad de leerlas más allá de los números y detectar que teníamos un problema.

La directora de comunicaciones de la fundación, Ximena Casarejos, responsabilizaba de esta situación al cambio de modelo que se aplicó en el trabajo de los centros, que en la búsqueda de una mayor eficiencia podría estar afectando la dedicación personalizada que siempre hemos tenido con los niños y sus familias. Sin duda esto pudo también contribuir en las dificultades que enfrentábamos.

Tenía que hacer lo imposible por revertir esta situación y por eso en 2019 Teletón se había convertido para mí en total prioridad. Era necesario pedir al Estado de Chile más aportes y promover donaciones a través de la filantropía, una fórmula que ha permitido importantes proyectos de beneficencia en Estados Unidos y en muchos países del mundo, de los cuales he sido testigo directo.

Actos solidarios hemos conseguido muchos, pero solo un par de muestras generosas de filantropía. Una de ellas a través de la familia Luksic (uno de los grupos económicos familiares de mayor relevancia en el país), que además de donar cada año importantes sumas de dinero, hizo un aporte específico de diez millones de dólares para construir un centro de rehabilitación modelo en la ciudad de Antofagasta, en el norte de Chile, a nombre de su paterfamilias Andrónico Luksic Abaroa, fallecido el 2005, y quien había nacido precisamente en esa región.

Otro gesto filantrópico que quisiéramos ver crecer en el tiempo es el realizado por Álvaro Saieh Bendeck, presidente de CorpGroup, uno de los principales grupos económicos de Chile, quien hizo un importante aporte para mejorar el Centro de Rehabilitación Teletón de Talca, su ciudad natal.

Sabemos del enorme potencial de la filantropía, que no tiene aún en el país los mecanismos y marcos legales adecuados para que también pueda convertirse en importante fuente de financiamiento para proyectos solidarios como el nuestro.

Otra área en la que es importante impulsar la expansión, pero se necesitan más recursos, es en la que llamamos «tele-rehabilitación», que es una oportunidad que nos entrega la tecnología para llegar hasta los lugares más apartados del país con tratamientos supervisados a distancia. Me ha costado mucho promover este proyecto, aunque debo decir que después de cinco años de pruebas ha demostrado ser de gran impacto y utilidad para mejorar el acceso a la rehabilitación de cientos de niños que pueden realizar sus tratamientos sin tener que alejarse de su entorno familiar.

Pienso que si consiguiéramos recursos filantrópicos adicionales y lográramos la incorporación de diez mil nuevos pacientes, podríamos a mediano plazo demostrar científicamente el éxito de la tele-rehabilitación y exportar la experiencia a otras regiones del mundo, donde faltan los recursos y la realidad geográfica impide cubrir adecuadamente las necesidades de rehabilitación de las comunidades alejadas de los grandes centros urbanos.

A todo lo anterior habría que agregar que en 1978, cuando comenzó la Teletón chilena, la expectativa de vida en el país era de sesenta y siete años y hoy ya estamos sobrepasando los ochenta. Esto significa que vivimos más, lo cual tiene muchas consecuencias en la vida del país. En nuestro caso, por ejemplo, el límite actual de edad para atenderse en los Centros de Rehabilitación de Teletón es de veintidós años, y los nuevos tiempos nos indican que tendremos que extender ese límite probablemente hasta los treinta años.

Esos jóvenes siguen activos en la preparación de su vida adulta, y si sus terapias se interrumpen, podrían llegar incluso a perder parte importante de los avances conseguidos gracias a nuestros centros. Teletón tiene la infraestructura para ello, pero son necesarios más recursos para todos estos proyectos de adaptación a un nuevo mundo más inclusivo, donde todos puedan tener mejores oportunidades.

Todo esto me daba vueltas en la cabeza sin cesar, pero nada me respondía la pregunta de «¿qué será lo que el presidente me quiere decir en esta reunión urgente a la que me ha convocado?».

Me trasladé con anticipación desde el Teatro Teletón hacia el Palacio de La Moneda para no fallar en la hora. Había mucho tráfico y aunque la distancia no supera los cuatro kilómetros, la pantalla del navegador indicaba que podríamos demorarnos más de media hora. Me parecía extraño, y esto le agregaba estímulos a mi nerviosismo. Vi más vigilancia policial que nunca en las calles del centro de Santiago a esta hora.

Imaginé que el aumento de la seguridad se debía a los reclamos, sobre todo de grupos estudiantiles que llevaban diez días protestando por el alza del pasaje en el tren subterráneo. Ellos habían realizado llamados concretos a través de las redes sociales a saltarse los torniquetes de pago bajo el lema «Evadir, no pagar, otra forma de luchar», y con algunas acciones que habían derivado incluso en hechos violentos y serios destrozos en las instalaciones del metro.

Mientras avanzamos, por la radio indicaban que, por estas protestas, se habían debido cerrar varias estaciones y la situación al parecer había escalado más allá de los límites. En torno al palacio presidencial había un fuerte contingente policial y por calle Moneda, donde se ubica la principal puerta de acceso, se había cerrado el paso a vehículos y peatones. Les indiqué que iba a una reunión con el presidente, y me permitieron pasar la barrera. Al entrar a La Moneda vi que había una numerosa delegación de China haciendo un tour por la Casa de Gobierno.

El jefe de la Guardia de Palacio (unidad especializada de Carabineros de Chile) me estaba esperando y me acompañó hasta el despacho presidencial. Debí esperar en la antesala no más de cinco minutos, mientras a la distancia observé al presidente Piñera sacándose fotos con un grupo de dirigentes sociales que venían de una ciudad del sur del país, con los cuales recién terminaba una reunión de trabajo.

Me saludó amablemente, como siempre. Vi que sobre la mesa de su escritorio tenía los mismos documentos que le había dejado en la reunión anterior, aunque noté que ahora tenía más anotaciones y subrayados en rojo y azul. Me preguntó de inmediato: «¿Qué novedad me trae, Don Francisco?».

Le respondí con mucha formalidad: «Presidente, vengo a invitarlo oficialmente para que nos acompañe el viernes 29 de noviembre a las 22 horas en el inicio de nuestra Teletón 2019, que esta vez le prometemos no durará más de hora y media». Y sin hacer pausa aproveché de entrar de inmediato a los temas concretos: «También le traigo el comprobante del banco con los depósitos de las cuotas recibidas del Estado de Chile para la construcción del nuevo teatro y centro de eventos». Tomó el papel y me dijo: «Aquí hay algo que no me cuadra. El depósito es por 20 mil millones de pesos y el Estado ha entregado 24.500 millones».

La respuesta me desarmó y le dije: «Aunque no estoy seguro, Señor Presidente, supongo que se han realizado gastos en los nuevos planos y permisos». No estaba tan lejos de la realidad, porque según me informaron luego, la diferencia se había usado en su totalidad para arreglos (proyecto, autorizaciones, obra) del teatro actual, algo absolutamente necesario para continuar usándolo hasta que el nuevo edificio pudiera terminarse, lo cual además era parte del convenio que teníamos con el Estado.

Por suerte no se detuvo en el tema, y mirándome fijamente me dijo: «Bueno, Don Francisco, usted sabe que nunca estuve de acuerdo con esta edificación porque no la considero necesaria». Tratando de no equivocarme, le respondí: «Presidente, hace más de una década, cuando iniciamos el proyecto, para nosotros era algo fundamental. Acepto que los tiempos han cambiado y le soy honesto: hoy usted tiene razón. Pero cuántas cosas que parecían importantes hace diez años hoy no lo son».

Parece que mi respuesta le hizo sentido y asintió con la cabeza diciéndome: «De acuerdo. Está hecho y hay que terminarlo bien para luego darle buen uso. Pero mire, aquí están sus peticiones. Quiero decirle que subiremos el aporte de Fonasa a Teletón de siete mil millones de pesos al año a once mil millones (aumento de diez a quince millones de dólares). Ya envié esta petición al Congreso». Por dentro yo estaba feliz como un niño, porque significaba elevar el aporte estatal de cerca de diez millones de dólares al año a más de catorce. Aunque esto no solucionaba todos nuestros problemas, era de gran ayuda.

Luego de ese anuncio, no quise ni siquiera mencionarle que mi idea con el proyecto del nuevo teatro era además instalar ahí el Museo de las Comunicaciones de Chile, algo que existe en la mayoría de los países, y donde las empresas públicas y privadas pueden exhibir su historia y enseñar de manera interactiva a las nuevas generaciones cómo ha sido el desarrollo de la industria en el país y el mundo, dedicando espacio a la radio, el cine, la televisión, la internet, y de paso servir de lanzamiento y muestra viva de las nuevas tecnologías en este campo. Decidí dejar esto como un sueño pendiente, tal vez para una siguiente reunión.

Lo que le llamó la atención al presidente, y me lo hizo notar, es que no estuviéramos usando toda la capacidad que nos ofrecen los institutos de rehabilitación de Teletón. Aproveché entonces para lanzarme con mi idea de elevar la edad límite de atención de veintidós a treinta años: «Presidente, tenemos toda la infraestructura para hacerlo. Solo nos faltan los recursos. Esos jóvenes quedan a la deriva en su rehabilitación, mientras siguen estudiando y no tienen como financiar las terapias en el sistema privado». Le señalé, además, la tremenda oportunidad que ofrece la tele-rehabilitación como herramienta para extender la gran tarea que realiza Teletón a lugares alejados del país.

En este momento de la reunión sentí que el presidente Piñera creía y respetaba el trabajo que ha realizado Teletón en estos cuarenta años. Además, pude percibir que entendió la importancia que tenía para mí todo esto. Son tal vez mis últimos sueños, que se suman a todos los que me ha regalado esta inmensa oportunidad que me ha dado la vida, de ser parte de una obra que hemos construido junto a todos los chilenos.

Nos tomamos la foto de rigor, nos dimos un fuerte apretón de manos y me fui feliz pensando en cómo poner en práctica de inmediato todo lo hablado y acordado. Me sentía como en el aire, impulsado por una fuerza misteriosa, mientras buscaba en mi mente dónde comenzar la tarea de conseguir filántropos para construir este «hospital virtual» que nos puede elevar a otro nivel el proyecto de la tele-rehabilitación. Pensé en el gobierno de Israel para que nos ayude a desarrollar los programas de computación que son fundamentales en la ejecución del proyecto. Alcancé incluso a llamar a la embajadora Marina Rosemberg para pedir una reunión.

No me demoré más de cinco minutos en llegar a la puerta del Palacio de La Moneda, pero el auto tardó más de veinte en llegar desde el lugar que le habían asignado para esperarme. El conductor me dijo que el tráfico en el centro estaba más complicado que nunca. Por la radio informaban que más estaciones del metro habían sido atacadas y que a esta hora una línea completa había dejado de operar. Había tacos (tranques, tapones) en todas las vías por donde tratamos de avanzar. Me llamó la atención la cantidad de gente caminando por las calles y veredas, imaginé que tratando de volver a sus hogares.

En un día normal ya habría llegado a mi casa, pero estaba apenas a mitad de camino. Las noticias señalaban que el presidente Piñera había convocado a una reunión especial con sus asesores en seguridad en La Moneda y había rumores de que se podría declarar «estado de emergencia».

Sentí como si un flashback me trasladara al año 1973, en los últimos días del gobierno de Salvador Allende con la Unidad Popular y las primeras semanas de la dictadura militar de Augusto Pinochet. En los rostros de esos caminantes, al igual que ayer, se veía una mezcla de rabia, tristeza y desesperanza.

Llegué a mi casa con sentimientos encontrados. Por un lado, feliz por la reunión con el presidente Piñera, pero por otro muy asustado y sorprendido con lo que estaba ocurriendo en el país. Dejé de escuchar las noticias para concentrarme en atender a mis invitados a la cena de shabbat que ya comenzarían a llegar. Esa noche hablamos de la felicidad, la fragilidad y de esa parte de nuestra personalidad que a cada uno nos faltaba por construir.

Al irme a dormir volví a encender la televisión y vi que se multiplicaban por las calles los desórdenes, las quemas de neumáticos y se reportaban varios saqueos a supermercados y negocios. Hacía mucho tiempo que no veía tanto enfrentamiento y furia desatada.

El sábado 19 de octubre de 2019 desperté en un nuevo Chile, desconocido para mí. Los analistas señalaban que el país se había polarizado a tal extremo que había grupos gravemente enfrentados, y que el narcotráfico y la delincuencia estaban fuera de control en las calles.

Siempre he comentado con mi entorno que en Chile existe una profunda inequidad y por esta razón los sectores más vulnerables de la sociedad tienen muy poca esperanza de salir del círculo en el que nacen. Esta sociedad les promete el sueño de una vida mejor que se les hace inalcanzable, y eso genera frustraciones y un malestar latente. Con preocupación veo y leo las noticias en el último tiempo, y siento que la justicia no está haciendo su trabajo, y que las fuerzas encargadas del orden y la seguridad han dejado de ser respetadas por un importante sector del país.

Las humeantes barricadas encendidas durante la noche en las calles más importantes del país, los destrozos y saqueos, las demandas sociales que se escuchan en los sectores más jóvenes nos hacen comprobar a todos que, tras lo ocurrido en esas horas, era evidente que el país había amanecido distinto, y tal vez para siempre. Los reporteros preguntaban en la calle y la mayoría lo expresaba abiertamente: «La gente se aburrió de los abusos. La subida del pasaje del metro fue la gota que rebalsó el vaso».

El alza en las tarifas eléctricas, los bajos sueldos, las deplorables pensiones de los jubilados, el transporte y el cobro de peajes en las carreteras, los precios abusivos de los medicamentos en las farmacias, la penosa atención en los hospitales públicos, la falta de seguridad y de oportunidades, la inoperancia de los dirigentes políticos para solucionar los grandes problemas del país... En resumen, la gran brecha social de los chilenos y las promesas incumplidas hicieron sonar con fuerza en todos los sectores del país las cacerolas de la disconformidad.

Esa noche apareció el «toque de queda», y los militares salieron a patrullar las calles junto a Carabineros. La ciudad parecía fuera de control. Hacía treinta años que no veíamos algo así. Confieso que esa noche del sábado 19 de octubre de 2019 y el domingo 20 se convirtieron en dos de los días más tristes de mi vida.

De la mano de protestas de un pueblo que ha perdido la paciencia, grupos violentistas habían destruido todo a su paso. Vecinos de los barrios populares escuchaban aterrados que luego de la destrucción de centros comerciales y del transporte público, la violencia se extendería a las áreas residenciales. Por primera vez fuimos testigos en el país de la formación de brigadas civiles entre los propios vecinos para defender sus casas y condominios, y que para identificarse como en Francia, usan chalecos amarillos. Aunque habría que decir que en Francia este atuendo reflectante, a diferencia de lo ocurrido en Chile, lo usaron a fines de 2018 grupos que protestaban contra el gobierno de Emmanuel Macron, y se convirtió en el símbolo de un profundo descontento popular.

Me doy cuenta de que el estallido social chileno sorprende a todos. Y cuando digo todos, incluyo a las más altas autoridades políticas del país. Se trata de una expresión espontánea, aunque sectores aseguran que es el resultado de acciones organizadas. El presidente todas las noches hace conferencias de prensa con anuncios y propuestas de solución para las grandes demandas sociales, pero los grupos que se manifiestan en las calles no lo escuchan, o encuentran que los ofrecimientos son poco concretos o insuficientes.

Los expertos comienzan a manifestar sus preocupaciones en todas las áreas. Muchos señalan que teniendo Chile una economía líder en el continente, hay compromisos nacionales e internacionales pendientes que con esta masiva desobediencia civil se comienzan a poner en duda. En la situación que se vive es imposible garantizar la seguridad de ningún evento masivo, y menos si se trata de recibir a un importante número de invitados internacionales.

La Conmebol (Confederación Sudamericana de Fútbol), por ejemplo, confirma que la final de la Copa Libertadores de América entre River Plate y Flamengo, programada para el 23 de noviembre, no se jugará en Chile como estaba previsto y se trasladará a Lima. Pocos días antes, el presidente Piñera había anunciado la cancelación de la Cumbre de APEC (Foro de Cooperación Económica Asia-Pacífico) que del 11 al 17 de noviembre reuniría en Chile a representantes y delegaciones de los veintiún países miembros, entre ellos al presidente de Estados Unidos Donald Trump y su par, Xi Jinping, de la República

Popular China. Se comentaba ampliamente por esos días que Piñera soñaba con su foto entre ambos líderes mundiales al momento en que firmara el esperado acuerdo comercial que pusiera fin a las tensiones generadas en los últimos meses luego de una peligrosa guerra de declaraciones y amenazas de impuestos mutuos.

Nada de eso sucedió, y peor aún, también se tuvo que cancelar la COP25, encuentro Mundial de Naciones Unidas sobre Cambio Climático que se realizaría en Santiago del 2 al 13 de diciembre, y que esperaba recibir a más de veinticinco mil representantes de ciento noventa países del mundo, entre ellos a mil quinientos periodistas de los más importantes medios del planeta. Era una gran oportunidad para el país, y todo estaba preparado para la realización de esta importante cumbre que originalmente se haría en Brasil, país que en noviembre de 2018 también renunció a ser sede señalando razones económicas. Al final la cita se llevó a cabo de emergencia en la Feria de Madrid, España, en la fecha programada.

La COP25 comenzaría un día después de terminada nuestra Teletón 2019. En las actuales circunstancias comenzábamos a pensar seriamente en que tampoco podríamos realizar nuestro maratónico programa de veintisiete horas, considerando los graves acontecimientos que ocurrían en el país. Convocamos a una reunión del equipo para el lunes 21 de octubre a las once de la mañana en mi casa, para que todos evitaran transitar por el convulsionado centro de Santiago, y además para facilitar el regreso a sus casas antes del toque de queda establecido por las autoridades a las ocho de la noche, medida adoptada tras la declaración de estado de emergencia.

En la práctica no circulaba transporte público ni había supermercados abiertos donde abastecerse, así es que decidí ofrecer como almuerzo empanadas chilenas. Una vez que estuvimos todos sentados a la mesa, nos miramos y preguntamos:

«¿Y ahora qué hacemos?». El vicepresidente ejecutivo de Teletón, Ademir Domic, tomó la palabra y sentenció sin anestesia: «Si no hay programa Teletón, los recursos que tenemos solo nos alcanzan para operar los institutos hasta abril». De inmediato pensé en los treinta y un mil pacientes que atendemos y en las mil cien personas que trabajan en nuestros centros.

La decisión fue unánime: hay que suspender el programa Teletón programado para el 29 y 30 de noviembre, y tenemos que encontrar las palabras adecuadas para comunicar al país la triste noticia. Comenzamos a analizar los detalles de esta histórica decisión, que incluía levantar toda la promoción de televisión, radio, plataformas digitales y prensa. Aunque los canales desde el sábado habían suspendido su programación habitual y solo transmitían informaciones relacionadas con el estallido social, y en un hecho inédito, como es lógico, habían eliminado incluso los comerciales. La situación era crítica. Cuando faltaban cuarenta días para la que sería nuestra Teletón 2019, ¿qué comunicamos?, ¿cómo comunicamos?

Este es un evento de gran importancia para el país, y en estos cuarenta años siempre ha estado lejos de la contingencia política. Hemos trabajado con todas las organizaciones sociales, instituciones, empresas, medios de comunicación, y por supuesto con el Estado, como importantes socios. Cuando me preguntan a qué partido o tendencia política pertenezco, siempre doy una respuesta que algunos me critican, pero de la que estoy totalmente convencido: «Soy gobiernista independiente». A la Teletón está convocado Chile sin exclusiones, porque la rehabilitación de un niño en situación de discapacidad va mucho más allá de las diferencias que podamos tener en la forma de organizarnos como sociedad.

Terminamos la reunión con más preguntas que respuestas. Todos salieron apresuradamente a sus casas para seguir pensando en las consecuencias que esta decisión nos traería. Al lunes siguiente el presidente Piñera anunció un cambio de gabinete, reemplazando a ocho de sus ministros con la consigna: «Chile cambió y el gobierno también». Decidió optar por figuras políticas jóvenes para enfrentar los desafíos de su nueva agenda, luego de diez días de graves revueltas que hasta ese momento habían dejado más de veinte víctimas fatales.

La incertidumbre en el país se acrecentaba cada día, y también la nuestra. Consideré apropiado comunicar en primer lugar al gobierno que, ante la situación del país, habíamos decidido suspender nuestra Teletón, explicando que no podíamos hacer el evento con la inseguridad que generaba el estallido social y menos con toque de queda. Acordamos que hablaría lo antes posible con el nuevo ministro del Interior, el joven ingeniero civil Gonzalo Blumel. Hicimos las coordinaciones, y en un par de horas me llamó directo a mi celular, en el preciso momento en que estábamos en una reunión explicando a dos de nuestros auspiciadores lo que estaba sucediendo, quienes no solo se sintieron de alguna manera aliviados, sino que además se manifestaron totalmente de acuerdo con la medida.

No me pareció oportuno en ese momento responder el llamado del ministro y le pregunté a su asistente si podía comunicarme con él en una hora más. Al parecer, consideró que si no le contesté de inmediato era porque mi llamado no tenía la debida urgencia. Puede que tuviera razón, pero lo claro es que no volví a saber de él.

La situación en las calles se complicaba a cada hora que pasaba. Había un descontrol en la seguridad y el orden público, y las manifestaciones estaban siendo infiltradas por anarquistas, violentistas y saqueadores. Pensando qué pasos debía dar ahora, recordé que tenía una buena relación con Karla Rubilar, exintendenta de la Región Metropolitana, y quien acababa de asumir como ministra Secretaria General de Gobierno.

Llamé a Karla y me respondió amablemente de inmediato, accediendo a reunirnos esa misma noche en mi casa. Lllegó puntual, y luego de la formalidad de los saludos, nos sentamos y entramos en materia sin rodeos: «Ministra, quiero comunicarle que no están dadas las condiciones para hacer Teletón en la fecha anunciada. Ya hemos sacado del aire y de los medios toda la publicidad de las empresas y la promoción. No tenemos forma de hacer el programa, porque además los canales dedican toda su programación a las noticias del estallido social en el país».

La ministra me escuchó con atención y me respondió: «Don Mario, ustedes están haciendo lo correcto, porque tampoco nosotros podríamos disponer de Carabineros para la debida protección del evento».

Karla tenía razón y así quedó demostrado en las semanas siguientes: nuestra policía no estaba preparada para controlar un estallido social de estas características. Carabineros de Chile históricamente ha sido una de las instituciones con mayor prestigio en el país, pero en el último tiempo ha tenido que enfrentar varios golpes, entre ellos graves acusaciones de corrupción al más alto nivel, con un accionar condenable en hechos policiales que han impactado al país, y en esta contingencia en particular hay serias acusaciones de uso excesivo de fuerza, violaciones a los derechos humanos, y se investigan denuncias de torturas y situaciones de graves apremios ilegítimos.

Conversamos largo rato con la ministra, casi hasta la medianoche. A título personal le dije que Carabineros sufría del «síndrome de Augusto», porque luego de la dictadura militar encabezada por el general Augusto Pinochet, durante la cual los uniformados cometieron violaciones a los derechos humanos, vino la esperada democracia en la que todo lo ocurrido antes golpeó duramente la relación del país con sus fuerzas armadas y de orden.

Pero entonces el péndulo se fue al extremo opuesto, y para la autoridad ha sido difícil controlar el orden público. Este síndrome coloca a Carabineros en evidente desventaja en las calles al tener que actuar contra violentistas, encapuchados y anarquistas, que a ratos incluso tienen más poder y recursos que ellos, y en ocasiones se escudan mañosamente en los derechos humanos.

Karla pensó un momento y me dijo: «Don Mario, permítame llamar al presidente para informarle de inmediato esta decisión que ustedes han tomado». Le respondí: «Pero ministra, es un poco tarde para llamarlo ¿no cree?». Me dijo que no me preocupara y se alejó hacia un rincón de la sala para tener mayor privacidad. Pasaron no más de treinta segundos y se devolvió diciéndome: «Don Mario, el presidente quiere hablar con usted», mientras me pasaba el teléfono.

Al otro lado de la línea el presidente Piñera hablaba fuerte, con tono seguro, y percibí como si estuviera tratando él mismo de darse ánimo elevando la voz. Me dijo: «Oiga, Mario, cuente con nosotros para lo que necesite». Mientras me hablaba pensé si se mantendrían los ofrecimientos que me había hecho el pasado viernes 18 de octubre en el palacio presidencial, o el estallido social también se llevaría esas promesas. Por supuesto, no era el momento de preguntarle. Al despedirse, me dijo: «Mario, pase por La Moneda en los próximos días para que hablemos». Le agradecí y terminamos la llamada mientras en mi cabeza quedaba girando un carrusel de incógnitas: «¿Cuándo podríamos hacer la Teletón? En diciembre venían las fiestas de fin de año y luego los meses de enero y febrero eran de vacaciones de verano. ¿Cómo lo íbamos a resolver?».

Tal vez quienes lean estas líneas se preguntarán si no parece exagerada tanta reunión con autoridades, con el presidente, con asesores y expertos, para un programa que en realidad es una campaña a beneficio de niños en situación de discapacidad. Pero hay que entender que este megaevento se ha transformado en el más importante de las comunicaciones en Chile, en términos de convocatoria y alcance, ya que se hace por cadena nacional de televisión y radio y participa todo el país sin excepciones. En cuarenta años es considerado por los expertos como un gran movimiento social, una fiesta nacional, y lo más importante, este evento financia el 80 por ciento de la operación de catorce institutos que hemos construido juntos a lo largo de Chile, y donde se atienden treinta y un mil niños con diferentes discapacidades y se les da apoyo a sus familias.

Si Teletón fracasa, le duele a Chile, y nosotros no podemos permitir que eso ocurra. El problema es que la contingencia había creado un ambiente muy incierto, y algunos analistas estaban anunciando un descalabro en la economía del país. Traté de calmarme pensando que tal vez mi natural pesimismo me llevaba a sobredimensionar lo que estaba pasando, pero en definitiva tenía un incontrolable nerviosismo y sentía en mis hombros el peso de una responsabilidad con esta obra que tanto bien le hace al país. Miré a mi alrededor y vi que nos movíamos en un territorio de profunda incertidumbre y me asusté ante lo que podía depararnos el futuro.

Después de mi conversación con las autoridades, me reuní con Daniel Fernández, presidente de la Fundación Teletón y reconfirmamos que la suspensión del evento era lo más apropiado en esos momentos, y acordamos citar a una reunión del directorio, a la cual, como algo excepcional, no faltó nadie. Entre los presentes había un sentimiento generalizado de desazón y de inseguridad frente a la situación del país. Luego de una larga conversación, reprogramamos el evento Teletón para el 3 y 4 de abril de 2020, porque esa era la fecha límite hasta donde podían alcanzar los recursos.

El siguiente paso entonces fue reunirnos con ANATEL (Asociación Nacional de Televisión), que agrupa a los canales chilenos, nuestros principales socios en la transmisión del programa, para informarles de la decisión. En cuarenta y ocho horas estábamos sentados con los directores de todas las empresas televisivas del país, y sin duda la desesperación ante los acontecimientos hizo que la convocatoria se hiciera con extraordinaria rapidez.

Les informamos nuestra decisión de mover el programa para abril del año siguiente, y aunque encontramos buena acogida a la idea, nos mencionaron que las fiestas de fin de año y las vacaciones podrían complicar la producción. Nos despedimos deseándonos suerte y con una pequeña cuota de esperanza de que las cosas tomaran un camino diferente.

Pero la guinda de la torta nos llegó el jueves 19 de diciembre, cuando en inédita votación en democracia, el Senado aprobó por mayoría absoluta (de los 43 miembros, 38 votaron a favor) una reforma que permitirá la realización de un plebiscito para decidir si se aprobaba o no el reemplazo de la Constitución chilena que rige al país desde 1980, y cómo estaría conformado el grupo encargado de escribir la nueva Carta Magna. Para nosotros un nuevo tropiezo, ya que la fecha asignada para el plebiscito (26 de abril) se cruzaba comunicacionalmente con Teletón, con el agravante de que se haría una intensa campaña por los medios en lo que se llama «franja política», obligatoria por ley.

Me sentí abrumado. Llevábamos treinta días de estallido social, y todo parecía indicar que no había muchas esperanzas de salir airosos de esta crisis. La Teletón de abril ahora podría verse opacada por el activismo entre los que apoyaran la redacción de una nueva Constitución y los que se opusieran al cambio, copando el espacio de discusión en la opinión pública. Además, los analistas y expertos en materias económicas pronosticaban que después de marzo el país estaría enfrentado a una grave cesantía que alcanzaría dos dígitos. Eso significaba unas trescientas cincuenta mil personas sin trabajo en los próximos tres meses, y por lo tanto más de trescientas mil familias con las cuales, como es lógico, sería muy difícil contar para nuestro evento de recaudación.

Tratando de no pensar en todos los nubarrones que advertí en el horizonte, pedí una reunión con los auspiciadores del programa Teletón, quienes sin duda representaban a parte de las empresas que habían sido duramente golpeadas en este mes crítico. La actividad comercial había caído a niveles históricos, y tenía un gran temor de la reacción que pudiera tener el empresariado frente a los aportes que cada uno había comprometido con nuestra campaña.

Todos llegaron puntualmente a la cita. De verdad sentía que Chile había cambiado. Estaban todos serios, reflexivos y cuidadosos en sus opiniones. Era un ambiente muy diferente a las reuniones habituales de coordinación que teníamos con ellos. Me tocó romper el hielo y sin rodeos les dije apesadumbrado: «Señores, los hemos convocado a esta reunión para informarles que hemos decidido suspender el programa Teletón». Lo curioso es que pude notar en sus rostros que a nadie pareció sorprenderle mi anuncio, y de manera unánime se manifestaron de acuerdo con la decisión y coincidieron con nuestro diagnóstico de que en las actuales circunstancias era imposible realizar el programa.

El problema es que como estábamos cerca de la fecha programada para el evento Teletón, muchos de ellos ya habían realizado el pago que les correspondía por su participación, y algunos estaban por hacerlo en esos días. Uno de ellos tomó la palabra y dijo sin titubear: «Por nuestra parte no se preocupe, Don Francisco. Aunque no se haga el programa Teletón, vamos a mantener el aporte de nuestra empresa». Su actitud me sorprendió gratamente, me produjo gran alivio en el alma, y mejor aún, todos se sumaron a esa decisión y aceptaron el reto sin condiciones. Con estos dineros podríamos mantener el funcionamiento de la institución por lo menos ese mes y el siguiente.

Aunque la reunión nos dio un respiro, las cuentas que sacábamos no eran tranquilizadoras. Lo que se nos presentaba para el 2020 era casi una misión imposible, con una Teletón en medio de la incertidumbre, un importante plebiscito atravesado en nuestras fechas, un país económicamente dañado, y con el agravante de que tendríamos que hacer un segundo evento a finales de año para cubrir el financiamiento de 2021.

Todo esto nos llevó a la tarea de pensar que en este «nuevo Chile» también había que desarrollar una estructura diferente de financiamiento de la obra, buscando otras fuentes de recursos, ya que el actual modelo la volvía muy vulnerable a los vaivenes de la realidad social, económica y política del país. La Teletón no puede depender solamente de la realización de un programa de televisión al año, aunque también entiendo que ese programa cumple otras funciones que van mucho más allá de la recaudación: es un punto de encuentro del país con una obra que es orgullo de todos.

Si no logramos encontrar un camino, lo que nos espera es muy duro, y ninguno de los que iniciamos este proyecto quisiéramos llegar al extremo de renunciar a la tarea de seguir empujando esta magnífica obra. Luego de cuarenta años tan exitosos y en los que se ha podido visualizar la mejor cara solidaria del país, si no podemos financiarla, tal como está en los estatutos de la institución, todo lo que hemos construido pasa automáticamente a manos del Estado.

Mientras continuábamos en sesión permanente de reuniones con nuestros equipos internos y asesores externos, el país seguía sangrando. Se repetían todos los días las imágenes de protestas, barricadas en las calles, saqueos, enfrentamientos con la policía, la cual no podía controlar el orden público. Y en la desesperación e inexperiencia para enfrentar este masivo estallido social, se siguieron cometiendo abusos que en nada contribuyeron a la búsqueda de una salida. Cada día había más detenidos, policías heridos, y el gobierno junto a dirigentes políticos hacían tímidas propuestas y ofertas que intentaban calmar la fiebre de las protestas.

Como el estallido no tenía líderes visibles con quienes negociar, los ofrecimientos se los llevaba el viento y lo único que lograban era aumentar la intensidad de la violencia que desplegaban los grupos de encapuchados que se descolgaban de las marchas para destruir, quemar y saquear, sin que la policía pudiera hacer mucho por detenerlos.

Era noche de celebración de año nuevo, y llevábamos ochenta días en una crisis que angustiaba y parecía interminable. Seguían las protestas y los actos de violencia, ahora teniendo como objetivos algunas iglesias que por su antigüedad son consideradas patrimonio histórico. Es increíble, pero el ser humano es capaz de adaptarse a todo, porque mientras por una parte se mostraban imágenes de incendios, barricadas y saqueos, por otra se veían las fiestas organizadas para recibir el 2020 (aunque muchas debieron suspenderse), y como había llegado el calor del verano, las piscinas, playas y parques estaban repletos de familias buscando un poco de refrescante calma.

Los días avanzaban y la pregunta que me atormentaba era si realmente podríamos hacer el programa el 3 y 4 de abril. Como una forma de percibir la reacción de los chilenos frente a nuestra Teletón, decidimos lanzar el 10 de enero una campaña en la que anunciábamos oficialmente la fecha del evento, aclarando que se trataría de una Teletón «de urgencia y emergencia».

Los estudios nos indicaron que el público mayoritariamente seguía apoyando a la institución, y todas las percepciones e índices eran positivos. Eso al menos significaba que el afecto por la institución permanecía intacto y que, aunque tuviéramos muchas variables en contra, podíamos seguir con el proyecto de hacer el evento en los primeros días de abril.

Pero las noticias siguieron siendo poco tranquilizadores. El lunes 6 de enero se realizó en todo el país la PSU (Prueba de Selección Universitaria), una serie de exámenes que tienen como objetivo la selección de postulantes para seguir con sus estudios superiores.

Había numerosas amenazas de grupos que estaban en contra de esta prueba (que se realiza desde hace diecisiete años) porque la consideraban discriminatoria y la acusaban de favorecer a estudiantes que provienen de los colegios privados más caros del país. El llamado fue a «funar» (manifestación de repudio público) la prueba, lo cual se logró en al menos 86 locales (de un total de 729), que tuvieron que ser cerrados por incidentes y disturbios.

La PSU fue reprogramada para el mes siguiente y las autoridades anunciaron que sería realizada bajo estrictas medidas de seguridad. Llegó la fecha y fue doloroso ver a los jóvenes entrando a los recintos estudiantiles como si estuvieran en una zona de guerra.

Algunos se preguntarán qué sentido tiene que escriba todo esto. Estoy convencido de que lo que está ocurriendo en mi país es algo histórico, cuyo final es impredecible. Es una situación desconocida para todos, y nadie sabe qué surgirá de este «nuevo Chile» del cual todos hablan. Por coincidencia, simultáneamente las noticias muestran que incidentes masivos de similares características ocurren en diferentes lugares del mundo. Me pregunto varias veces al día hacia dónde se dirige la humanidad.

En medio de todo esto, los estudios de evaluación de la campaña Teletón seguían mostrando cifras en alza y la intención de donación se elevaba al 80 por ciento. Esto nos levantó el ánimo, aunque al final del día me volvió el pesimismo cuando vi las violentas imágenes de la jornada. Grupos descontrolados atacaban recintos policiales con bombas molotov (incendiarias), y también gobernaciones, gasolineras y todo lo que pudiera representarles un símbolo de poder. Todas las noches se encendían barricadas en los barrios periféricos de Santiago. La gente estaba cada vez más inquieta, enojada, y los policías se veían incluso asustados. Había incidentes en la salida de los estadios de fútbol, lo cual ponía en duda la continuidad del campeonato oficial, y los dirigentes deportivos veían muy cerca la posibilidad de suspender partidos.

Regresando a nuestro evento de abril, y ante todo lo que ocurría, sentí que había que tomar precauciones especiales por la posibilidad de que esta violencia no se detuviera. A mis compañeros les dije claramente que esta sería una Teletón diferente, de «urgencia y emergencia», y esto significaba que tendríamos que suspender algunos contenidos masivos tradicionales como la «corrida» (carrera masiva que se hace por las principales calles de Santiago) por razones de seguridad.

Ya habíamos decidido que la obertura y el cierre los haríamos en el Movistar Arena, un moderno estadio cerrado con capacidad para doce mil personas, que además nos ofrecía protección para el público en el caso de que hubiera un cambio brusco en el clima (el promedio para esa fecha es de 24 ºC (75F) en el día y podía bajar hasta 6 ºC (44F) en la noche.

El Banco de Chile, que desde 1978 ha sido uno de nuestros principales colaboradores, puso a disposición de Teletón durante veintisiete horas más de tres mil puntos de recaudación, nos confirmó que haría su mayor esfuerzo para facilitar la donación digital, a través del celular o internet, y desde cualquiera de las entidades financieras que operan en Chile. Solo nos informaron que cerrarían las sucursales desde las nueve de la noche hasta las seis de la mañana siguiente para evitar situaciones de riesgo durante la jornada nocturna. Para eso habíamos creado en conjunto lo que llamamos «botón digital», que permitía fácilmente hacer aportes online en cualquier horario y sin que las personas tuvieran que salir de sus casas.

La producción y organización del evento avanzó y se acomodó a nuevas realidades, y mi preocupación era el ambiente social del país en la fecha del evento, ya que las primeras cifras de desempleo no eran alentadoras, en especial en la zona central, donde estaba subiendo al 8 por ciento a fines de enero, y los analistas señalaban que en dos meses podría elevarse hasta el 12 por ciento. Esto nos obligó a modificar la campaña para hacerla más masiva, buscando llegar con más fuerza a todos los sectores de la población, promoviendo que quienes pudieran dar no se restaran, y los que pudieran dar más redoblaran sus esfuerzos.

Llevábamos ciento diez días de convulsión social, y según datos de la encuesta CEP (Centro de Estudios Públicos) publicados el 16 de enero, el presidente Piñera tenía un 6 por ciento de aprobación, la cifra más baja para un mandatario desde el retorno a la democracia; había una fuerte caída en la credibilidad de importantes instituciones como Carabineros de Chile y las Fuerzas Armadas, y los parlamentarios tenían la cifra récord de un 3 por ciento de confianza ciudadana. Esto me volvió a provocar una gran inquietud, porque parecía como que el estallido social aún no tocaba fondo, y mi única esperanza era que en estas nueve semanas que nos quedaban, la situación pudiera revertirse.

Sentía que teníamos todo en contra, pero igual mantenía mi fe y optimismo, tal vez porque en definitiva no nos quedaban muchas opciones. Sabíamos que los riesgos eran muchos, porque este evento necesita una alta participación popular, pero también entendíamos que las necesidades de la gente eran ahora mayores y no podían esperar.

Nueva amenaza – el Coronavirus

Nos encontrábamos en plena incertidumbre y trabajando intensamente para estructurar la Teletón en medio de una grave crisis social y política, cuando el destino nos tuvo preparada otra sorpresa. Las noticias indicaban que, en la ciudad de Wuhan, en China, ya se registraban cientos de casos de una nueva enfermedad: un tipo de coronavirus llamado covid-19. Investigadores y científicos intentaban buscar desesperadamente al «paciente cero» y además señalaban que podría tratarse de un virus que saltó a los humanos de un animal salvaje, posiblemente un murciélago. Se temía que el contagio pudiera extenderse rápidamente a otros lugares del mundo.

Paralelamente al desarrollo vertiginoso de esta noticia, nosotros seguimos preocupados por la seguridad que tendría nuestro evento de los primeros días de abril, sobre todo la protección de las sucursales bancarias que estarían abiertas para la recaudación, aunque nos sentimos optimistas por la buena recepción que ha tenido la campaña, con estudios que nos indicaban que en el público había un cien por ciento de «intención de donación». Los equipos trabajaban intensamente y con entusiasmo en los contenidos de cada bloque del programa de veintisiete horas, acomodando con responsabilidad cada elemento a las circunstancias difíciles que vivía el país.

El mes de febrero transcurrió con relativa tranquilidad y normalidad, con algunos brotes de violencia que interrumpieron débilmente la tradicional temporada de vacaciones. Nos habíamos acostumbrado a las noticias de saqueos, asaltos a cuarteles policiales, barricadas en las calles, aunque en medio de este oasis informativo febrerino aumentaba la inquietud ante amenazas de un recrudecimiento de la violencia en los primeros días de marzo, por lo cual incluso supermercados, sucursales bancarias y centros comerciales habían decidido no retirar los paneles metálicos instalados para proteger sus vitrinas de la destrucción irracional que se desataba en las jornadas de protestas callejeras.

En los primeros días de marzo la violencia regresó con focos aislados muy agresivos en diversos lugares del país. Sectores del gobierno y la oposición seguían enfrentados duramente y se veían muy lejanas las posibilidades de dar solución a las grandes demandas sociales que originaron este grave estallido.

Aproveché de reunirme de nuevo con la ministra Secretaria General de Gobierno Karla Rubilar, quien además es médico cirujana y me previno del crecimiento acelerado del coronavirus, a la vez que me preguntó por nuestras necesidades de seguridad para la Teletón del 3 y 4 de abril. Como resultado de las gestiones oficiales, recibimos el apoyo incondicional de Carabineros de Chile y la Policía de Investigaciones (PDI).

Entretanto, para sumar alertas al ya enrarecido ambiente nacional, el 3 de marzo se registró el primer caso de coronavirus en el país, que correspondió a un viajero de treinta y tres años que habría regresado a fines de febrero de Singapur. De inmediato saltaron las alarmas, puesto que según la OMS (Organización Mundial de la Salud) esta enfermedad ya registraba noventa mil contagiados en el mundo y más de tres mil víctimas en sesenta y cuatro países. Una semana después, la misma OMS declaró al coronavirus como pandemia global, ya que se había multiplicado de manera descontrolada fuera de las fronteras de China, y se contabilizan ciento veinte mil casos en 114 países, con más de cuatro mil trescientos fallecidos.

Algunos países de Europa comenzaron a tomar medidas restrictivas muy severas. Italia, por ejemplo, el 9 de marzo anunció el aislamiento total del país; el gobierno español el cierre de todas las escuelas y recomendó el teletrabajo, luego de que el número de contagiados llegara a los setecientos, con una veintena de víctimas, y en Alemania se cancelaron todos los eventos masivos.

A diez días de la aparición del primer caso, en Chile comenzaron a tomarse las primeras prevenciones; y el 15 de marzo en conferencia de prensa, cuando ya se registran setenta y cinco casos, el presidente Sebastián Piñera anunció entre otras medidas la suspensión de clases por dos semanas en todo el país, y una prohibición de reuniones en actos públicos con más de doscientas personas. A esto se agregó que más de veinte universidades del país decidieron suspender la asistencia presencial y seguir en contacto con sus alumnos a través de sistemas de teleeducación.

En ese momento, y por las medidas anunciadas, cancelamos el evento de cierre de Teletón en el Movistar Arena, y comenzamos a trasladar toda la producción al teatro, limitando la asistencia de público a los requerimientos de las autoridades.

Los informes diarios a las diez de la mañana de las autoridades comenzaron a generar expectación en cada uno de nosotros y en todo el país, por la entrega dramática de cifras de contagios y víctimas, y por el anuncio de las nuevas medidas que se iban implementando. Estas conferencias de prensa se producían después de reuniones a las nueve de la mañana del Jefe de Estado con su equipo de asesores encabezado por el entonces ministro de salud Jaime Mañalich, nombrado Coordinador Interministerial del Plan de Coronavirus para todo el país.

A esta altura me resultaba increíble el hecho de que comenzaran a cruzarse dos situaciones que habían cambiado totalmente la vida de los chilenos en los últimos meses. Por una parte, el estallido social iniciado el 18 de octubre de 2019 que ha mantenido en vilo al país, y ahora la arremetida del coronavirus convertido en una ola imparable en todo el planeta.

Sobre el virus se produjeron muchas especulaciones y se escucharon las más inverosímiles historias de conspiraciones secretas de China para tomar el control de la humanidad a través de esta pandemia. Mientras tanto, el presidente Donald Trump en Estados Unidos rebajaba la importancia del virus y el 9 de marzo en su cuenta de twitter lo comparaba con una gripe común: «El año pasado 37 mil estadounidenses murieron a causa de una gripe común. Tiene un promedio de entre 27 mil y setenta mil muertes por año. Nada se cierra, la vida y la economía continúan. En este momento hay 546 casos confirmados de coronavirus con veintidós muertes. ¡Piénselo!».

Sin embargo, dos días después de este mensaje, hizo un anuncio que sorprendió al mundo: «Para evitar que ingresen nuevos casos a nuestro país, suspenderé todos los viajes de Europa a Estados Unidos durante los próximos treinta días». En el mismo anuncio esta vez calificó al coronavirus como «una infección horrible».

La prensa hablaba de estas señales confusas de la administración Trump, y recordaba que dos días después de registrado el primer caso en Estados Unidos el 22 de enero, el mismo Trump había señalado: «Es solo una persona que vino desde China y la tenemos bajo control. Todo va a estar bien». Dos meses después, Estados Unidos se convertía en el país con más contagios en el mundo, alcanzando los seiscientos mil, y con una cifra dramática de víctimas que superaba las veinticuatro mil personas.

Chile, entretanto, seguía enfrentado en el debate político, y en la televisión aún se hablaba del plebiscito para aprobar o rechazar la idea de una nueva constitución, y el coronavirus, aunque seguía aumentando sus cifras y se tomaban nuevas medidas, no lograba acaparar la atención nacional. Algunos representantes de la oposición señalaron que ciertas restricciones adoptadas, como el decreto de «estado de catástrofe» por noventa días ante el avance de la enfermedad, establecido a partir del 19 de marzo, era solo una maniobra oficialista que buscaba detener la fuerza del estallido social.

Al interior del equipo de producción comenzamos a discutir seriamente la posibilidad de que ante los acontecimientos se tuviera que suspender una vez más el evento del 3 y 4 de abril. Algunos incluso pensaron que las medidas que había adoptado el gobierno eran exageradas y apuntaban más a reprimir la situación política adversa que a detener el avance de la pandemia. En estas discusiones internas me enfrenté a ellos con vehemencia y les señalé que era una locura pensar así, ya que lo que vivíamos era algo que jamás había ocurrido en la historia de la humanidad de esta manera, y que debían dejar a un lado sus sueños y posiciones políticas para pensar con verdadero realismo.

Uno de esos días me desperté y pregunté a Temy si estaba contenta con su vida. Me miró extrañada porque no es precisamente la pregunta que uno espera al abrir los ojos a un nuevo día. Por fortuna me respondió sin dudar que sí, que estaba muy contenta. Le insistí que si tenía algo pendiente que le inquietara. Me dijo que no, pero algo incómoda agregó: «Marito, ¿y a qué se deben estas preguntas?». Le respondí: «Es que yo me siento igual, contento y sin cosas pendientes. Y en las circunstancias que estamos viviendo, siento que cada mañana que nos despertamos juntos es un regalo de la vida».

Una semana después de esas reflexiones, las cifras en el país superaban los quinientos contagiados y se lamentaba el primer fallecido. Las fronteras de casi todo el mundo estaban cerradas, y las muertes en Europa y en todos los continentes se contaban por miles, mientras la cifra de contagiados superaba el millón.

Chile tenía varias ciudades en cuarentena, otras con barreras sanitarias, había restricciones para el ingreso al país de extranjeros, dificultades para trasladarse de una ciudad o comuna a otra, y se habían cancelado más del 80 por ciento de los vuelos internacionales. Nuestros institutos de rehabilitación

estaban atendiendo a distancia a través del sistema de tele-rehabilitación, o en consultas telefónicas directas con los pacientes.
En los catorce centros a lo largo del país había una dotación de
emergencia para los casos que necesitaban atención presencial,
y hasta ese momento no se registraban contagios entre nuestros
pacientes y sus familias.

Quedaban dos semanas para nuestro evento Teletón y
todos los días surgían nuevas dificultades y barreras. El 20 de
marzo, en reunión virtual con el equipo de producción, decidimos cambiar el objetivo del programa, dejando en un segundo
plano la recaudación y privilegiando un esfuerzo por acompañar a los chilenos en medio de la incertidumbre y el miedo
que estaba provocando esta pandemia planetaria. Quedamos
en seguir reuniéndonos cada dos o tres días para ir evaluando
paso a paso los acontecimientos. Estábamos todos convencidos
de que en dos semanas entraríamos en una cuarentena total, lo
cual significaba la posibilidad de hacer un programa con características únicas, que jamás se nos habría pasado por la mente
poner al aire.

Ante la eventualidad, comenzamos a trabajar la idea de
hacer un evento virtual de urgencia y emergencia, que tuviera como lema *Teletón te acompaña*. Pediríamos a los artistas y
conductores que participaran desde sus casas, y a los cantantes
que hicieran el esfuerzo de unirse a nosotros entregando su talento desde la intimidad de sus cuarentenas. Íbamos a seleccionar las historias y reportajes para este programa sui generis, y
realizaríamos las entrevistas desde las casas de los pacientes y
sus familias.

A las empresas que quisieran participar de este evento, y
estuvieran dispuestas a donar a Teletón, les pediríamos un video
con su mensaje solidario, y todo esto lo mezclaríamos con momentos de la historia de Teletón. En mi casa habíamos instalado
un estudio virtual muy simple, con luces y una cámara, que me

permitía estar en contacto varias veces al día con los programas nacionales e internacionales explicando nuestra idea.

El día del programa tendríamos a un grupo reducido de animadores y personal de producción en el Teatro Teletón, y ellos serían la cabeza de la transmisión. El resto de los conductores estaríamos desde nuestros hogares, y en mi caso con mayor razón, ya que por mi edad debía quedarme en casa. Mis compañeros me insistieron en que debía respetar la cuarentena, y además entendía que si no lo hacía estaríamos entregando una muy mala señal al público.

En esta nueva «normalidad» que comenzamos a vivir, la «virtualidad» se estaba transformando en parte fundamental de nuestras vidas. El viernes 20 de marzo, por ejemplo, tuvimos nuestro tradicional shabbat familiar y resultó una experiencia fantástica. Nos reunimos con nuestros hijos y nietos desde diversos lugares de Santiago, y con otros que estaban en Estados Unidos, en puntos tan distantes como Los Ángeles y Miami. Fue una especie de catarsis para todos, ya que tuvimos la oportunidad de compartir y expresar nuestros miedos y esperanzas, y tratar de proyectar juntos el futuro.

Es increíble que en medio del avanzado desarrollo de la inteligencia artificial, la robótica, la globalización, el extraordinario invento de internet, y tantas otras maravillas modernas, un par de gotas de un virus hasta ahora desconocido hayan paralizado el mundo tal como lo conocíamos algún tiempo atrás. Las fronteras cerradas, las economías colapsadas, algunas de las grandes y pequeñas empresas en grave peligro de desaparecer, y todos, sin excepción, desde el más grande al más pequeño, desnudos frente a una pandemia de la cual no tenemos cómo defendernos.

Mientras el planeta enfrenta asombrado lo que representa esta pandemia, nosotros recibimos una noticia desalentadora: una encuesta reveló que el 68 por ciento de los chilenos no quería que se realizase la Teletón. Ante la contundente evidencia nos reunimos con Enrique Correa, nuestro asesor comunicacional, y todo el equipo de producción para evaluar el nuevo escenario. Enrique nos señaló que con ese porcentaje en contra, el evento no debía llevarse a cabo.

Su sentencia me desplomó el alma. Ya el estallido social nos había obligado a cancelar en noviembre y ahora tendríamos que enfrentarnos de nuevo a la posibilidad de suspender. Nunca pensé que la gente podría oponerse a la Teletón. En la reunión, cada uno tuvo oportunidad de expresar y opinar sobre lo que esto significaba. Después de mucho discutir, decidimos que no había alternativa: teníamos que suspender el programa.

Aunque trataba de que no se me notara, estaba desesperado y desconcertado. Conocía más que nadie la difícil situación económica en la que estaba la institución y las graves consecuencias que esto podría tener para el futuro. Propuse que nos tomáramos setenta y dos horas para pensar antes del anuncio oficial, quizás con la íntima esperanza de que se produjera un milagro. Me parecía descabellado que después de meses de intensa campaña de promoción para esta Teletón de emergencia del 3 y 4 de abril, diez días antes dijéramos al país que debíamos suspenderla.

Sentí que el público no entendía que esta vez queríamos hacer algo distinto, y pedí al equipo hacer otro estudio que expresara en las preguntas, con mayor claridad, el objetivo del evento que queríamos realizar. Tendría el nombre Teletón, pero sería un programa destinado a acompañar a los chilenos en momentos difíciles, y por eso lo llamaríamos *Teletón te acompaña*.

El resultado de este nuevo estudio estaría el jueves 26 de marzo, una semana antes de salir al aire, y luego de eso tomaríamos una decisión definitiva. El tiempo se nos estaba agotando. Mientras esperábamos los nuevos números, hablé con políticos, publicistas, periodistas, empresarios, amigos de todos los sectores, tratando de escuchar diferentes opiniones. Debo ser sincero, porque pese a mis explicaciones, la mayoría se mostraba escéptico a la idea de hacer una Teletón en estas circunstancias.

Pienso que es momento de compartir lo que estaba pasando con el Banco de Chile, uno de nuestros socios más importantes. Han estado fielmente con nosotros desde la primera Teletón en 1978, y nos han apoyado desde entonces con entusiasmo creciente. Suelen aportarnos más de diez mil voluntarios que durante las veintisiete horas cada año atienden cientos de sucursales y cajas auxiliares para recibir a más de tres millones de familias chilenas que acuden a nuestro llamado para colaborar.

Pese a estar en cuarentena, y aunque parezca increíble, era difícil encontrar un horario que nos coincidiera a los tres, pero aun así logramos coordinar una reunión virtual nocturna con Eduardo Ebensperger, gerente general del Banco de Chile, y Pablo Granifo, presidente del directorio del mismo banco. Cuando les comuniqué la decisión que estábamos a punto de tomar, Eduardo no lo podía creer: «Pero eso es una locura, Mario. Después de que conseguimos que todos los bancos se unan para participar y creamos el botón digital para que se pueda aportar desde cualquier banco. Pero bueno, en cuarenta años siempre los hemos apoyado, y también lo haremos en esta ocasión».

Pablo Granifo, por su parte, se sumó a las palabras de Eduardo: «Aunque no estoy de acuerdo con la decisión que están pensando tomar, los vamos a respaldar, Mario. Pero quisiera darte mi opinión sobre las consecuencias de esto, porque creo que, si no se hace ahora, nunca más se podrá hacer en Chile una Teletón». Las palabras de Pablo me golpearon duro y quedé más inseguro y confundido de lo que estaba antes.

Con todo esto, creí que había llegado el momento de hablar con Karla Rubilar, ministra Secretaria General de Gobierno para decirle que de acuerdo con las encuestas la mayoría de los chilenos en ese momento no quería una Teletón, y que ese sentir mayoritario de la gente se iba a reflejar negativamente en la recaudación. En la conversación sostenida casi a la medianoche por sus complejas obligaciones, le reiteré que el dinero nos alcanzaba hasta el mes de abril, y que para la institución esto podría ser muy grave, ya que treinta y un mil familias quedarían sin tratamiento de rehabilitación para sus hijos y más de mil cien funcionarios sin su fuente de trabajo.

La ministra, como siempre muy gentil, me explicó que ella estaba sobrepasada de trabajo debido a las circunstancias. Le pregunté qué pensaba ella que debiéramos hacer. Me respondió: «No se preocupe, Don Francisco, mañana a las nueve tengo reunión con el presidente Piñera, voy a hablarle de esto, y luego le cuento cómo me va».

Tal como me dijo, en la tarde del día siguiente me llamó la ministra para decirme: «Tranquilo, Don Francisco, el presidente lo va a llamar el fin de semana». Le agradecí su preocupación y deferencia, y me quedé con ánimo renovado para seguir luchando contra todo por la posibilidad de hacer la Teletón en la fecha que teníamos programada.

A muchos puede seguir pareciéndoles insólito que para hacer una Teletón tenga que ponerme de acuerdo con las más altas autoridades del país. Pero insisto en que este evento no es solo una jornada de recaudación de fondos para una institución dedicada a la rehabilitación infantil; es mucho más que eso. En todos estos años se ha convertido en quizás la más grande obra construida solidariamente por todos los chilenos, y ha demostrado ser muy eficiente en la tarea de administrar los recursos para ofrecer un alto nivel de atención a sus pacientes y familias, apoyada además por todos los gobiernos, sin distinción política.

En todos los estudios y encuestas, Teletón aparece mencionada como un orgullo nacional, a la altura de las fiestas patrias o la selección de fútbol, aunque con una gran diferencia con relación a nuestra oncena deportiva: Teletón jamás ha sido derrotada y durante cuatro décadas ha ganado todos los campeonatos nacionales de solidaridad. Los brazos de su éxito le han permitido dar visibilidad a toda la población en situación de discapacidad del país, que se calcula alcanza un 20 por ciento de los diecinueve millones de chilenos.

Ese era el evento que estaba en juego y que vivía uno de los momentos más críticos de su exitosa historia. Era jueves; llegaba el momento de reunirnos para conocer el resultado de la nueva encuesta que pedimos para tomar las decisiones finales. Al comenzar, las opiniones seguían firmes en que si hacíamos Teletón se pondría en riesgo a la institución frente al país. Pedí calma a todos, esperando que se integrara a la reunión Benjamín Díaz, gerente de marketing, quien nos entregaría los resultados del estudio más reciente. Al final, Benjamín nos dio una muy mala noticia: el resultado del estudio era aún peor que el anterior. Aunque a la gente se le especificó la forma en que se haría el programa, inexplicablemente para mí, el porcentaje en contra subía al 78 por ciento.

Patricio López, el productor general, pidió tomar una decisión lo antes posible y ponernos de acuerdo en cómo se iba a comunicar esto al público. Benjamín pidió la palabra y señaló que si cancelábamos, no le estaríamos cumpliendo a los auspiciadores y eso podría tener consecuencias económicas muy negativas para la institución. Aunque las horas pasaban, y ya quedándome casi sin argumentos, pedí veinticuatro horas más y los invité a reunirnos al día siguiente al mediodía, ya que a las cuatro de la tarde teníamos que enfrentar por videoconferencia al directorio y explicar la decisión. Ximena Casarejos, directora ejecutiva de la fundación, quien me acompañó en estas cuatro décadas, apoyó mi sugerencia y señaló que le parecía lo más prudente.

En punto el viernes al mediodía, exactamente a una semana de Teletón, estábamos todos reunidos. Benjamín, que pese a todo nunca dudó de que el evento debía realizarse, fue quien al interior del equipo, además de todas sus tareas, se encargó del análisis técnico de los informes y estudios. Tomó la palabra y nos dijo algo que para mí se convertiría en el gran punto de inflexión de esta odisea: «Hay algo interesante en la encuesta. Es cierto que un 78 por ciento de la gente se manifiesta en contra de la idea de hacer Teletón. El público después de cuarenta años conoce la Teletón de una sola manera, con eventos masivos, bancos abiertos, y aunque expliquemos que será distinta por las circunstancias, la gente no alcanza a captar esa diferencia. Pero si profundizamos en la encuesta, y vemos las razones que expone la gente para no hacerla, hay un factor común: la mayoría piensa que va a fracasar porque en las circunstancias que vivimos no es posible llegar a la meta. Y hay algo más curioso todavía. A ese mismo porcentaje que no quiere el evento, cuando se le pregunta si estaría dispuesta a donar esta vez, la mayoría responde que sí».

Esto desató un gran debate entre nosotros tratando de interpretar el análisis que acabábamos de escuchar. Benjamín insistió: «Estoy convencido de que la gente quiere a Teletón, la siente como propia, por lo tanto, el miedo es a que fracase, pero igual está dispuesto a apoyarla. Con estos resultados yo no tendría miedo de hacerla».

Me sumé a las palabras de Benjamín y agregué: «Entonces hagamos la Teletón sin meta, pensando en que todo lo que se reúna igual es bueno y nos permite seguir atendiendo por un tiempo, mientras buscamos nuevas fuentes de financiamiento. Piensen que el Estado de Chile en este momento tiene otras prioridades y no podrá ayudarnos si el dinero se termina. Es más, la ministra Rubilar me dijo que el presidente me llamaría y hasta ahora ese llamado no ha sucedido. Eso solo puede significar una cosa: que por ahí no podrá llegar nuestra ayuda».

Siguió la discusión y volvieron a la mesa virtual los argumentos que señalaban que la preocupación y prioridad de todos, incluso de las autoridades, estaba en otra parte, por lo tanto, se hacía casi imposible poner al país en #modoteleton. A todo esto, respondí: «No olvidemos que nuestros niños están entre los más vulnerables en esta crisis de salud. Casi un tercio de nuestros treinta y un mil pacientes tiene serias dificultades respiratorias, está postrado, y el 50 por ciento de esas familias son monoparentales, es decir, nosotros somos su única esperanza y no los podemos abandonar. No olvidemos que tenemos un compromiso y una responsabilidad».

El tono de la conversación comenzó lentamente a girar, aunque todavía había muchas dudas sobre la mesa y vi que no estábamos en condiciones de tomar una decisión final. Pedí otras veinticuatro horas para meditar, y propuse juntarnos al día siguiente. Yo me encargaría de hablar con el directorio para pedirle extender hasta el lunes el plazo para una decisión definitiva. La pausa hizo su efecto y ya el sábado había una clara mayoría que se inclinaba por hacer el evento con las modificaciones que proponíamos, es decir, sin meta, menos horas al aire y con un contenido diferente. Patricio López solicitó que nos volviéramos a reunir el domingo para definir los detalles y el marco general del evento.

Nos quedaban solo seis días para Teletón, y ahí estábamos. Sabíamos que nos enfrentábamos casi a un imposible. Yo no había dormido en toda la noche, pero estaba más convencido que nunca de la necesidad de hacerla. Patricio me dijo: «Mario, ya le hemos dado muchas vueltas a esto. Llegó el momento de "mojarse el potito" (que traducido al español significa "mojarse el culo"). Tú tienes que tomar la decisión. No hay más tiempo».

Yo sabía que tarde o temprano llegaría ese momento y tenía clara la respuesta que debía darles: «Me arriesgo. Hay que hacerla. Es definitivo. Los niños y jóvenes a los que hemos ilusionado durante cuatro décadas lo merecen. Hasta ahora nunca hemos fallado. Más unidos que nunca vamos todos adelante con el programa». Me pareció haber escuchado tímidos aplausos, o tal vez en mi entusiasmo los imaginé.

El equipo comenzó a dar forma una vez más a esta Teletón, la más mutante y difícil de la historia. Según mis cálculos, este debía ser el formato número siete para un evento que comenzamos a preparar en los primeros meses de 2019.

Lo primero que acordamos como medida era ser muy cuidadosos en interpretar la encuesta más reciente, porque si el público tenía temor al fracaso de Teletón, no podíamos arriesgarnos con un formato y un contenido que desentonaran con ese profundo sentimiento. En definitiva no tendríamos una meta como objetivo, aunque para mí era como jugar un partido de fútbol sin arcos hacia donde apuntar los goles. Decidimos entonces que la verdadera meta tenía que ser la vida, porque lo que todos sentíamos era que en esta situación planetaria que experimentábamos estaba en juego la vida propia, la de nuestras familias, y la de todos los chilenos.

Lo segundo que tomamos como prioridad para desarrollar el programa es algo que jamás nos ha fallado, esto es, apelar a lo que nos enorgullece como chilenos: la unión y la solidaridad. Ahora más que nunca nos necesitábamos así, abrazados, contenidos, y en esas horas de Teletón tendríamos que latir como un solo corazón.

Y lo tercero que establecimos como lineamiento era la necesidad de visualizar de alguna manera las necesidades de la institución para lograr la mayor cantidad de recaudación que las circunstancias nos permitieran, y así poder seguir operando nuestros catorce centros. Teníamos que ser capaces de transmitir al público que todos podían ser parte del espíritu del programa, incluidos los que pudieran aportar y los que no tuvieran la posibilidad de hacerlo. Sabíamos que algunos solo podrían hacer actos solidarios con donaciones simbólicas, pero también entendimos que otros harían un esfuerzo mayor.

Tenía claro que en mis palabras debía reiterar muchas veces que nadie tenía que sentirse mal por no aportar, porque conocíamos la generosidad y el compromiso de Chile con Teletón. Para mí esta vez el dinero tenía un valor diferente, para dar vida, para proteger la vida, y para ayudar a que esa vida se desarrolle.

Una vez que tuvimos los lineamientos y criterios aprobados, comenzó la tarea de convertir todo esto en un programa de televisión. Era domingo y el equipo nos pidió hasta el día siguiente para entregar una propuesta. Ya no había marcha atrás, las discusiones se terminaron y entramos en una especie de sesión virtual permanente de trabajo creativo y de coordinación.

Llega el lunes, a cuatro días del evento, y tal como acordamos debíamos informar de nuestras decisiones al directorio. Antes de que pudiéramos comenzar a explicar lo que haríamos, dos de los directores insistieron que no debíamos hacer el programa porque el riesgo de fracasar era muy alto, y porque estábamos jugándonos el prestigio que había ganado la marca Teletón. Luego de escucharlos, expusimos nuestra idea: comenzaríamos el viernes 3 de abril a las diez de la noche hasta las dos de la mañana, y luego tendríamos un segundo bloque el sábado de las nueve de la noche hasta las dos de la mañana del domingo. Promoveríamos todo el sábado el botón digital de donación a través de todos los bancos y no tendríamos una meta que cumplir. La mayoría aprobó la idea y la primera valla parecía superada.

Ahora tendríamos que hablar con ANATEL, que reúne a los representantes de todos los canales que transmiten Teletón. Al comenzar la reunión también nos encontramos con voces disidentes, pero ocurrió para mí algo insólito; una vez que explicamos el concepto de los dos bloques horarios, uno el viernes y otro el sábado, la reacción de los directores de los canales fue sorprendente. Uno de ellos tomó la palabra y dijo: «Pero ¿cómo? ¿Entonces no será como siempre un programa en cadena de veintisiete horas? Todos los canales estamos preparados para eso».

No sé si lo habrán notado en mi cara virtual, pero al escuchar este reclamo no entendí nada. Segundos antes, a los mismos que no querían hacer Teletón ahora les parecía muy poco hacer dos bloques. Comenzó una discusión sobre el formato. Unos opinaban que era muy largo, otros que muy corto, y unos pocos estaban de acuerdo. Nadie tenía certeza de lo que estábamos haciendo. Ni yo mismo. En ese momento solo me guiaba por mi intuición y experiencia.

Entendí que para todos era muy difícil situarse con claridad en un momento de tanta incertidumbre en nuestras vidas personales y laborales. Estábamos viviendo algo inédito en la historia de la humanidad y todos nos encontrábamos atrapados en nuestros miedos y realidades particulares. Al final, la idea fue aprobada, aunque nos pidieron además hacer un bloque de contenido infantil para el sábado de nueve de la mañana a doce de la tarde con lo mejor de nuestros cuarenta años, coordinado por uno de los canales integrantes de la cadena. Sobre la marcha también agregamos una hora al sábado, de siete a ocho de la tarde, justo antes de los noticieros centrales de cada canal.

Además, como ese día en la mañana había escuchado rumores de que algunos conductores, entre ellos los que llamamos «embajadores de Teletón», consideraban que no era el momento de hacer el programa, y otros señalaban que sus canales no les permitían participar, pregunté a los ejecutivos si había en ese sentido alguna dificultad que debiéramos considerar. Tal vez alguno de ellos, por las razones que fueran, no quería que uno de sus «rostros» participara del evento. Nadie puso objeciones, y solo un ejecutivo manifestó que le había sugerido a uno de sus conductores que estaba recuperándose de un infarto, que era mejor que no asistiera al teatro por el riesgo que podía significar para él.

Sería sin duda un programa de Teletón muy diferente. De las veintisiete horas, haríamos solo catorce, con un escenario central en el teatro con dos conductores, un grupo reducido de «teletonistas» (encargados de representar digitalmente a las regiones), obviamente sin público, sin bancos, y con el resto de los conductores y entrevistados desde sus casas, incluido yo mismo. A esto habría que sumarle todas las dificultades que nos imponía la pandemia, como por ejemplo las barreras sanitarias instaladas en la ciudad que complicaban los desplazamientos, cuarentena, toque de queda, distanciamiento social, y precauciones muy rigurosas para el acotado equipo que tendría que trabajar desde el Teatro Teletón.

Con todo esto trabajándose cuidadosamente, llegamos el martes a la reunión virtual con los animadores. El comienzo estuvo lleno de alegría, anécdotas y bromas, intercambiando experiencias de nuestras cuarentenas, algunos rodeados de sus hijos, mascotas, acostados en el jardín, y en un ambiente muy distendido. Les agradecí la buena disposición que siempre han tenido con Teletón y el tiempo que le habían dedicado en estos meses promoviendo y participando de nuestras actividades, y prestándose desinteresadamente para los comerciales de los auspiciadores de la campaña. Les reconocí el aporte que cada uno había realizado como embajadores de nuestra institución.

Hice también un detallado informe de la difícil realidad económica de Teletón, y pedí al productor general que explicara cómo pensábamos hacer el programa. Todo iba bien hasta que comenzaron las primeras opiniones en contra. Unos con más vehemencia que otros, pero en definitiva manifestaban las mismas dudas que todos teníamos. Algunos incluso se atrevieron a pronosticar que al hacer Teletón dividiríamos a Chile en vez de unirlo, y que además esta era una irresponsabilidad y una obsesión personal mía. Otros se excusaron de integrarse a los turnos de animación en el teatro, argumentando que vivían junto a personas mayores, y que los ponían en riesgo al salir de la casa. Uno que otro dijo que su canal no le permitía participar y que no podía ir en contra de las decisiones de sus jefes y empleadores.

Escuché atentamente todas las opiniones, aunque confieso que algunas me parecieron excusas algo exageradas, tal vez para no revelar razones más profundas, ya que muchos de ellos salían de sus casas todos los días, o casi todos, para realizar sus propios programas. No obstante, tenían pleno derecho a expresar sus sentimientos y opiniones de la forma en que consideraran necesario hacerlo. Por encima de los temores de contagio, posiblemente algunos no querían asociar su imagen a un probable fracaso. La participación en Teletón siempre ha sido voluntaria y sin presiones, por lo tanto acordamos que cada uno en privado le manifestara a Patricio si deseaba participar o no, y le comentara si estaba en condiciones de cumplir con un turno en el teatro, o en vivo desde su casa.

Luego de la reunión con los animadores nos comunicamos con el productor general, y recuerdo que me dijo: «Mario, si estás dispuesto hacemos esta Teletón con los que quieran estar. Estamos en esto contigo». Le respondí: «Pato, aunque tenga que hacerlo solo, tenemos que seguir adelante. Estoy más que dispuesto». Aquí sin duda Patricio «se la jugó completa» como se dice en la jerga de los apostadores. Finalmente, un 70 por ciento de los animadores prefirió quedarse en sus casas, aunque tenía la esperanza que de aquí al programa algunos pudieran cambiar de opinión. Como grata curiosidad debo señalar que el conductor al que se le recomendó no participar por haber sufrido un infarto finalmente fue uno de los más colaboradores.

Para cumplir con todas las normas sanitarias que requerían las autoridades, convertimos el teatro en una suerte de hospital, al cual se podría entrar luego de atravesar un riguroso control sanitario, con personal especializado que tenía autoridad para impedir el ingreso de quienes no cumplieran con los requisitos que la situación exigía. El equipo que estaba preparando el programa debía someterse a un control de más de una hora diaria antes de ser autorizado para ingresar. En el interior, existía obligación de circular con mascarilla, y respetando las normas de distancia social. En todo el teatro había personal de salud estratégicamente ubicado, exigiendo que se respetaran las condiciones que nos pidieron para realizar el evento sin poner a nadie en riesgo.

Miércoles y jueves fueron días difíciles, en los que me debatía entre la ansiedad, el insomnio, y la preocupación que significaba la gigantesca tarea y responsabilidad que teníamos por delante. Por otro lado, el estar encerrado en mi casa desde hacía semanas, solamente en contacto virtual con el exterior a través del equipo, con empresarios, autoridades y medios de comunicación, me había alejado de la relación directa que me gusta tener con el público. En tiempos normales habría salido a un centro comercial, un restaurante popular, al centro de la ciudad a escuchar a las personas para saber qué estaban pensando y sintiendo. Mi intuición me decía que teníamos que seguir adelante con toda la energía, pero me faltaba desesperadamente percibir la voz de la calle.

La noche del jueves al viernes la pasé prácticamente despierto, repasando una y otra vez la decisión que habíamos tomado: llegar hasta el final con esta Teletón de urgencia y emergencia, con un formato que nada tenía que ver con lo que hasta ahora conocíamos.

Abril 3 – Teletón histórica y virtual

Llegó el día. Era imposible echar pie atrás. Amanecí con una extraña sensación porque esta vez todo era muy diferente. Era viernes y la fecha esperada para nuestra Teletón, pero no existían los ritos tradicionales que me habían acompañado por años el día del evento: al mediodía la visita al Estadio Nacional, la conferencia de prensa, una sabrosa cazuela de vacuno en el campo acompañada de una copa de buen vino tinto, después una buena siesta, y antes de partir al teatro «las onces» (merienda de media tarde) con pan amasado (hecho a mano), mantequilla, queso y mermelada.

Hay algo que en esta ocasión no echaría de menos: el estresante traslado a Santiago por carretera de unos cuarenta kilómetros (24 mi) desde el campo ubicado en el sector rural de la apacible localidad de Buin. El recorrido lo hacíamos por lo general en medio de un enjambre de automóviles, motos, camiones, buses y bicicletas que a esa hora del viernes desordenadamente circulaban entre la capital y los poblados cercanos.

Como deferencia de las autoridades, por tratarse de un evento nacional, sorteábamos el tráfico y los embotellamientos escoltados por arriesgados motoristas de Carabineros de Chile. Ellos nos permitían llegar a tiempo, y cumplir con los horarios sin mayores contratiempos, aunque como no estoy acostumbrado, siempre el trayecto me generaba un grado de adrenalina y nerviosismo adicional en las horas previas a Teletón.

Pero ahora todo eso parecía estar en la nebulosa de un pasado lejano. Era como una fantasía que daba vueltas por mi cabeza mientras caminaba ansioso por mi casa entre el living, el comedor y el dormitorio, hablando por teléfono para coordinar horarios de algunas importantes donaciones que había que incorporar a última hora en la pauta de salida al aire.

Me avisaron que se iba a iniciar el ensayo general de la transmisión y tomé posición frente a la cámara fija instalada en la sala de mi casa, donde solo tendría una pequeña mesa como escritorio, y atrás un cuadro pintado por los niños del taller de arte de Teletón. No había productores, iluminadores, ni camarógrafos. Mi esposa Temy había decidido quedarse en el dormitorio, pegada al televisor para seguir la transmisión. Únicamente me acompañan mi nieta Yael y su esposo Andrés, quienes me ayudarían con los libretos, las tarjetas y atendiendo los teléfonos de coordinación con la solitaria sala de control que llamamos «burbuja», ubicada tras el escenario en el teatro.

Al momento en que se encendió la cámara, una tensión rara, desconocida hasta ahora, recorrió mi espalda y descendió hasta mis piernas lentamente. Sentí en ese momento la presión y el peso de la responsabilidad que había asumido, y tuve que hacer un gran esfuerzo para que los nervios no me dominaran. Tuve miedo.

Sonó el timbre y volví a la realidad. Eran los técnicos que traían dos cámaras adicionales que llamaban «mochilas» y que permitían transmitir prácticamente desde cualquier lugar, con señal de alta calidad, usando las redes celulares de 3G y 4G. El equipo había considerado incorporar esta tecnología como protección y apoyo, tomando en cuenta que se trataba de una transmisión inédita en la historia de las comunicaciones.

Los expertos parecían verdaderos astronautas, vestidos con un traje blanco que les cubría todo el cuerpo, guantes, mascarillas, escudos faciales de acrílico, y antes de entrar a la casa debieron someterse a una prueba de temperatura ordenada por las autoridades sanitarias. Mientras ellos hacían la instalación, yo me tomaba un té helado y repasaba el libreto con Marcelo Amunátegui, quien desde su propia cuarentena junto a su familia en Miami había colaborado virtualmente con el resto del equipo en la preparación del programa.

Marcelo, que me ayuda también en la redacción de este libro, es quien me acompaña siempre en los ritos tradicionales de estas horas previas a Teletón y me colabora en la preparación del discurso inicial. Todo lo que estaba ocurriendo no podía ser más diferente a lo que siempre habíamos hecho. Ni siquiera el discurso, porque decidí improvisarlo, y traté de expresar al país lo más naturalmente posible lo que sentía en el alma. Al terminar de repasar el libreto, intercambiamos un par de conceptos y compartimos sugerencias sobre el vestuario que debía usar.

En media hora más comenzábamos, y era el momento de cambiarme de ropa. Llegué al clóset mientras hablaba por teléfono con un gran amigo que me deseaba suerte, y por fortuna cortamos en el momento en que ya se me había formado un nudo en la garganta. Sin mucha concentración, lo cual no es habitual a la hora de vestirme, fijé la mirada en un traje azul que estaba un poco separado del resto. Lo revisé bien y me di cuenta, por las anotaciones con que guardamos los vestuarios especiales, que era un traje histórico para mí. Lo había usado en marzo de 2010 en el programa *Chile ayuda a Chile* luego del devastador terremoto y tsunami que azotaron parte importante de la zona central del país y dejaron centenares de víctimas.

Pasaron por mi mente a gran velocidad las imágenes de lo que fue esa noche emocionante en que nos convocamos para elevar el espíritu de Chile. Eran además tiempos políticamente difíciles porque esa tragedia se produjo cuando la presidenta Michelle Bachelet terminaba su mandato y en menos de una semana debía asumir Sebastián Piñera su primera presidencia. Los equipos de comunicaciones de cada uno trataban de obtener ventajas buscando un lugar de privilegio para sus representados en la primera fila del teatro.

Nosotros, como siempre lo hemos hecho, tratamos de apegarnos rigurosamente a la imparcialidad con que manejamos situaciones de protocolo como estas, y luego de varios «tira y afloja», encontramos una solución que dejó a todos contentos. Coincidió con que el secretario general de Naciones Unidas, Ban Ki-moon, estaba en Chile, entregando la solidaridad y asistencia de la organización luego de la grave catástrofe natural que estábamos enfrentando, y aceptó nuestra invitación para estar presente en el inicio de este programa. Eso nos permitió poner en primera fila a la presidenta Michelle Bachelet, al presidente electo Sebastián Piñera, y al medio al secretario general del Naciones Unidas. Asunto arreglado.

Todo esto venía a mi memoria exactamente diez años después, mientras me vestía emocionado con el mismo traje azul sin corbata de ese memorable *Chile ayuda a Chile*. Debo decir que al ponerme la chaqueta sentí que pesaba diez veces más, porque claramente ahora tenía la carga de una historia, a la cual se le sumaba la responsabilidad que nos propusimos de abrazar solidariamente al país que enfrentaba de nuevo una situación inédita.

Quedaban pocos minutos. Todo me parecía surreal. Parado en el living de mi casa, frente a dos cámaras manejadas por extraños «astronautas», y listo para dirigirme virtualmente a todos los hogares de Chile en cadena nacional de televisión y radio. En la pantalla vi que ya estaba la gráfica con la identificación de todos los canales con una suave música de fondo, lo cual me indicaba que estábamos a segundos de comenzar. Por el audífono escuchaba el conteo que daba el director televisivo Pablo Manríquez desde el camión de transmisión ubicado en el estacionamiento del teatro.

Mi corazón estaba a punto de saltar a través de la garganta. Sentía el cuerpo rígido, y el pulso elevado hasta las nubes. Trataba de que las lágrimas no brotaran descontroladamente, mientras escuchaba la presentación del programa con testimonios espontáneos de algunos niños de Teletón, de sus familias y de los abnegados profesionales que los atienden: «Todos juntos podemos salir adelante como lo hemos demostrado en la Teletón todos los años»; «Esto pasará y volveremos a tener a nuestros hijos en terapia y podremos tener nuestras rutinas como siempre»; «La Teletón es del pueblo y hoy en día es el pueblo quien más necesita sacar adelante al pueblo»; «La Teletón es como un gran proyecto de país»; «Chile quiere esperanza, y la Teletón es esperanza»; «Los niños que sufren están en la Teletón y ellos merecen abrirse al mundo, y deberían abrirse al mundo, porque ellos son guerreros, no nacieron por nacer».

Después de escuchar estos mensajes que contenían emocionantes verdades, aunque hablé como nunca desde el corazón, mi voz se oía débil y temblorosa. Más que un discurso fue como un grito interior, casi un ladrido humano, un sonido gutural: «Buenas noches. Nunca me imaginé que tendría que dirigirme a ustedes desde mi casa... Esta noche es muy especial. Yo quiero decir que esta noche el dinero ha cambiado de valor. Porque el dinero en este tiempo tiene que ser para la vida, para ayudar a la vida, para mejorar la vida. Tenemos dieciocho millones de corazones que están latiendo en este momento, y todos juntos tenemos que luchar por salir adelante, por lograr que esta noche sea una noche inolvidable. No sabemos cómo lo vamos a hacer. Vamos a cometer muchos errores. Nunca hemos hecho esto. Pero aquí estamos, para sentirlos a todos ustedes cerca, con abrazos virtuales, porque no se puede de otra manera».

Mientras mis compañeros y destacados animadores chilenos José Miguel Viñuela y Julián Elfenbein saludaban y mostraban por primera vez en una Teletón el teatro vacío, con las butacas desnudas y esa magnífica escenografía iluminada, sentí escalofríos. Me resultaba difícil acostumbrarme a esa imagen y al retraso de voz (*delay*) que se produce normalmente en este tipo de transmisiones remotas cuando se pasa de un enlace a otro. Los animadores reiteraban que esta era una Teletón diferente, y luego pusimos juntos en el tablero la cantidad que los auspiciadores con generosidad habían entregado en diciembre cuando tuvimos que suspender el evento, en un momento en que ni ellos ni nosotros teníamos la certeza de que algún día podríamos volver a hacerlo.

A continuación, presentamos el emocionante reportaje de Macarena y Pablo, padres del pequeño Borja, de cuatro meses, que nació prematuro, con un síndrome genético, es oxígeno dependiente y considerado parte del grupo de más alto riesgo ante la amenaza del covid-19. Borja había ingresado a Teletón a mediados de enero, y solo alcanzó a estar un par de semanas antes de que se determinara su cuarentena total.

Su tratamiento lo realizaban los profesionales del instituto de forma remota a través de tele-rehabilitación, con la dedicación permanente y el amor de sus padres. Macarena, la mamá, nos dijo: «La Teletón ha sido súper importante para afirmarnos y ver que existe un camino para nuestro hijo». Su esposo Pablo agregó: «Estamos en familia y sobre todo contamos con el apoyo de Teletón, y la rehabilitación a distancia ha sido fundamental. En este tiempo hemos visto avances. Y además ver cómo cada uno de los profesionales de Teletón trabaja desde el amor y la comprensión de lo que uno está viviendo».

Mientras veía las imágenes y escuchaba el testimonio de esos padres esperanzados, pensaba si esta vez seríamos capaces de traspasar al público este maravilloso concepto, porque tras el testimonio de lucha de Macarena y Pablo con su pequeño Borja estaba expresado el único camino para superar este difícil momento que vivimos en Chile y el mundo: trabajar juntos desde el amor y la comprensión en lo que cada uno de nosotros está viviendo.

Nos despedimos de Macarena y Pablo conectados desde su hogar vía Skype, deseándoles lo mejor con el pequeño Borja, sobre todo ante las circunstancias riesgosas que tenía que enfrentar con esta pandemia. Mientras Julián y José Miguel también se despidieron de estos ilusionados padres, el productor general me entregó una importante noticia a través del «sonoprompter» (diminuto sistema de recepción de audio que se inserta en el oído): «Mario, es increíble. En estos cuarenta minutos que llevamos de transmisión virtual de Teletón, se está recaudando más que en las primeras cuatro horas de la Teletón de 2018, y eso que este no es el objetivo principal que nos propusimos, y que solo se puede aportar a través del botón digital que reúne a todos los bancos».

Aunque esta información me tranquilizó un poco, era realista y pensé que esta reacción de la gente podía corresponder a la intensa campaña que habíamos hecho los días previos a través de casi todos los medios, explicando cómo funcionaba esta nueva forma de donación digital. En línea con mi curiosa personalidad, que para algunos es como un estado de «depresión permanente», pensé que esta bonanza no podría durar mucho, y en las próximas horas me avisarían que el entusiasmo inicial de la gente había decaído.

El programa comenzó a fluir y adquirir su propio ritmo lentamente, y me resultaba curioso ver que estaba funcionando, aunque todo se veía tan diferente. Lo único que se parecía era que la gente estaba respaldando generosamente a esta institución con sus aportes. Los reportajes, muchos de ellos preparados antes del estallido social y la pandemia, fueron adaptados a este nuevo formato. Fue emocionante para mí, además, ver un desfile de artistas nacionales e internacionales uniéndose a la transmisión desde sus casas, motivando, y en algunos casos incluso entregando su música modestamente y acompañados solo de un piano o una guitarra.

Recuerdo la presentación en las primeras horas del maestro Valentín Trujillo, Carlos Vives, Ricardo Montaner, J Balvin, Yuri, el cantante popular chileno Américo, y Prince Royce, entre otros. Mención especial debo hacer a la participación familiar y creativa del imitador nacional Stefan Kramer desde el living de su casa, y a la versión del tema ochentero *Resistiré* popularizado por el Dúo Dinámico, y que realizaron desde sus casas los artistas nacionales «La Otra Fe», Jordan, María Colores, Paloma Soto, Francisco Guerrero, Carolina Soto, Magdalena Müller, Douglas, «Don Rorro» (Rodrigo Osorio, del Grupo Sinergia) y Beto Cuevas, exvocalista de «La Ley».

Aunque a ratos sentía que perdíamos el rumbo, esta primera parte que debió terminar a las dos de la mañana se extendió casi hasta las cuatro, y nos dejó a todos con el espíritu muy en alto. Sentimos que era posible en medio de esta crisis sanitaria que nos generaba tanto miedo e incertidumbre tocar el corazón del país, entrar en los hogares, acompañar a las familias, y de paso dar esperanza al trabajo de rehabilitación que se hace con los niños de Teletón. Todo esto quedó también confirmado con los ratings, que alcanzaron niveles muy superiores a nuestras estimaciones.

Por la hora tuvimos poco tiempo para analizar el resultado de este primer bloque del programa, pero insistí a los productores que para los segmentos del sábado era necesario ser más rigurosos con los tiempos y el ritmo. Mi resumen para esta primera parte podría traducirse en la frase «contento pero nervioso». Me fui al descanso como lo hacen los jugadores de fútbol en el entretiempo, con un gol a favor, pero desconociendo totalmente lo que podría ocurrir en la otra mitad del partido. No podíamos cantar victoria hasta el pitazo final.

Debo decir que esa madrugada no pude dormir. Me daba vueltas en la cama pensando en cómo podríamos convencer a aquellos que aún no se unían a nuestro llamado, para que este gran esfuerzo que estábamos haciendo pudiera tener un resultado exitoso. Aunque me repetía una y otra vez el concepto de que la meta era la vida, y que la recaudación no era lo más importante, tengo que confesar que me asustaba mucho la posibilidad de no conseguir los recursos para que la obra pudiera seguir operando un año más. Lograrlo era un triunfo para mí, para el equipo, para Chile y para todos los que creen en nuestra Teletón. Y si eso no ocurría, quedaríamos todos, pero especialmente yo, como un porfiado que insistió en hacer un evento cuando gran parte del país pensaba que no era oportuno.

Tal como habíamos acordado con Ernesto Corona, presidente ANATEL, y los directores de todos los canales, a las nueve de la mañana del sábado 4 de abril nos encontramos de nuevo al aire, con un programa especial orientado a los niños desde los estudios de Canal 13, mi casa televisiva por más de cincuenta y ocho años en Chile, donde se mostraron algunos de los bloques infantiles más recordados de la historia de Teletón. Un buen nivel de producción y una alta sintonía lograron conectar con el público, sobre todo con los más pequeños, y esto se tradujo en otro buen impulso de donaciones. Supimos de algunos niños que incluso hicieron «trueques» con sus padres, entregando los ahorros de sus alcancías a cambio de un depósito a través del botón digital.

Hasta aquí todo iba bien, pero me preocupaba lo que podía ocurrir a partir de este momento. Desde el mediodía los canales retomarían sus programaciones habituales y nosotros no regresaríamos con el programa sino hasta las siete de la tarde. Según mi sentir, a esa hora nos costaría mucho retomar la motivación que habíamos conseguido en las primeras horas, y tendríamos que volver a conectarnos con el público y sensibilizarlo con el mensaje de la campaña.

Por suerte no fue así, me llevé una gran sorpresa, y tuve que reconocer ante mis compañeros que estaba equivocado en mis pronósticos. Por la respuesta inmediata comprobamos que las familias chilenas sienten Teletón como algo muy propio, y ese compromiso va más allá de una campaña o del buen o mal resultado del contenido de un programa de televisión. Incluso en las siete horas que no estuvimos al aire, solo con mensajes motivacionales en las tandas comerciales de cada canal, el ritmo de donaciones no se detuvo, y más aún, fue considerablemente más alto de lo que ocurre en ese horario en una Teletón habitual.

Ahora sí que podía sentirme confiado en que mi decisión de hacer el evento había sido la correcta, pese a los análisis y encuestas negativas que mostraban lo contrario. Las necesidades de la institución y las de un país ansioso por acompañarse y abrazarse en momentos de tanta dificultad habían triunfado por sobre las estadísticas y los análisis teóricos, y de paso los medios de comunicación cumplían con uno de los roles y responsabilidades más importantes que tienen, abandonando sus competencias y poniéndose al servicio de la comunidad.

Con el mismo esquema de programa del viernes, regresamos al aire como estaba planificado a las siete de la tarde del sábado, con las cinco horas más importantes de esta Teletón virtual y única. Por las estimaciones de los estudiosos de los flujos de donaciones, a esa hora podíamos estar tranquilos, ya que según nos indicaban era muy probable que ocurriera algo que hasta ese momento me parecía muy lejano: sobrepasaríamos la meta de los 32 mil millones de pesos que se lograron el 2018. Si eso sucedía, era muy importante para la institución, y la sola idea, contra todos los pronósticos, me llenaba de emoción.

Estas horas tuvieron mejor ritmo y menos nerviosismo, con la conducción desde el Teatro Teletón de Eduardo Fuentes y Luis Jara, impactantes reportajes, mucha alegría y la presencia de grandes artistas y personalidades nacionales e internacionales como Myriam Hernández, Becky G, Sebastián Yatra, José Luis Rodríguez, Iván Zamorano, Juanes, Paulina Rubio, Luis Fonsi, La Sonora Tommy Rey, Andrés de León, Luciano Pereyra, Franco De Vita y David Bisbal. Y los nombro especialmente porque su presencia y sus palabras contribuyeron en gran medida al éxito de un programa inédito en la historia de las comunicaciones, que por primera vez se realizaba de manera virtual.

Este bloque final se inició con un impactante reportaje del joven Sebastián Zúñiga, la primera persona con lesión medular en alcanzar una cumbre de cinco mil metros en silla de ruedas. Este joven deportista de veinticinco años sufrió en 2016 una grave caída en su bicicleta practicando cross country en el cerro Mariposa de Temuco, su ciudad natal, al tomar con demasiada velocidad una pendiente en curva en la llamada «bajada del diablo». En Teletón comenzó su trabajo de rehabilitación, y creó una página en Facebook con el nombre «Las aventuras de un loco en silla de ruedas». Con su espíritu deportista intacto, y con ganas de seguir luchando, comenzó a practicar trekking, que consiste en largos recorridos realizados sobre todo en alta montaña.

En 2019 un grupo de sesenta deportistas que participan del proyecto «Cumbre inclusivas» se propuso cumplir los sueños de Sebastián y ayudarlo en el ascenso al cerro El Plomo, en la cordillera de los Andes, la cumbre más alta visible desde Santiago. Para Sebastián no era el primer intento, y al igual que nosotros en esta Teletón, necesitó mucho valor y decisión para superar obstáculos que parecían insalvables, y con la ayuda solidaria de un grupo de jóvenes deportistas conquistó la montaña que algún día le pareció inalcanzable.

Esta es una de las lecciones más importantes que siempre nos ha dejado la Teletón en estos cuarenta años: unidos no hay límites. El testimonio de Sebastián me dio renovadas energías para estas últimas horas, en las que tendríamos que ser capaces de conquistar la cumbre del espíritu solidario de todo un país.

Otra entrevista que también a todos nos remeció en lo profundo fue la de Daniela García, una joven que el 30 de octubre de 2002, cuando era estudiante universitaria, sufrió la amputación de sus extremidades al caer de un tren en movimiento. Era el inicio del verano de ese año, y junto a un grupo de compañeros se trasladaba al sur para participar de un evento deportivo. Era de noche, no había buena iluminación y caminaba entre dos vagones, y no pudo ver que no estaba la pasarela que unía los dos carros. Al caer, las ruedas del tren le cercenaron sus dos manos, la pierna izquierda y parte de la derecha. Su vida sufrió un dramático vuelco.

Un año después del accidente de Daniela nos enfrentamos a una difícil décimo octava Teletón. Estábamos derrotados, y nos quedaban pocas horas para cerrar el evento en el Estadio Nacional, y por más esfuerzos que hacíamos, la estimación era que no alcanzaríamos a llegar a la meta. Sorpresivamente, y por propia iniciativa, Daniela llegó hasta el Estadio Nacional acompañada de su pololo (novio) Arturo, y luego de sortear todos los controles de seguridad, subió al escenario dispuesta a entregar su mensaje: «Estaba en mi casa, viendo la tele, y viendo que faltaba tanto que no me pude quedar de brazos cruzados. Tuve que venir para ver si en algo podía ayudar a motivar a la gente... Hay que dar una oportunidad a todos esos niños porque se la merecen».

Daniela con su testimonio de esa noche, su dulce sonrisa y fortaleza, consiguió lo que parecía imposible, y se revirtió la curva negativa de donaciones, lo que al final nos llevó a superar la meta y a celebrar un nuevo éxito. Para nosotros era muy importante que en esta Teletón virtual 2020 de «urgencia y emergencia», como le llamamos, pudiéramos contar con el testimonio y el llamado de Daniela.

Habían pasado doce años desde que subió al escenario del Estadio Nacional, y hasta ahora se había negado a que le hiciéramos una nueva entrevista. Pero esta vez logramos convencerla, sobre todo porque luego de graduarse en la Universidad, se convirtió en médico de nuestra Teletón y es la coordinadora docente del programa de formación de médicos especialistas, y además es profesora de medicina de la Universidad de Chile.

Daniela está casada con Arturo, su novio de entonces, y tienen dos hijos. Esta vez desde su hogar, aceptó la entrevista, y su historia de inclusión y superación fue de nuevo un gran impulso para entender la importancia de esta gran obra construida por todos los chilenos, y la necesidad de que no podíamos decaer en este esfuerzo solidario que nos permite seguir regalando sueños y esperanzas a miles de niños en situación de discapacidad y a sus familias.

Otro momento que me resultó muy emotivo fue cuando la popular banda nacional Sonora de Tommy Rey, con casi cuarenta años de historia y grandes intérpretes de la llamada «cumbia chilena», se propuso trabajar con los niños que pertenecen al Colectivo musical de Teletón, y durante un año y en silencio acudieron con regularidad al instituto para trabajar con ellos, traspasarles conocimientos, ensayar y aprender juntos.

No pude detener las lágrimas al ver las imágenes de todos desde sus casas, enlazados por la música, interpretando el tema *La gloria de Chile* del cantante y compositor chileno Joe Vasconcellos, que en parte de sus versos dice: «Súbete al sueño, no hay que dudar, no hay. No hay que dudar, caballero, no hay. Recuerda que donde hay fe, hay esperanza. La gloria de Chile vive aquí, en mi pecho». Lo que más me impactó fue comprobar la genuina emoción que expresaban los integrantes de este famoso grupo nacional que ha hecho bailar a Chile por generaciones, y los rostros felices de esos niños que sueñan con un mundo sin límites.

Menos mal que en el momento en que estaban mostrando el musical yo no estaba al aire, porque no habría podido sacar las palabras de mi garganta para continuar con el programa. Los conductores desde el teatro despidieron a los integrantes de la banda y a los niños, y me hicieron la pregunta clave que habíamos acordado para entregar el monto de la recaudación: «¿Como vamos, Don Francisco?». Eran cerca de las dos de la mañana y les di la extraordinaria e inesperada noticia. Aunque no teníamos una meta, habíamos superado el monto de los treinta y dos mil millones alcanzados el 2018, y gracias al aporte de los chilenos, habíamos logrado reunir casi treinta y ocho mil millones de pesos, equivalentes a cerca de cuarenta y ocho millones de dólares. La cifra final fue entregada tres semanas después, y se elevó casi hasta los cuarenta mil millones, poco más de cincuenta millones de dólares.

Todos celebrábamos, y los animadores en un teatro vacío saltaban de alegría y gritaban emocionados, al igual que los conductores desde sus casas, que aplaudían y abrazaban a sus hijos y familiares. Fue una explosión de tensiones acumuladas, y para mí, el final de una odisea interminable y agotadora que se había iniciado siete meses antes, pero que una vez más me llenaba de orgullo y satisfacciones.

Escribo estas líneas un mes después de ese instante mágico, y aún puedo sentir la mezcla de emociones que en ese momento me remecieron hasta lo más profundo. Solo después de mis palabras de despedida, y del recuento de las imágenes de lo que fue esta Teletón histórica, pude imaginarme que esos aplausos y vítores se replicaban en miles de hogares y millones de familias chilenas que hoy celebraban un triunfo doble: la superación de la meta de Teletón, y también la esperanza de que podríamos superar juntos la gran meta de la vida.

Por algunos minutos me quede inmóvil en el living de mi casa con la mirada perdida y en un plano difuso y distante veía a mis «camarógrafos astronautas» también felices y celebrando lo que habíamos conseguido. Como no podíamos abrazarnos, hicimos una foto porque sabíamos que habíamos participado de algo histórico que marcaría nuestras vidas para siempre y que de seguro no se repetiría, al menos de esta manera.

Luego vinieron los mensajes de felicitaciones y los llamados de los productores y compañeros que aún no podían creer lo que habíamos logrado. Nosotros, en la intimidad de la casa, destapamos un buen vino para festejar el triunfo alzando una copa. Nos despedimos, y claro, por la adrenalina que me produjo todo lo ocurrido, no pude conciliar el sueño hasta las cinco de la mañana, y al final desperté el domingo después del mediodía.

Como las costumbres se van adaptando a los tiempos, lo primero que hice al abrir los ojos fue encender el teléfono celular, y esta vez tenía cientos de correos electrónicos y mensajes en WhatsApp. Me faltará tiempo en la vida para poder responder. Y por lo mismo aprovecho estas páginas para disculparme con aquellos a los que aún no he podido agradecer sus amables palabras.

Aunque no lo crean, como me ocurre después de todos mis grandes triunfos, pero ahora pareciera que, con una intensidad mucho mayor, comenzó rápidamente a desvanecerse una parte de la felicidad, y mi cabeza y corazón empezaron a llenarse de nuevas incertidumbres y miedos. Otra vez me atormentaron las preguntas: «¿Y cómo seguiremos ahora? ¿Cuándo podremos hacer nuevamente este evento? ¿Seremos capaces de atender a distancia desde los institutos en medio de esta pandemia? ¿Lograremos traspasar a las nuevas generaciones esta maravillosa obra? ¿Cómo será el financiamiento futuro de Teletón? Por mi edad, ¿podré hacer otra vez una Teletón?».

El éxito de la Teletón fue impactante y por lo mismo debió dejarme tranquilo y bajar mis ansiedades, pero no fue lo que ocurrió.

18 Y 19 DE SEPTIEMBRE – *¡Vamos chilenos!*

A través de las imágenes y los reportes constantes de los medios de comunicación después de Teletón, veía que conforme pasaban los días, las necesidades de la gente aumentaban peligrosamente, y los chilenos, como siempre ha ocurrido, por encima de las diferencias y los enfrentamientos sociales, demostraban ser muy solidarios. Se multiplicaron las ollas comunes y a pesar de los intentos oficiales por aliviar la crisis con paquetes de rescate, la situación era cada vez más crítica para los grupos más vulnerables del país.

Al interior del equipo de Fundación Teletón algunos sentíamos que era momento de hacer algo. Quizás devolver a Chile su generosidad a través de un evento de unidad nacional que también sirviera para levantar el espíritu. Pensamos en algo como una campaña «Chile ayuda a Chile» que en ocasiones anteriores habíamos producido luego de graves catástrofes, pero lo desestimamos ya que sabíamos que la recaudación esta vez no podría ser lo relevante. A esa altura la situación económica de la gente ya estaba muy deteriorada y no era lógico enfrentarla de nuevo a un programa con el objetivo puesto en la recaudación.

Decidimos entonces comenzar las evaluaciones técnicas, a través de estudios de opinión pública. Hicimos una encuesta para preguntar: En las actuales circunstancias, ¿a qué grupo debemos ayudar como prioridad? El 62 por ciento dijo que a las personas mayores porque estaban en una estricta cuarentena y en situación de soledad y abandono. El resultado del estudio coincidió con un proyecto que tenía la Pontificia Universidad Católica de Chile para crear una fundación cuyo objetivo fuera precisamente ayudar a mejorar las condiciones de vida de este grupo etario.

A pesar de todo el nerviosismo y la inseguridad que viví en los días previos a la Teletón de abril, me autoconvencí de que era necesario hacer un programa especial de solidaridad. Esta vez quería asegurarme de contar con el consenso del equipo. Me costó bastante, porque muchos pensaban que no era el momento adecuado, y creo que al final lo aprobaron confiando en la exitosa porfía que había demostrado en el proyecto anterior. Fue así como nos embarcamos en el programa *Vamos chilenos*.

Tengo que agregar aquí otro proverbio popular que viene al caso: «Tanto va el cántaro al agua hasta que se rompe». El cántaro no se rompió pero se resquebrajó y entre las grietas reveló algunas decisiones mías equivocadas. Mi espíritu creativo y proactivo esta vez me jugó en contra, y dejó muy claro que de aquí en adelante otros tendrán que tomar las decisiones y asumir las responsabilidades. Es hora de pasar de la categoría de protagonista en la primera línea a la de observador experimentado y tal vez consejero estratégico.

Los errores fueron varios: en primer lugar, tomé decisiones guiado por las emociones y no basándome en las encuestas, como siempre hice. También me dejé adular y convencer, lo cual antes manejaba mucho mejor. Además, me advirtieron que a las Fiestas Patrias de Chile, que se celebran el 18 y 19 de septiembre de cada año, no se les puede competir, porque es una de las más sagradas del calendario patriótico y pertenece a las más profundas tradiciones nacionales.

Lo peor de todo, anunciamos la fecha del programa antes de recibir los datos de la encuesta, que revelaban que un 52 por ciento de las personas pensaba que esos días no eran los más adecuados para un evento de recaudación. Sumado a eso, estábamos a pocas semanas del plebiscito para la nueva constitución y el país se había polarizado y politizado al extremo.

Cuando estábamos al aire, y en mi desesperación por obtener resultados, agregué por mi cuenta una meta que nunca estuvo en el proyecto, arrastrando al resto de los conductores en el llamado insistente a cumplirla. Me alejé del contenido del programa y no era el momento de hacerlo, porque si no alcanzábamos el resultado dejaríamos una sensación de fracaso.

Un estudio realizado luego del evento nos indicó además que un porcentaje del país sintió que hubo politización en el contenido, cuando lo que pretendíamos era todo lo contrario, unirnos en torno a una causa solidaria.

Todo lo ocurrido con este programa, frente a cámaras y tras bambalinas, produjo un quiebre interno con el equipo de producción que llevaba años haciendo Teletón, a lo que se agregaron otros errores que también debo incluir en mi cuenta.

Mucho de lo que señalo quedó fuera del comentario público y en general para el país hicimos un buen programa, que, superando las dificultades, logró incluso mostrar varias novedades creativas. En dieciséis horas de transmisión se reunieron cerca de veintiséis millones de dólares, y la Pontificia Universidad Católica de Chile creó la Fundación Conecta Mayor, y con lo recaudado se aliviará parte de la soledad y abandono de ochenta mil personas mayores vulnerables del país, y además por dos meses se les entregará un kit de insumos y alimentos especialmente diseñado para ellos.

Lo más importante es que pusimos el tema en la agenda nacional, visualizando una situación de precariedad y falta de atención evidente de la sociedad hacia las personas mayores.

Con la mirada del tiempo, puedo decir que los puntos a favor del programa son muchos más que los que se anotan en contra, y bien podría haberme ahorrado en estas páginas todos los aspectos internos y negativos. Sin embargo, pienso que al escribir un libro como este tengo que trasparentar a ustedes mi autocrítica sincera en esta etapa de la vida en la que cada vez tiene menos valor el ego y el autobombo, y lo que en verdad me importa es revelarles lo necesario que es levantarme todos los días con ganas de vivir.

Capítulo 17

HOMENAJE GIGANTE

Es cierto. Al recomenzar mi carrera en Estados Unidos tenía el respaldo de los veinticuatro años en las comunicaciones en Chile, conduciendo un programa de televisión consolidado, como productor creativo, y disfrutando del éxito y de las oportunidades que me había otorgado la vida hasta ese momento. Aun así, empezar de nuevo no fue fácil. Más bien diría que fue muy difícil.

En una primera etapa tuve que adaptar el programa a una comunidad hispana de Miami, en su mayor parte cubana, con características muy particulares, ya que se trataba sobre todo de refugiados por razones políticas que pensaban y vivían como si estuvieran en la Isla, y como si al día siguiente fueran a regresar a Cuba.

Adaptar el lenguaje ya fue un primer gran desafío, porque pese a todos los esfuerzos costaba mucho neutralizar el acento y la tonalidad del español «achilenado». Claro que había profesionales del entretenimiento que podían lograrlo, en especial los actores, pero lo que ellos hacían más bien era imitar los acentos locales, método que no aplica para la conducción de un programa que tiene un alto grado de improvisación.

Lo que primero aprendí es que para dirigirme a un público heterogéneo, y para que el mensaje que transmitiera no fuera confuso, debía eliminar mis modismos nacionales y tratar de incorporar al lenguaje algunos del público local. Pero en este proceso hay que tener mucho cuidado con el uso de algunas palabras que en el país propio pueden tener un significado simpático o positivo, pero que en otro puede tratarse de una vulgaridad o grosería.

Por ejemplo, en Chile hay un barrio popular de la comuna de Cerrillos, en Santiago poniente, que se llama «Buzeta», que corresponde al apellido de una antigua familia de inmigrantes españoles. Pero en Brasil esta palabra sirve para nombrar al órgano sexual femenino, y aunque se escriba distinto suena exactamente igual. Ejemplo menos grave y comprometedor es que en Chile decimos «guagua» a un bebé, lo cual provoca mucha risa en muchos de los países caribeños donde una «guagua» es un vehículo de transporte de pasajeros. Imaginen lo que puede producir en Miami decir: «La madre llegó al programa con su "guagua" en brazos». Claro, un imposible, por muy musculosa que fuera.

Por esta razón durante años me dediqué minuciosamente a incorporar en mi disco duro mental modismos de todos los países que integraban la gran comunidad hispana que vive en Estados Unidos, y de esa manera, cuando tenía que entrevistar o relacionarme con alguien, reconocía de inmediato su nacionalidad y podía adaptar mi lenguaje al de esa persona. Aprendí cosas tan simples como que en Chile a lo barato, ordinario, se le dice «rasca»; en Argentina, «mersa»; en Cuba, «cobarde»; en España, «ortera», y en Puerto Rico y Venezuela, «cafre».

El primer año de la etapa internacional de *Sábado Gigante* no fue tan complejo en esta materia, ya que el programa solo se veía en Miami y sus alrededores, y llegaba a una audiencia formada en un 80 por ciento de personas de origen cubano. Estábamos a prueba y según los resultados se estudiaría la posibilidad de extenderlo a otros estados.

Sin que nosotros supiéramos, el segundo año, y de manera experimental, la compañía transmitió el programa en Phoenix,

Arizona, con muy buena aceptación del público, a pesar de que la mayoría de los hispanos que ahí residen provienen de México y Centroamérica. Esta exitosa prueba permitió que se tomara la decisión de llevar *Sábado Gigante* de costa a costa en los Estados Unidos, a través de toda la red de canales de lo que en esa época se llamaba SIN (Spanish International Network), y que luego se convertiría en la poderosa cadena Univisión.

Este cambio trajo entre otras cosas, y como lo he señalado en otros capítulos de este libro, que marcas norteamericanas muy importantes se interesaran por nuestra producción, y tuvieran que diseñar campañas especiales para lo que nosotros bautizamos como «mercado hispano», porque entre los requisitos que exigí para estar en el programa estaba que los mensajes publicitarios debían ser solo en español. Hasta ese momento, los pocos comerciales nacionales que tenían los canales latinos eran transmitidos en inglés.

Tuve que comenzar a trabajar para un público que ya no era homogéneo, y de nuevo aprender a comunicarme con personas que tenían raíces muy diversas. De cada cien televidentes, ahora más de ochenta eran de origen mexicano. Esto nos complicó bastante la producción, ya que el público que asistía a nuestras grabaciones en Miami seguía siendo principalmente cubano, y no representaría a la mayoría de las familias que estarían en sus casas viéndonos cada semana. Son públicos que en definitiva tienen necesidades, gustos y preocupaciones muy diferentes y reaccionan distinto cuando se les invita a cantar un jingle o deben aplaudir a un artista que no representa el género musical que ellos acostumbran escuchar.

La tarea entonces fue encontrar elementos que esta «comunidad hispana» tuviera en común. En algunos casos logramos acertar y en otros nos costó bastante encontrar el equilibrio. Pero hay temas que, por muy diferentes que seamos, siguen siendo comunes a nuestra condición de seres humanos, y que tienen que ver con la salud, la familia, el entretenimiento, las relaciones de pareja, el amor y todas sus variantes como el despecho, la infidelidad, la soledad, etcétera.

En nuestros segmentos de humor tratamos de mezclar a un papá mexicano, una mamá cubana, con un hijo nacido en Chile que tenía una novia puertorriqueña. Con el tiempo nos dimos cuenta de que una de las cosas que más gustaba a todos los públicos era reírse de un gringo que intentaba relacionarse con el mundo hispano, aunque ninguno de los dos entendiera bien el idioma del otro.

Así nació por ejemplo el segmento «Detector de Mentiras» con Joe Harper, poligrafista norteamericano con décadas de experiencia en la policía, quien no hablaba una palabra de español y nos hacía reír con sus intentos de comunicarse en nuestro idioma. O los célebres y divertidos diálogos que tenía con Ron Magil, experto gringo del ZooMiami, quien en su media lengua y con mucha paciencia y simpatía nos enseñaba curiosidades del mundo animal. Ambos invitados pasaron a ser clásicos del programa, tanto por el conocimiento que nos brindaban como porque nos regalaban momentos de refrescante y sano buen humor. De esta manera fuimos encontrando recursos que interesaran a una audiencia homogénea.

Sin embargo, en este esfuerzo constante, siempre quedábamos «al debe» con nuestros principales y fieles televidentes de la costa oeste. Por esta razón a mediados del año 2000 decidimos realizar algunos programas especiales en Los Ángeles, California, con una población de más de trece millones de habitantes, casi la mitad de ellos de origen latino. De ese grupo el 80 por ciento tiene raíces mexicanas. No en vano es la ciudad con mayor concentración de hispanos en Estados Unidos.

Trasladar *Sábado Gigante* al famoso teatro Palladium de Hollywood significó un enorme esfuerzo para nosotros y para Univisión, pero sin duda fue un gran acierto, ya que tuvimos una magnífica respuesta del público local que se mostró muy agradecido con el proyecto, y eso nos trajo de inmediato un aumento importante en el rating en toda el área de California.

Esta exitosa incursión con el programa en Los Ángeles me impulsó a comenzar a desarrollar un proyecto musical que lanzamos el 2003, y que se llamó «Mi homenaje gigante a la música norteña». La idea no me resultó muy difícil de producir creativamente, ya que la influencia de la música popular mexicana en Chile, y en muchos de los países de nuestro continente, sobre todo en los sectores rurales, es bastante profunda. Y como soy obsesivo, me concentré por meses en la tarea, como si no hubiera nada más importante en mi agenda diaria de trabajo.

Aprovechando que pasaba largos periodos solo en casa, porque Temy no me podía acompañar en todos los viajes, me quedaba noches enteras escribiendo y componiendo por primera vez en mi vida canciones que pudieran sonar como melodías «norteñas». La idea se la presenté a José Behar, entonces presidente de Univisión Music Group, quien me dio todo el apoyo que necesitaba para sacarla adelante.

Con la ayuda de mi buen amigo Carlos Maharbiz, por muchos años presidente de la poderosa compañía discográfica Fonovisa, y uno de los más reconocidos ejecutivos y productores de la industria, nos dimos a la tarea de contactar a los mejores grupos y artistas de este género musical para invitarlos a ser parte del proyecto.

El reto era que aceptaran hacer dúos conmigo, lo cual no era del todo fácil, porque aunque me considero entonado, no soy un cantante profesional. Todos, curiosamente para mí, no solo aceptaron con rapidez ser parte del disco, sino que pusieron gran entusiasmo y empeño en lograr una producción de alta calidad. En la idea me acompañó el Conjunto Primavera, Bronco, Los Huracanes del Norte, Graciela Beltrán, Raza

Obrera, Jenni Rivera, Polo Urías y su Máquina Norteña, y Los Tigres del Norte. El disco tiene trece canciones, cuatro de ellas compuestas por mí en las noches de insomnio creativo-obsesivo: *Mi amigo my friend*, *Loco de pasión*, *Good Bye* y *Allá en Michoacán*.

Este último tema lo hice sin haber estado jamás en el estado mexicano de Michoacán, tal como el compositor Agustín Lara escribió en 1932 para Pedro Vargas el famoso tema *Granada* sin conocer la ciudad española hasta veintidós años después. Claro, la comparación es injusta, ya que la repercusión de mi composición no le llega ni a los talones a la del músico y poeta conocido como «El Flaco de Oro».

Parte de la letra de «Allá en Michoacán» dice:

En una celda solitaria en la frontera,
lloro mi pena porque un día la dejé.
Esa casita en la loma de mi pueblo
Y a esos dos viejos que alegraron mi niñez.

(CORO)
Y sueño con ser libre dejar atrás las rejas
Ser una gente honesta en quien poder confiar
Volver con mis amores, mi chula y mis dos viejos
En la casita blanca allá en Michoacán

La idea de los cuatro temas que tuve la osadía de componer para el disco fue reflejar de alguna manera simple la realidad del inmigrante que vive en este país y deja atrás sus raíces y todo lo que ama, buscando un futuro mejor para él y los suyos. En *Good Bye*, por ejemplo, quise mostrar la historia de una relación amorosa que se quiebra cuando ella lo abandona por un gringo con dinero:

Preferiste un good morning
Y me diste un goodbye
A que un macho como yo
te pueda enamorar
Me dejaste por un güero
Que no sabe como amar
Me cambiaste por dos pesos
Y una mica que es legal
Me dejaste por un carro
Y una casa que da al mar
Te perdiste así mis besos
Y un cariño de verdad.

Pero también en *Mi amigo my friend* quise interpretar a todos aquellos inmigrantes que pueden encontrar en un norteamericano a un buen amigo, sin que importen las diferencias:

Brindo así por los amigos
Con un güero que es mi cuate
Y aunque no me entienda bien
Thank you, gracias, mi amigo, my friend...
Toma whisky al brindar
Yo tequila o mezcal
Y mi copa llenaré
Ok gringo ¡salud por usted!
La amistad no tiene apellidos
Y no hay diferencias raciales
Porque Dios nos quiere lo mismo
Para Él somos todos iguales
Thank you, gracias, mi amigo, my friend...

Una vez que estuvo el proyecto terminado, convencí a la compañía discográfica que los ingresos que se generaran fueran entregados a «La casa del migrante de Tijuana» y el «Centro Madre Asunta», con la finalidad de implementar una sala de primeros auxilios médicos para los inmigrantes que se refugian en este hogar, y que alberga a quienes llegan a esta ciudad fronteriza para intentar el cruce hacia Estados Unidos, o para recibir a indocumentados que son deportados desde Estados Unidos y no tienen adónde ir.

Este centro de salud es muy necesario en este hogar, ya que muchos de los migrantes llegan en malas condiciones tras huir de la patrulla fronteriza rodando por cerros y quebradas, saltando desde altas cercas o muros, débiles, deshidratados por largas caminatas sin comida ni agua, hambrientos y la mayoría con signos de insolación.

La producción del disco logró en efecto un alto nivel de calidad musical gracias a los técnicos que trabajaron cada detalle. La buena disposición de los artistas también permitió la proeza de que todos pudiéramos reunirnos por un día en el Rancho El Tejano, en Cadereyta, Nuevo León, propiedad del empresario grupero don Servando Cano, para grabar el videoclip de los temas en un ambiente apropiado y de esta manera tener más elementos que ayudaran a la promoción.

La tarea de hacer coincidir las agendas fue casi un imposible. En lo personal fue muy emotivo compartir la jornada con los artistas más importantes de este popular género, escuchar sus historias de vida, y aprender del esfuerzo de cada uno por sacar adelante sus sueños lejos de sus raíces.

Pese a que en esa época ya comenzaba la decadencia de la industria discográfica, *Mi homenaje gigante a la música norteña* fue un éxito de ventas y, tal como nos habíamos comprometido, viajamos hasta Tijuana para entregar el dinero a las dos instituciones de apoyo a los inmigrantes. Por desgracia esta ciudad tiene una mala reputación de violencia, en general atribuida a la delincuencia organizada, aunque debo decir que en las innumerables oportunidades que la he visitado jamás he sido víctima o testigo de hechos de esta naturaleza. Es más, siempre he sido recibido con mucho respeto y afecto por su gente y las autoridades.

Sin embargo, esta imagen deteriorada me hizo muy complicada la misión de convencer a los ejecutivos de las empresas que habían sido parte del proyecto para que me acompañaran a entregar la donación a la Casa del Migrante y el Centro Madre Asunta. Muchas compañías norteamericanas toman diversas medidas de seguridad para sus ejecutivos y empleados cuando se trata de cruzar la frontera hacia esta región del extremo norte de México. Por el contrario, nosotros aprovechamos de viajar con un equipo del programa, para hacer además un reportaje que mostrara la dura realidad de los inmigrantes que intentan todas las noches saltar lo que ellos llaman «la barda» (muro fronterizo) para entrar como indocumentados a Estados Unidos.

Aunque no era primera vez que el tema estaba presente en *Sábado Gigante*, ya que en varias oportunidades lo habíamos tratado a través de nuestros corresponsales en California, para mí fue impactante conocer y experimentar de cerca los riesgos que estas personas están dispuestas a correr con tal de llegar al país que supuestamente les ofrecerá mejores oportunidades. Nunca imaginé que fuera tan alto el costo de intentar alcanzar el llamado «sueño americano».

Recuerdo la primera noche que grabamos. Quedamos de encontrarnos en un punto cerca del muro donde las personas se reunían de manera espontánea esperando el momento oportuno para romper el cerco con herramientas especiales, y luego correr tratando de burlar la vigilancia de la patrulla fronteriza norteamericana. La mayoría eran hombres jóvenes, pero también había mujeres, niños, adolescentes y grupos familiares completos. En los rostros había mucha ansiedad, miedo y la ilusión de llegar al otro lado y poder iniciar una nueva vida.

A la mañana siguiente encontramos a muchos de ellos de regreso en Tijuana, angustiados, después de pasar la fría noche escondidos entre matorrales, heridos y derrotados, algunos incluso con hijos en sus brazos, luego de que fueran sorprendidos y obligados a devolverse a México. De nuevo la Casa del Migrante y el Centro Madre Asunta les abría las puertas para recuperarse, descansar, y soñar una vez más con la arriesgada oportunidad de cumplir con este sueño esquivo.

La tragedia de las migraciones masivas y los refugiados se ha esparcido por el mundo convirtiéndose en una grave crisis, y en un conflicto de difícil solución. Las nuevas formas de comunicarnos han ampliado el horizonte de los sueños de los más vulnerables, que salen de sus países de origen con la esperanza de una vida mejor, y quieren llegar a esos lugares que han conocido a través de las pantallas y redes digitales, y que les pueden brindar todo lo que su propio mundo les ha negado.

Según datos de la Organización Internacional para las migraciones de Naciones Unidas, en el mundo hay más de doscientos cincuenta millones de migrantes. Pero también existe la dramática realidad de los setenta millones de personas desplazadas a la fuerza de sus países; casi la mitad son refugiados que han tenido que arrancar de la violencia, el hambre y las persecuciones. La fría estadística nos dice que cada dos segundos, en algún lugar del mundo, una persona se ve obligada a huir del lugar que la vio nacer para salvar su vida.

Sin duda, esta ha sido la principal fuente de conflictos globales en esta última década, y es por esta razón que cuando en 2016 inicié un nuevo ciclo laboral en la cadena Telemundo en Estados Unidos, propusimos junto al equipo como producción de estreno un programa especial que se llamó «Rostros de la Frontera» y que hablaba de la cruda realidad de esta frontera entre San Diego y Tijuana, considerada la más transitada del mundo, por donde cada año se calcula que cruzan más de cincuenta millones de personas, más de seiscientos mil indocumentados son detenidos, y donde según cifras oficiales más de cuatrocientas mil personas pierden la vida tratando de alcanzar sus sueños.

Como parte del contenido de «Rostros de la Frontera» decidimos regresar a los refugios de inmigrantes que habíamos conocido una década atrás en Tijuana. Esta vez, una de las cosas que más me llamó la atención es que, en estas casas de acogida ya no había solo mexicanos y centroamericanos, sino que encontramos personas provenientes de lugares tan alejados de esta parte del mundo como Nigeria, Camerún, Chad, Níger o Mali, países de África duramente azotados por la violencia del grupo terrorista y fundamentalista islámico conocido como Boko Haram.

Aquí conocí por ejemplo a Damilola Adekunle, una joven madre nigeriana de veintiocho años que cargaba envuelto en la espalda a su hijo de un año. La acompañaban dos hijastras adolescentes. En sus ojos se notaba la tristeza, la desesperanza y la angustia de no saber qué sería de ella y sus hijos al día siguiente. Vestían parte de sus atuendos tradicionales, y nos contaron con crudeza lo que habían vivido los últimos tres meses huyendo de su tierra, buscando un lugar en el mundo que les sirviera de refugio y les permitiera continuar con su vida. Nos contó que era ingeniero comercial, que hablaba algo de inglés, y que lo abandonó todo para salvar su propia vida y la de sus niños. Nos dijo que nada sabía de su esposo y padre de su hijo y las dos jóvenes que la acompañaban, ni del resto de sus familiares, y suponía que habían sido asesinados por los grupos criminales que dominaban el país.

La entrevista fue impactante para todo el equipo, y en una acción casi inconsciente, con lágrimas en los ojos, le pasé a Damilola una cantidad de dinero que le permitiera tal vez cubrir algunas necesidades mínimas de las próximas horas. En un principio rechazó con mucha dignidad el regalo, pero ante mi insistencia lo tomó en sus manos, se arrodilló ante mí y puso sus manos en mis pies gritando: «*Help! Please! Help!*». Entendí que ella buscaba otro tipo de ayuda que yo no estaba en condiciones de ofrecerle, y que en definitiva era poder entrar a Estados Unidos junto a sus hijas como refugiadas para comenzar una nueva vida.

La escena nos conmovió hasta lo más profundo, y por lo mismo registramos los datos de Damilola, lo cual nos permitió mantener contacto con ella. Meses más tarde nos avisó que les habían dado la visa para entrar como refugiadas a Estados Unidos. Nuestros productores pudieron acompañarla en el cruce de la frontera y a través de las imágenes fuimos testigos del inicio de esta nueva etapa en la vida de esta familia nigeriana.

Mientras entrevistábamos a Damilola, noté que a pocos metros había un muchacho sentado en una banca que parecía petrificado, con la vista perdida en el infinito. Me acerqué y me acomodé junto a él. Me dijo que era mexicano y se llamaba Tomás Hernández. Le pregunté: «¿Y qué pasa, Tomás? ¿Te sientes bien?» Me respondió con algo de enojo: «Pos como me voy a sentir, señor. Hace un mes me deportaron, anoche quise cruzar y de nuevo me devolvieron pa'cá. Mi mujer está al otro lado. Mi hija nació hace dos semanas y no he podido conocerla».

Quise darle una palabra de aliento, pero no pude. Tomás había vivido seis años en Estados Unidos antes de que lo deportaran, trabajando en la «pizca» (cosecha) de uva y mandarina en los campos de California y había construido una vida, una familia y un sueño que hoy estaba por completo truncado. Le pregunté al despedirme si no le daba miedo intentar de nuevo el cruce y me dijo con voz fuerte: «Sí, claro que me da miedo señor, pero tengo a mi hija y mi señora allá, y eso me da ánimo para seguir adelante».

Estos diálogos y testimonios se repitieron una y otra vez con las personas que conversamos para este programa especial en esta zona fronteriza entre Estados Unidos y México. Los más de doce millones que viven indocumentados en Estados Unidos cumplieron la primera etapa del «sueño americano» y de alguna manera se las arreglan para construir sus vidas en este lado de la frontera. Pero también es cierto que ellos y sus familias viven con el miedo permanente a la deportación, y en una suerte de gigantesca prisión de la cual no pueden salir porque luego se les haría muy difícil volver a entrar.

En *Rostros de la Frontera* también quisimos mostrar parte de lo que se vive cada fin de semana en el «Parque de la Amistad» (Friendship Park), un área protegida y pegada al muro, junto a la playa que comparte San Diego y Tijuana, hasta donde acuden numerosos inmigrantes que viven separados de sus familias por situaciones migratorias y aquí pueden reunirse y verse frente a frente por un par de horas. La costumbre es que a través de los pequeños espacios que permite la reja metálica, las personas se pueden tocar con las puntas de sus dedos.

Grabamos simultáneamente en el lado mexicano y norteamericano, y confieso que al ver lo que ocurría en cada rincón de ese lugar, me dio la sensación de estar viviendo algo irreal, una impactante fantasía, algo que jamás pensé que podría suceder. Familias completas, parejas de enamorados, amistades, abuelos, todos separados por una imponente y gruesa reja, conversando con sus dedos apenas rozándose, y con esa simple y emotiva acción simulando un abrazo, un beso, una caricia. Parecía ficción, pero se trataba de una cruda realidad que ocurre hasta hoy todos los sábados y domingos, y donde incluso se permite celebrar una ceremonia religiosa que es seguida y oficiada desde ambos lados de la frontera.

Cada historia que conocimos en este lugar daría para un libro completo, pero quisiera compartir aquellas que me parecieron muy emotivas. Recuerdo, por ejemplo, a Esperanza, una abuela que avanzaba desde el lado mexicano hacia el muro, con dificultades para caminar y del brazo de Lorena, una de sus hijas, sin saber que le esperaba una sorpresa.

Los familiares la habían llevado para que viera a Julio, su hijo mayor, después de dieciséis años, y a Patricia y Bertha, dos de sus hijas que también viven en Estados Unidos. Pero lo más importante, para que conociera por fin en directo a su nieto de siete años. Por el lado norteamericano, Julio y sus hermanas llevaban de la mano al niño y se acercaban lentamente al mismo punto de la reja fronteriza.

Hasta los guardias se emocionaron cuando se produjo el encuentro. En los gritos de esta familia se mezclaban las alegrías y tristezas acumuladas, mientras se tocaban con las puntas de los dedos y se dedicaban palabras de afecto guardadas con dolor por tantos años en sus corazones. Esperanza cumplía uno de sus sueños antes de partir de este mundo. Después de tener ocho hijos, con uno de ellos que murió en el cruce de esta frontera, logró con la ayuda de coyotes que los tres mayores, Julio, Patricia y Bertha, pudieran pasar al lado norteamericano a cumplir con la ilusión de una vida mejor.

Hoy que recuerdo y escribo lo que fue ese instante mágico se me vuelven a llenar los ojos de lágrimas. Cuando le acercamos el micrófono al nieto de Esperanza y le preguntamos qué quisiera decir luego de este reencuentro familiar, se quedó por un instante mirando a la abuela a través de la reja, y lanzó un grito que a todos nos desgarró el alma: «¡Quiero que levanten este muro! ¡Sí! ¡Eso quiero! ¡Que levanten este muro!».

Otro momento que quedó en mi retina fue el encuentro de una pareja de enamorados que intentaban besarse con pasión a través de la reja, sin que sus labios siquiera pudieran tocarse. Actuaban como si el mundo hubiera desaparecido a su alrededor. Según nos contaron las personas que vienen con frecuencia a este Parque de la Amistad, cada fin de semana ellos se citan en este lugar y viven así su romántica historia de amor.

Y si de historias de amor se trata, la de Michael, norteamericano, y Emma, mexicana, sin duda podría servir de argumento a una gran producción de Hollywood. Se conocieron el año 2000 cuando ella atravesó esta frontera con un coyote y llegó a San Diego. Se hicieron novios con la ayuda de un traductor, porque ni Michael hablaba español ni Emma una gota de inglés, y para poder casarse, él tuvo que viajar a México y pedir permiso a los padres de ella.

Tuvieron tres hijos: Michael, Ryan y Brannon. En 2006, en una de sus citas con el Departamento de Inmigración donde tramitaba su residencia por estar casada con un ciudadano norteamericano, la detuvieron acusándola de haber ingresado ilegalmente al país y en ese mismo instante la deportaron frente a su esposo. De acuerdo con la ley tenía que esperar diez años para pedir de nuevo una visa que le permitiera entrar de manera legal a Estados Unidos.

Por esta razón, decidieron que Emma se estableciera en Tijuana, donde compraron una pequeña casa y todos los fines de semana Michael cruzaba la frontera con sus hijos para visitarla, mientras el resto de los días en San Diego tenía la ayuda de Graciela, la suegra, quien se había convertido en la segunda madre de los niños y en dueña de casa.

En uno de esos viajes a Tijuana a ver a Emma, acompañamos a Michael y fuimos testigos de la emoción que cada uno de estos reencuentros generaba en la familia. Afortunadamente el 2016, al cumplirse los diez años del castigo a Emma, pudo volver a pedir la visa, se la otorgaron y hoy la familia está nuevamente reunida en su hogar de San Diego.

Las posibles soluciones al drama de los indocumentados fue tema recurrente en todas las entrevistas que tuve oportunidad de hacer a los candidatos a la presidencia de Estados Unidos, y luego a quienes lograron llegar a la Casa Blanca. A todos les hice la misma pregunta: «¿Cómo van a solucionar la situación de las personas que viven indocumentadas en este país?». Las respuestas parecían siempre muy convincentes y estudiadas, especialmente para agradar al votante hispano, pero la verdad es que en estos años ninguna de las administraciones que pude conocer hizo nada o casi nada por estos más de doce millones de personas que viven en las sombras en el país más poderoso del planeta.

El tema es muy complejo, y aunque estos inmigrantes que no tienen un estatus legal, mayoritariamente hispanos, hacen un gran aporte a la economía norteamericana, sobre todo en el terreno agrícola, donde representan una parte esencial de la fuerza de trabajo, también es cierto que absorben importantes recursos, en salud y educación, y representan un alto gasto público para el país. Por otro lado, todos los analistas reconocen que, si no existieran estos trabajadores indocumentados que reciben salarios muy bajos en relación con el resto de la población, y que realizan aquellas labores que los norteamericanos ya no quieren hacer, se elevaría considerablemente el costo de la vida y eso tendría un impacto catastrófico en la economía norteamericana.

En definitiva, la llegada al poder del presidente Donald Trump en 2017 complicó aún más la situación de los inmigrantes, en especial de los indocumentados, y se les hizo más difícil aún acceder a trabajos, a los servicios de salud y en casi todos los estados se les quitó la posibilidad de obtener una licencia de conducir.

Durante su presidencia, posiblemente por las mismas razones electorales que lo llevaron a la Casa Blanca, mantuvo su retórica antiinmigrante y reforzó la seguridad en la frontera, lo cual provocó que la vida de quienes han venido a este país en busca del «sueño americano» se tornara cada día más insegura y difícil.

De acuerdo con estudios especializados del Centro de Investigación estadounidense (PEW), la discriminación ha aumentado considerablemente en el país en los últimos años, lo cual se nota en los centros de trabajo e institutos educativos, donde además de la desigualdad salarial y la explotación hay denuncias constantes de acoso y maltrato hacia el inmigrante. Por otro lado, las estadísticas señalan que hay un aumento de más de un 10 por ciento en el número de crímenes de odio en el país, cometidos por personas que supuestamente comparten teorías supremacistas o pertenecen a grupos que promueven la violencia extremista.

Entre los más de doscientos cincuenta impactantes tiroteos masivos de los que fuimos testigos en 2019 en Estados Unidos, hubo uno que me llamó la atención. Ocurrió el sábado 3 de agosto en una tienda Walmart de la ciudad de El Paso, fronteriza con México, cuando Patrick Crusius, de veintiún años, disparó con un poderoso rifle de guerra AK-47 matando a veintidós personas y dejando más de veinte heridos graves. Pocos minutos antes de la masacre, se publicó en internet un manifiesto llamado «La verdad incómoda», vinculado por las autoridades con el atacante, que hablaba de una «invasión hispana en Texas» y describía un ataque inminente dirigido contra los inmigrantes: «Si podemos deshacernos de suficientes, entonces nuestra forma de vida puede ser más sustentable».

Este flagelo de la discriminación contra los inmigrantes, tal como hemos dicho antes en este capítulo, se ha extendido como plaga por el mundo, alcanzando a países donde ni siquiera hay protocolos ni experiencia para manejar la situación. Por ejemplo, en Chile, mi país, considerado por los expertos como una de las economías más estables del continente en la última década, se enfrenta un fenómeno migratorio sin precedentes, con miles de personas que cruzan las fronteras en busca de un «sueño chileno». Casi sin restricciones, el país abrió las puertas a grupos de inmigrantes venidos principalmente de Perú, Colombia, Venezuela, Bolivia y Haití, y en poco tiempo la estadística nos sorprendió señalando que los inmigrantes eran casi el 10 por ciento de la población de Chile, es decir, ya teníamos un millón y medio de extranjeros viviendo en el país.

Este masivo ingreso de inmigrantes en Chile provocó el surgimiento de frecuentes actos discriminatorios, y algunos sentimientos evidentemente racistas en sectores más extremos. Es cierto que con este ingreso descontrolado de personas, y con la proliferación de improvisados campamentos en grandes ciudades, habitados mayoritariamente por extranjeros, se ha visto un aumento de la delincuencia asociada en especial al tráfico de drogas. Muchos de estos ciudadanos extranjeros que cometen delitos y son encarcelados se acogen a una ley que les permite cambiar su condena por la expulsión del territorio nacional. Cualquier país en el mundo tiene derecho a defenderse de aquellos malos inmigrantes que las sociedades no necesitan.

También me queda claro que si un país no está debidamente preparado y organizado para recibir inmigrantes y se abren las puertas sin control, se le hace un daño no solo al país sino a los propios extranjeros que llegan con la ilusión de un mejor futuro, y terminan viviendo en las peores condiciones, diría incluso subhumanas. He sido testigo de extranjeros viviendo en el norte de Chile sin agua potable, baño, luz eléctrica, en viviendas con piso de tierra y condiciones de higiene que ponen en alto riesgo su salud y la de su entorno.

Me atrevo a decir incluso que aparte de las justas demandas que provocaron el grave estallido social en Chile que comentamos antes, otra de las situaciones que en nuestro país y en muchos a lo largo y ancho del mundo requiere de una solución urgente es el tema de los inmigrantes.

Es una emergencia humanitaria que se debe enfrentar, no esconder y menos ignorar. No es posible que estos grupos humanos que pudieran ser un aporte en los países hacia donde migran terminen transformándose en la población que vive en las peores condiciones de la sociedad, en medio de una pobreza extrema, sin la debida protección en la nueva tierra que supuestamente los debió acoger. Este no puede ser el final del «sueño chileno», del «sueño americano», y de ningún sueño en el mundo, porque no debemos permitir que los refugiados y migrantes que dejan su tierra en busca de una vida mejor transformen sus sueños en pesadillas.

Soy hijo de inmigrantes, y mis padres recibieron en Chile «el asilo contra la opresión», como reza el himno nacional, y yo hice lo propio al emigrar a Estados Unidos buscando mi sueño de extender el programa a otros públicos y buscar nuevas oportunidades y desafíos.

Por eso en este capítulo quise hacer mi «homenaje gigante» al inmigrante. Debemos luchar por superar el flagelo de la discriminación y entender que más allá de nuestras banderas y las líneas imaginarias que dividen nuestros países, todos somos ciudadanos del mundo y tenemos derechos y espacio suficiente para que, sin importar las diferencias, podamos progresar y aspirar a una vida mejor.

Lamentablemente la humanidad no aprende las lecciones de la historia, y hoy vemos cómo cada vez son más los que viven en malas condiciones, mientras les sirven a unos pocos que viven muy bien. También es necesario crear leyes que protejan debidamente a los migrantes y refugiados, y que por otro lado permitan a los países defenderse mejor de aquellos antisociales y delincuentes que no respetan fronteras ni saben de convivencia social y buscan cualquier oportunidad para mantener su vida al margen de las leyes.

¿Cuál es entonces la solución? Hasta hoy nadie la ha encontrado, pero en nombre del progreso la humanidad tiene el deber de buscarla con urgencia, porque las nuevas generaciones lo merecen. Como dijo Martin Luther King: «Hemos aprendido a volar como los pájaros, a nadar como los peces, pero no hemos aprendido el sencillo arte de vivir como hermanos».

Capítulo 18

LOS AÑOS SE VAN VOLANDO

El 2001 sin duda fue un año cargado de acontecimientos en mi carrera: estrenamos en Univisión el programa de conversación *Don Francisco presenta*»; fui invitado a la Casa Blanca por el presidente George Bush para celebrar la fiesta hispana del 5 de mayo; me honraron con una estrella en el Paseo de la Fama en Hollywood; y cuatro días después de los terribles atentados terroristas del 11 de septiembre en Nueva York y Washington, con casi tres mil víctimas fatales, realizamos una histórica y conmovedora transmisión que llamamos *Todos unidos*, que se transformó en un bálsamo solidario en un momento de profundo dolor en el mundo.

En diciembre de ese año lleno de emociones encontradas, terminé de escribir mi autobiografía titulada *Entre la espada y la tv*, en la que incluí un capítulo final que llamé *Desde el más allá*. Fue una especie de fantasía, con la que quise situarme en el 28 de diciembre de 2040, en una supuesta celebración de mis cien años, y echando a volar la imaginación describía lo que podría ser el mundo en ese futuro. Ha pasado la mitad de ese tiempo, estoy cumpliendo mis ochenta años, y al releer esas páginas me sorprendo de las coincidencias con la realidad que imaginé hace dos décadas.

Me resulta increíble, por ejemplo, este párrafo escrito en un momento en que ni siquiera estaba en mis planes terminar con *Sábados Gigantes*: «Muy de vez en cuando por ahí me invitan a programas interactivos para que les hable sobre los primeros pasos de la televisión en español en Estados Unidos y sobre mi récord aún no superado de estar durante cincuenta y tres años frente a las cámaras con *Sábado Gigante*». Y así fue, catorce años después, exactamente al cumplir esa cantidad de años en el aire, cerramos la historia del programa. La verdad es que no me había dado cuenta de esa coincidencia, hasta que en una entrevista el periodista me lo hizo notar, probando que había leído el libro, y no solo eso, señalándome además otras sorprendentes premoniciones escritas en ese capítulo final.

Cuando hace dos décadas escribí ese libro no tenía ningún antecedente ni conocimiento sobre muchas de las cosas que imaginé y describí en ese ejercicio de ficción. Con respecto al clima, digo, por ejemplo: «Miami siempre me pareció bello y apetecible. Lo sigue siendo, a pesar de que el clima ha cambiado un poco como consecuencia del calentamiento de la Tierra. Los veranos traen un calor mucho más severo y los inviernos son más templados, aunque de pronto nos sorprenden vientos huracanados, ciclones, sequías y lluvias a veces desproporcionadas».

Tal vez en lo único que me equivoqué es que todo eso ya lo estamos viviendo dramáticamente, y no tendremos que esperar al 2040 para comprobar las graves consecuencias que tiene para el planeta este cambio climático que los seres humanos hemos provocado dañando nuestro medio ambiente con enorme irresponsabilidad.

También me imaginé que en 2040 las personas estarían viviendo mucho más que antes: «La gente en general está viviendo más. Una reciente estadística dice que 25 por ciento de la población mundial tiene más de sesenta años. En Estados Unidos, 30 por ciento de sus habitantes tiene más de cincuenta y cinco años, y el promedio de vida llega a los ochenta y dos.

Por eso, considero que no es ninguna gracia especial, ni motivo de noticia o chisme en los periódicos, el hecho de que yo esté cumpliendo cien años». Bueno, la mayoría de estas estadísticas se han cumplido, y si el 2001 la esperanza de vida en Estados Unidos era de poco más de setenta y seis años, hoy ya está llegando a los ochenta. Veremos si en veinte años más se cumple mi pronóstico tal cual está escrito.

En cuanto a los avances tecnológicos, debemos recordar que en 2001 aún estábamos en los inicios de la era digital, y ni siquiera se había lanzado la internet inalámbrica. No existía Facebook, y el gran invento del año fue el Ipod de Apple, que luego se convertiría en el reproductor de MP3 más popular de la historia, lo que también impactaría de lleno en la industria de la música.

En este contexto escribí entonces con mucho atrevimiento lo siguiente: «Gran parte de mi información y entretenimiento proviene del exitoso sistema mundial conocido como "comunicación total"» ... ahora estoy convertido en un fanático de esta novedosa técnica que entrega todo tipo de datos... Ese aparato es el corazón de la casa, que incluye videófono». Aunque no con ese nombre, pero hoy ninguno de nosotros se sorprende con las aplicaciones que aparecen todos los días y que nos permiten estar conectados con los contenidos más importantes que se generan en el mundo al instante, y el sistema que describo bien podría tratarse de Alexa (de Amazon) o el practico Siri (de Apple). ¿O no?

Incluso diría que me quedé corto en mis pronósticos, ya que hoy las casas, oficinas, edificios y autos «inteligentes» se han masificado y responden con gran eficiencia a un cerebro central y a nuestras necesidades y comodidades. A través de nuestros teléfonos celulares podemos controlar muchas de las funciones que ellos nos ofrecen y que sin duda facilitan nuestra vida diaria.

Y a propósito del teléfono, otro avance que imaginé en 2001 y que entonces era impensado: «... se inyectan las últimas noticias en el diario virtual, que comienza a titilar sobre la mesa, avisando que hay completa información nueva». ¡Cuánto competimos hoy por tener la noticia del momento en nuestros teléfonos! Estamos llenos de alertas, precisamente para ser los primeros, y con eso ganarnos la atención de los demás. Tampoco fallé en eso.

En relación con nuestra actividad en televisión, en ese capítulo ficción con el cual concluí mi autobiografía, también imaginé que al cumplir los cien años vendrían a verme los periodistas y tendríamos una conferencia de prensa muy diferente a las que yo conocía: «No hay flashes, ni focos, ni asistentes de iluminación. Cada profesional es autosuficiente y maneja su sofisticado equipo, que en el caso de las cámaras no son más grandes de lo que era una Coca-Cola clásica. Con todo computarizado, las señales suben y bajan en directo a las oficinas del medio de prensa». También en esto me equivoqué, porque no es algo que ocurrirá en el 2040, sino que lo estamos viviendo hoy y los avances han llegado mucho más lejos de lo que soñé.

Todo este relato que habla de premoniciones y sorprendentes coincidencias me hizo pensar que en este libro también debía «volarme» un poco e intentar predecir el rumbo de los cambios que se verán en las próximas dos décadas. No sé si podré estar presente físicamente en la celebración de mi centenario, pero no tengan ninguna duda de que haré todo el empeño para no fallarles.

Jamás pensé que los avances de la tecnología nos atraparían tan rápido. Me es muy difícil imaginar hasta qué extremo nuestras vidas serán invadidas por la velocidad de los cambios. Por el momento podemos concluir que la masificación ilimitada del contenido y el comercio que se nos ofrece como una avalancha a través de internet y las redes sociales están haciendo muy ricos a unos pocos, y dejando unas pocas migajas a todos los demás.

En mi opinión esto se debe a que internet es actualmente la madre de todas las plataformas, y su uso y distribución no cuentan con ningún tipo de regulación. Imagino, por ejemplo, que el mundo de hoy tiene dos opciones para avanzar: una autopista tradicional, y otra llamada Internet. En esta última se puede conducir sin restricción de velocidad, saltar de una vía a otra sin exponerse a sanciones, y si hay un choque la persona está eximida de culpa porque no hay que responder ante nadie.

En cambio, para usar la carretera tradicional hay que tener una licencia, no se puede pasar de los cien kilómetros por hora (60 mi por hora), se debe respetar una larga lista de reglas de tránsito, y si hay un choque es necesario tener un seguro que responda. Internet ha permitido a desarrolladores de contenidos y de negocios crear plataformas que van por un camino liberal, totalmente diferente a lo que hemos conocido hasta ahora.

Mientras en el mundo, por ejemplo, los taxis están sujetos a una serie de exigencias para transportar pasajeros, los autos que entran a la plataforma Uber pueden trabajar en la práctica sin limitaciones. Como resultado, Uber, que no es dueña de un solo automóvil en el mundo, está valorada en la bolsa de comercio en ochenta billones de dólares, mientras una empresa multinacional tradicional de renta de autos como Hertz tiene más de seiscientos mil vehículos y un valor comercial cuarenta veces menor.

Lo mismo ocurre con plataformas como Airbnb, que ofrece alojamientos en muchos países del mundo sin ser dueños de una sola propiedad, y su valor comercial estimado es de treinta y un billones de dólares, casi duplicando a la cadena de hoteles Hilton que es dueña de más de cinco mil hoteles alrededor del planeta. Y así podemos seguir desmenuzando lo que ocurre con Amazon y el comercio electrónico, por ejemplo, y de qué modo está afectando a las grandes tiendas por departamentos. De acuerdo con cifras del mercado, el 2019 han cerrado más de cinco mil grandes tiendas solo en Estados Unidos.

Quizás lo más grave está ocurriendo en el terreno de las comunicaciones. Hay en el mundo siete mil seiscientos millones de aparatos celulares, lo cual significa que hay más dispositivos que número de habitantes en la tierra. Gracias a ellos en muchos aspectos han desaparecido las fronteras y la mayoría de nosotros tiene en el bolsillo la posibilidad de sumergirse en cualquier momento en esta nueva era de la globalización.

Las formas de comunicación que ayer considerábamos como un servicio a nuestra comunidad, en especial la radio y la televisión abierta, comienzan a perder importancia ya que sus mensajes y contenidos pueden ser exhibidos libremente, y a veces incluso con su propia publicidad, a través de otras plataformas desreguladas. Hay aplicaciones que simplemente toman contenidos en lo que podría incluso ser considerado un robo, y lo difunden parcial o totalmente a su antojo sin que hayan invertido un solo peso en su producción.

Algo similar ocurre con el periodismo escrito, porque las informaciones las recibimos al instante en nuestros dispositivos móviles desde fuentes conocidas y desconocidas, y los artículos son copiados y retransmitidos sin control en las redes. Este impacto del mundo virtual es un verdadero trastorno para la industria al no estar reglamentado, y está provocando un gran daño a los trabajadores, técnicos y empresarios. A los generadores de contenidos se les está metiendo la mano al bolsillo sin que nada ni nadie pueda hacer algo al respecto.

El público, como es lógico, se ha volcado a consumir los contenidos a través de los medios y plataformas más económicos o gratuitos, aunque a veces corra riesgos relacionados con la rigurosidad o credibilidad. Es una competencia desleal que está haciendo perder audiencia progresivamente a los medios tradicionales, que viven lo que tal vez sea uno de los peores momentos de su historia, buscando caminos para una compleja adaptación a esta nueva realidad. Las pérdidas de ingresos comerciales hacen bajar la calidad de la producción, y todos los días sabemos de nuevos despidos masivos en la industria.

Por todo esto me gustaría adaptar mi pronóstico para los próximos veinte años, por si alguien tuviera la generosidad de leer este libro en 2040, imagino que en formato virtual.

En primer lugar, estoy convencido de que se tienen que buscar soluciones urgentes que aseguren una mayor equidad en las sociedades y una mejor y más justa distribución de las riquezas. Lo que me temo es que esto puede ocurrir tanto por medios pacíficos, que es por supuesto el ideal, como por medios violentos, el peor escenario.

En el caso de los medios de comunicación tradicionales, creo que no van a desaparecer, sino que se van a fusionar entre ellos y complementar con las nuevas plataformas, creando híbridos comunicacionales interactivos. Se van a terminar las exclusividades, y existirán muchas formas de conectarse a internet, permitiendo al usuario elegir la que le resulte más segura, conveniente y de acuerdo a sus posibilidades y necesidades.

Se regulará el impuesto a la propiedad de los contenidos para evitar esta injusta competencia de hoy, en la que cualquiera difunde sin restricciones lo que un medio con mucho esfuerzo creativo y de producción puso al aire. La producción escrita y la audiovisual estarán debidamente registradas, y sus propietarios tendrán que autorizar y ser compensados cuando alguien las use en una plataforma diferente a la original donde fueron creadas.

Cuando todo esto ocurra, la panacea que vivimos hoy del «ofertón todo gratis» habrá llegado a su fin y el mundo de las comunicaciones comenzará a recuperar su equilibrio. Cada contenido de Facebook, Twitter, Instagram, TikTok, Snapchat, o de la red social que sea, tendrá que ser pagado por tiempo de uso o por palabra enviada.

Las regulaciones y demandas contra algunas de estas redes sociales ya las estamos viviendo, con situaciones tan graves como la posible injerencia de Facebook en las elecciones presidenciales en Estados Unidos, considerando que ciento cincuenta y seis millones de norteamericanos tienen cuenta en esta red social, y dos tercios de ellos declaran obtener sus informaciones a través de esta popular plataforma.

Hay acusaciones constantes de violaciones a la privacidad de los usuarios y a las leyes antimonopolios, especialmente con Facebook, que además es dueña de WhatsApp y de Instagram. Y, por otro lado, la banca internacional no ve con buenos ojos el lanzamiento de la criptomoneda «libra» que anunció esta poderosa red social, porque podría provocar un cambio total en el comercio y las finanzas globales, convirtiéndose en una nueva forma para que las personas envíen dinero a distancia y hagan los pagos de sus compras virtuales.

Todo esto me hace concluir que los próximos conflictos no serán guerras tradicionales tal como hemos conocido y sufrido en la historia de la humanidad, sino más bien enfrentamientos tecnológicos, en los que esta nueva forma de convivencia será atacada en su raíz, haciendo colapsar el funcionamiento de las sociedades modernas.

Los invito a detenerse un momento y pensar en lo que podría ocurrir si una potencia como Estados Unidos o China de pronto sufre un «apagón tecnológico masivo». Mientras más dependan estas potencias de la tecnología, más riesgo tienen de sufrir un golpe que los deje inmovilizados, detenidos en el tiempo, vulnerables a un terrorismo cibernético que ya nos ha dado pequeñas muestras de su poder con espectaculares hackeos a gobiernos, bancos, empresas, e incluso a las propias plataformas y redes sociales.

Las herramientas para «hackear» y los llamados «malware» (programas malignos) están disponibles en la *deep web* o web oscura, y esto obliga a los países a crear verdaderos ejércitos de ciberseguridad para defenderse en esta guerra contra la seguridad informática.

El panorama parece aterrador, y ya lo hemos visto descrito con gran crudeza en algunas ficciones de Hollywood. Pero, aun así, tengo confianza en que los seres humanos seremos capaces una vez más de adaptarnos a estos cambios profundos, protegernos y salir fortalecidos de esta nueva revolución que enfrentamos en nuestra historia.

La pregunta que me queda pendiente es cómo se van a reponer todos los trabajos que se pierden cada día con la automatización y la inteligencia artificial. Me imagino que las personas tendrán que hacer una transición a otras habilidades para poder subsistir, reconvertirse, adaptarse, y las sociedades deberán buscar soluciones creativas para invertir en formas diferentes de capacitación que faciliten el acceso a nuevas actividades productivas.

La respuesta a esta última inquietud seguramente podrán obtenerla aquellos que lleguen en la plenitud de sus capacidades al 2040. En mi caso, creo que mi sistema operativo ya estará obsoleto, y no tendré actualizaciones disponibles que permitan reiniciarme y volver a conectarme con este nuevo mundo.

Capítulo 19

LA LLEGADA A LOS OCHENTA

Comienzo escribiendo este capítulo el 15 de octubre de 2020, a más de diez mil pies de altura mientras volamos con mi esposa desde Santiago a Miami, donde vivimos hace más de treinta años, después de estar ciento ochenta y ocho días confinados en Chile por el covid-19. Han sido meses extraños, diferentes y muy difíciles de digerir. Jamás imaginé todo lo ocurrido y menos pensé vivir todo lo que viví. Para este año tenía planes muy diferentes, que terminarían el 28 de diciembre con la gran celebración de mis ochenta años.

También estaba organizado el lanzamiento de este libro, *Con ganas de vivir*, que por la pandemia tuvimos que postergar y según me dicen los editores el evento se realizará a comienzos de 2021. Estos meses los aprovecharía para viajar por el mundo con mi señora, tomar un par de cruceros y festejar con familiares y amigos en Chile y Estados Unidos nuestros cincuenta y ocho años de matrimonio y misma cantidad en las comunicaciones. Pero todos nuestros planes tuvimos que empaquetarlos y guardarlos en lo más profundo del baúl de los recuerdos.

Quería cumplir a plenitud con el título de este libro y al final solo me estoy quedando «con ganas de vivir» el 2020.

Una vez más se cumple el viejo adagio popular «El hombre propone y Dios dispone», aunque en este caso quien decidió fue realmente el coronavirus y la cuarentena. Ha sido un tiempo de mucho estrés pero interesante, lleno de desafíos y aprendizajes. El cambio de rutina y el encierro me han dado más tiempo para conversar conmigo mismo, hacerme muchas preguntas, encontrar con calma las respuestas, y a través de estas líneas compartir con ustedes los lectores parte de esas reflexiones.

No sé si seré capaz de transparentar las intensas sensaciones y emociones que he vivido en estos meses, a las cuales debo sumar que este relato contiene un componente importante de futurología, ya que hay ciertos eventos y situaciones que se van desarrollando mientras escribo y algunos de ellos no detendrán su proceso hasta después de que el libro se haya impreso.

Algunas cosas que me he preguntado con frecuencia en este tiempo de diálogos con mi yo interior es qué pasara después de la vacuna en Chile, en Estados Unidos y en el mundo. ¿Continuará en mi país el estallido social con más o menos violencia?

Estas preguntas comenzaron a encontrar sus primeras respuestas el 25 de octubre, cuando se realizó el plebiscito en el que los chilenos debíamos decidir si rechazar o aprobar la redacción de una nueva constitución que reemplace a la promulgada en 1980 por el gobierno militar y reformada cincuenta y dos veces desde entonces. Por las encuestas se sabía de antemano que la opción «apruebo» sería la ganadora, pero lo que no estaba claro era cuál sería la magnitud del triunfo.

En definitiva, ha sido la votación voluntaria más alta de la historia (hasta el 2012 el voto era obligatorio), con una participación ciudadana del 50.9 por ciento de los votantes inscritos. El «apruebo» logró casi el 80 por ciento de los votos y porcentajes similares se alcanzaron para la elección de una Asamblea Constituyente de 155 miembros, que durante dos años serán los responsables de redactar la nueva carta magna.

Fue una fiesta democrática impecable y ejemplar, y los organizadores a las dos horas de haber cerrado el proceso entregaron el resultado. En especial la juventud acudió temprano a emitir su voto, y de acuerdo con los expertos se inclinó masivamente por la opción «apruebo». La jornada se desarrolló con mucha tranquilidad y respeto cívico. Los analistas señalan que, en comparación con elecciones anteriores, hubo menos participación de las personas mayores debido a la pandemia, y se entiende por la cantidad de localidades en cuarentena y el miedo a un contagio.

El resultado dejó en evidencia que Chile quiere y necesita cambios, y por sobre las estimaciones, puede interpretarse como un rechazo transversal a las formas tradicionales de hacer política en el país. La gran mayoría pide con urgencia una nueva generación de dirigentes.

Me parece además que los jóvenes de hoy, quienes viven sumergidos en un mundo intercomunicado al extremo, toleran menos la falta de oportunidades y la desigualdad, y para ellos en la práctica han desaparecido las fronteras de izquierdas, derechas y centros. La incógnita es cómo será esta nueva constitución que surja de la Asamblea Constituyente, y si con ella se logrará interpretar y satisfacer las aspiraciones y demandas populares que se han tomado la agenda del país en estos meses.

Pienso que también, como en el fútbol, el país le sacó tarjeta amarilla (casi roja) al gobierno y al parlamento. Tendrán que hacer un esfuerzo extraordinario para buscar un acuerdo nacional que encuentre soluciones urgentes a las necesidades pendientes de todos los sectores, y con esto bajar la presión y las ansiedades, suavizando las protestas y manifestaciones que se ven a diario. ¿Cómo hacerlo en medio de una pandemia y con una cesantía de casi un 13 por ciento? ¿De dónde obtener recursos? Ahí está el colosal dilema que enfrentan ahora los gobernantes.

Hay que agregar a lo anterior que Chile se ha transformado en un país rabioso y enfrentado, donde todo intento de diálogo se convierte en una batalla verbal llena de intolerancia, acusaciones y descalificaciones. Las razones deben ser muchas y las explicaciones también, pero en este ambiente enrarecido y tóxico es difícil avanzar porque todo se mira a través del cerrado prisma político individual.

Todo esto ocurre, además, en un ambiente muy extraño generado por el coronavirus, con el mundo enfrentado a lo desconocido y en medio de una inquietante incertidumbre.

Sin mucha experiencia en el área de los fenómenos que analiza la psicología social, pienso que el estrés que vivimos ha dejado al descubierto, entre otras cosas, un grave descontento globalizado. Quizás la raíz pueda estar en que los sistemas económicos que hasta ahora hemos conocido necesitan de un profundo periodo de ajuste. Las injusticias y desigualdades tienen que atenderse en toda su magnitud, dando oportunidades y derechos verdaderos a las mayorías, y mejorando el acceso de todos a las necesidades básicas.

Este último año por primera vez sentí que la desconfianza en Chile era de todos y contra todos. Son pocos los que creen en las instituciones que han sido pilares de nuestra república, y la palabra más usada es «abuso». La gran mayoría se siente abusada y nadie quiere reconocer que abusa. Es difícil encontrar la salida a una crisis que abarca tantos niveles de la sociedad, porque aunque es evidente que nos ha ido mejor que a nuestros vecinos latinoamericanos y la economía chilena ha resistido bien los embates del coronavirus, somos los más desesperanzados de la región, y con los más altos niveles de desigualdad.

Muchos barrios marginales están en manos del narcotráfico, que en una poderosa asociación con anarquistas y violentistas se organizan para realizar actos vandálicos y destructivos, haciendo crecer en la gente el temor y la desesperanza. La única consigna de estos grupos espontáneos, sin líderes ni ideologías que los respalden, es destruir, quemar y desafiar sin miedo a las fuerzas de orden.

A lo anterior se agrega el largo conflicto que las autoridades de hoy y de ayer no han podido solucionar con el pueblo mapuche, el grupo indígena más grande de Chile, en cuyo territorio la violencia crece y se manifiesta todos los días. Esta es una situación que merece atención especial, ya que desde el establecimiento de la república nos olvidamos de la existencia de los pueblos originarios con su propia lengua, su cultura, y sus derechos ancestrales.

Quiero aclarar y confesar a los lectores que mi análisis, las opiniones y predicciones que hago cambian casi a diario de acuerdo a lo que aprendo y escucho, y como siempre digo graciosamente: «tienen menos respaldo que un piso de bar». Y esto no debiera sorprender a nadie, porque a todos nos ocurre, aunque a veces no queramos reconocerlo.

Mientras mi mente recorre lo que han sido mis pensamientos en estos meses de encierro en Chile, el piloto nos recuerda que en poco rato más aterrizaremos en el aeropuerto de Miami, Estados Unidos, donde también hay más preguntas que respuestas.

Conocí este gran país de las oportunidades hace algo más de seis décadas, cuando vine por dos años a New York a estudiar para convertirme en técnico modelista, siguiendo los deseos de mi padre. Desde entonces ha cambiado mucho. Nunca lo había visto tan enfrentado, ideologizado, racista y con manifiesta odiosidad entre grupos antagónicos. Las noticias internacionales muestran que este sentimiento traspasa las fronteras. El coronavirus sin duda aceleró el descontento y son escasos los lugares del mundo donde no hay enfrentamientos sociales.

He conversado en este tiempo con personas de todas las clases sociales, creencias religiosas y grupos étnicos. He asistido a numerosas conferencias virtuales y hablado con expertos y personalidades de distinto rango de edad y conocimiento. Pero al final tengo que decir que me quedo con la opinión que me dieron mis nietos que tienen edades que van entre los veintiuno y treinta y cinco años.

Ellos sostienen que después de la aparición de la vacuna contra el covid-19 y su masiva aplicación, volveremos a la normalidad rodeados de más tecnología y con algunos cambios muy cosméticos en la estructura social y económica. Me dicen que tendremos menos recursos pero que el mundo seguirá su curso sin grandes diferencias.

Si es así, mucho de lo que me angustia y obsesiona en estos meses quedaría archivado en la memoria y en estas páginas, y mi país, Chile, la Teletón, Estados Unidos y la humanidad seguirán su viaje con las nuevas generaciones acomodándose a los tiempos sin mis miedos y preocupaciones. No estoy tan seguro, pero después de vivir tanto, como expresó Voltaire, prefiero decir que «dudar vale más que estar seguro».

Hay algo sobre lo que sí estoy completamente seguro: es difícil de explicar la adicción que produce este oficio, porque la oportunidad de comunicar frente a un micrófono, a una cámara tiene su recompensa real en el aplauso. Y cuando hablo del aplauso me refiero, por supuesto, al reconocimiento generoso del público al trabajo realizado, pero también pienso en la lucha que uno hace por conseguir ser escuchado.

Esta es una vida entre euforias y depresiones, en la que el éxito y la derrota siempre se dan la mano al final del camino. Diría que se vive envuelto en una adrenalina constante.

Los cambios que estoy experimentando en este tiempo son profundos. Recuerdo por ejemplo que cuando me anunciaron el 2018 que se terminaba el programa *Don Francisco te invita* en la cadena Telemundo en Estados Unidos, estaba por cumplir setenta y ocho años.

Me convencí de que era un récord culminar a esa edad un proyecto semanal en horario estelar, pero fue una sensación totalmente distinta a la que experimenté al cerrar el capítulo de *Sábado Gigante*, cuando emocionado viví con mis compañeros la conclusión de una historia única, irrepetible, y de uno de los ciclos más importantes de mi vida personal y profesional. En ese momento sabía que de ahí en adelante pasaría a otra etapa y que me tenía que ir acostumbrando a ella.

Al día siguiente de haber realizado ese último *Don Francisco te invita*, me levanté, me miré al espejo y me asusté porque me vi y sentí distinto. Sé que es muy loco explicarlo así, pero eso fue lo que me ocurrió.

Hasta ese día no me había dado cuenta de que yo estaba «grande», como dicen los argentinos. Entendí al mismo tiempo que el alma y el espíritu no son lo mismo y no van de la mano. Aunque mi empleador quería mantenerme el contrato, me negaba a aceptar que sería solo nominal. La empresa había tomado una decisión definitiva, y de ahí en adelante todo lo que viniera para mí sería de menor importancia y trascendencia.

Fue increíble cómo esta situación afectó mi mente y mi cuerpo. Todo el día me repetía: «Tienes que estar contento con lo que has hecho. Es el momento de ubicarte de otra manera frente a la vida. Te ha ido muy bien. Mira todo lo que has conseguido».

El problema es que no podía engañarme a mí mismo, porque aunque me repetía muchas veces esas frases de autoaliento, la realidad es que estaba muy descontento. Mi esposa me levantaba al ánimo a diario diciéndome: «Mira todos tus premios y reconocimientos. Tu vida ha sido más que plena. Con todo lo que has hecho tienes como doscientos años».

Sin embargo, sentía que la historia, los premios y las metas conseguidas ahora no me servían de nada. Lo importante era lo que haría mañana, pasado y de ahí en adelante.

La mente es incontrolable y un par de semanas después fui a Chile, me involucré de lleno en el trabajo de Teletón y en un nuevo proyecto con Canal 13 donde he trabajado desde mis inicios en 1962, y como por arte de magia los malos pensamientos se me esfumaron de la mente.

Lo que no sabía era que la tranquilidad no me duraría mucho. Estábamos en pleno proceso creativo cuando el 18 de octubre de 2019 irrumpió con toda su energía el llamado «estallido social» chileno y todos los proyectos quedaron postergados.

Regresé a Estados Unidos y comencé a planificar conferencias sobre diversos temas. Viajé invitado a un congreso del American Business Forum en Uruguay, di otras charlas en Chile y sentí que de una forma u otra podía mantener mi vocación de comunicador plenamente activo. Pero en marzo de 2020 apareció otra nube negra, y el covid-19 volvió a cambiarlo todo. Mi vida y mis sueños entraron en una estricta cuarentena.

A esta altura de la vida el encierro me genera mucha ansiedad y el estrés me golpea con más fuerza. Por primera vez entendí que estaba en la primera fila del gran teatro de la vida, aunque lo positivo era que no sabía por cuanto tiempo tendría que estar ahí sentado en mi butaca, esperando el final de la función. Comprendí que de aquí en adelante tendría que tener un solo objetivo: sacarle el máximo de provecho a cada minuto que le quede a mi existencia.

Siempre me preocupé de mi imagen pública, y ahora tenía que aprender a mirarme hacia adentro. Aunque un poco tarde, era también el momento de comenzar a pagar algunas deudas personales pendientes, sobre todo con mi familia. A esta edad, perder un año, si no se aprovecha bien, puede ser un gran porcentaje de lo que nos queda por vivir. Cumplir ochenta años pone de inmediato una etiqueta en la frente que dice que soy una «persona mayor».

Hoy siento que cada vez que propongo algo en una reunión mis interlocutores me miran como diciendo: «Pero hasta cuándo este viejo quiere seguir inventando en vez de irse a su casa a descansar». Entonces otra vez me miro en el espejo de mi pareja y me doy cuenta del paso del tiempo. Física y mentalmente vamos entendiendo los cambios que se producen. Entre otros, se pierde musculatura, velocidad mental y sobre todo seguridad.

He tenido tiempo para meditar y analizar con calma lo positivo y negativo de cada decisión que he tomado en mi vida. Después de muchas vueltas llegué a la conclusión de que ahora debo aplicar la misma receta que siempre me ha dado resultado: pasión, perseverancia y esfuerzo. Me he convencido de que ahora cada día tiene su afán, lo vivido es historia y hay que reinventarse todos los días para volver a comenzar, mantenerse siempre activo, vigente, participativo, y no excluirse y menos refugiarse en la excusa evidente de la edad, aunque por supuesto hay que buscar aquello que corresponde a nuestro calendario.

Muchos seguro pensarán: «¡Pero cómo! ¡Después de todo lo que ha dicho este señor cómo es eso de reinventarse y volver a comenzar si ahora lo que debiera hacer es pasarlo bien, divertirse, pasear, disfrutar de la familia!».

Mi respuesta es: «¿Existirá algo más reconfortante y divertido que emprender algo nuevo y volver a comenzar?».

Por eso aprovecho de anunciar que terminando este libro, aun en medio de esta implacable pandemia, iniciaré un «nuevo emprendimiento», para usar una expresión de moda, en el cual reuniré a un pequeño equipo, construiré un estudio virtual, y aprovecharé a los fieles seguidores que tengo en las redes sociales para comunicarme con ellos, compartir esta etapa de la vida, y soñar con que algún día me llamen de Netflix, Facebook, Amazon, Hulu, Instagram o TikTok para un nuevo proyecto.

También pienso aportar tecnología a otros que tengan intereses similares a los míos. Y para todo esto, como siempre, seré perseverante y como muchas veces he dicho, «buscaré la suerte hasta encontrarla».

Tal como me propuse desde los primeros días del encierro por la pandemia, he tratado de poner mucho empeño en mantenerme activo, pero al parecer tienen razón los que me acusan de pesimista, porque a pesar de todos mis proyectos y sueños, aún no veo luz al final del túnel y siento que cada día que pasa, la mente va dominando mi cuerpo y esto ya me está ocasionando algunos trastornos físicos evidentes.

Me cuesta explicar lo que me ocurre porque son sensaciones que experimento por primera vez. Estoy angustiado, nervioso y en un estado de ansiedad difícil de controlar. Solo me calma saber que soy un privilegiado, y que debiera estar agradecido cuando pienso en aquellas personas de mi rango de edad que no tienen las mismas facilidades de espacio, la compañía de un ser querido, las comodidades, medicinas, alimentación o el entretenimiento que puedo tener yo.

Les cuento, por ejemplo, que de manera virtual me tocaba hacerme un examen de rutina con mi diabetólogo. El doctor me pidió que antes de la consulta tomara mi nivel de glucemia en la sangre y midiera mi presión arterial, que extrañamente estaba muy alta. Repetí varias veces la prueba y cada vez aparecían números más altos en la pantalla del dispositivo. Afortunadamente, el médico me dice que todo estaba bien con mis niveles de azúcar, pero debido al resultado de las mediciones de la presión arterial me señaló que sería bueno consultar con el cardiólogo. Se mostró incluso sorprendido, porque a pesar de haber bajado diez kilos (22 lb), mi presión estaba en niveles de riesgo.

Cuando acudí virtualmente al cardiólogo, me explicó que a mi edad las arterias no tienen la flexibilidad de antes y los malos ratos y preocupaciones producen subidas de presión, lo que en Estados Unidos llaman tensión arterial. La conclusión de esta ronda médica es que tuve que duplicar los medicamentos y el control diario de la presión, y por sobre todas las cosas, el médico me pidió tranquilizarme y hacer actividades que me relajasen, un consejo que es difícil poner en práctica, porque insisto, estoy convencido de que mi mente se está esforzando en dominar a mi cuerpo.

Me demoré un par se semanas en estabilizar y regular la presión, y esta situación me agregó una preocupación adicional a las que a diario me impongo. Reconozco que el doctor tenía toda la razón, porque hay muchas cosas que me tensionan sin que pueda evitarlo.

Algunas de ellas, por ejemplo: el futuro de la Teletón chilena, la demora en la entrega de ayuda comprometida en la campaña *Vamos chilenos* de 2020 a través de la Fundación Conecta Mayor, el inminente cambio de casa en Miami después de veintiocho años, la situación política y el enfrentamiento social en Chile y en Estados Unidos, el inicio de un nuevo emprendimiento para seguir trabajando en plataformas digitales y en televisión, el traslado a una nueva oficina, la falta de claridad del futuro que me espera, etcétera. Todas estas incógnitas terminaron resumidas en dos palabras: presión alta.

Me doy cuenta de que voy por mal camino. Si fuera un automóvil, diría que mi distribuidor no está funcionando adecuadamente y cuando esto pasa lo que todos hacemos es ir al garaje. Decidí entonces, por primera vez en mi vida, entrar al único servicio técnico disponible para la mente del ser humano, y visitar virtualmente a un psiquiatra.

Como expresé en otros capítulos de este libro, para mí es fácil expresar sin filtro a los demás mis penas y alegrías, y exponer a otros mis más profundos sentimientos, por lo cual pensé que no me resultaría tan difícil hacerlo frente a un profesional. El psiquiatra que elegí habla mi idioma, conoce al revés y al derecho mi historia pública, porque también es chileno, y es un profesional de gran prestigio en el país.

Nos reunimos virtualmente y como el objetivo era ese, le conté con toda sinceridad todo lo que me inquietaba y sentía.

Me escuchó de manera atenta y su reacción me sorprendió, porque demostró una calma que solo he visto en los psiquiatras de las películas; sin gesticular, sin alzar la voz, casi como impávido ante mi angustiante relato. Hizo una pausa de unos pocos segundos y me dijo: «Sí, pero todos esos problemas que usted relata los tiene Don Francisco, porque Mario Kreutzberger es un hombre silencioso, callado, nervioso. A él le sube la presión, pero a su creación, Don Francisco, seguramente la presión nunca se le altera. El que me contrató a mí es Mario y es a él a quien tengo que encontrar y ayudar».

Luego de esta desconcertante afirmación, me hizo una pregunta: «¿Su señora lo conoce bien?» —Totalmente— le respondí con seguridad —ella sabe cuando estoy feliz, estoy triste, deprimido, abrumado. Me conoce demasiado.

Acto seguido, el psiquiatra lanzó otra frase que me descolocó: «¿Su señora conoce a Don Francisco?». «Mierda —me respondí a mí mismo—, nunca me había hecho esa pregunta». Me demoré unos segundos en responder, porque tuve que meterme profundamente en los archivos de mi mente. Por suerte llegué rápido a la conclusión de que mi señora no conoce para nada a Don Francisco. Pienso que lo admira en algunos aspectos, pero sin duda hay muchas otras cosas de él que no le gustan para nada. Creo que le encantaría que en algunas ocasiones Mario fuera como Don Francisco, pero en otras para nada.

En resumen, creo que Temy conoce externamente a Don Francisco, principalmente por televisión, y en su vida solo ha dormido con Mario y jamás con Don Francisco.

En medio de toda esta complicada problemática entre las dos personalidades que habitan en mi humanidad, los días se suceden muy similares unos a otros, hasta que llega el esperado 28 de diciembre de 2020. Con esta nueva información hay cosas para las que no tengo respuestas, y las anoté para preguntarlas en la próxima sesión con el psiquiatra: ¿Quién es el que tenía planeado grandes festejos en Santiago y Miami al cumplir los ochenta? ¿Era Mario? ¿Era Don Francisco? ¿Quién quería reunirse y celebrar con sus colegas de Chile y Estados Unidos? ¿Quién quería reunir a toda la familia en un viaje de celebración idílico?

Lo concreto es que todos estos sueños de Don Francisco, o de Mario, fueron cancelados por el coronavirus y fui sentenciado a celebrar mis ochenta años encerrado en mi casa con mi esposa Temy y con Edith y Jaime, la pareja de chilenos que nos ayuda con los quehaceres y con los que convivimos los mismos veintiocho años que llevamos en esta casa que dejaremos pronto.

El día de mi cumpleaños me desperté como siempre, caminé mis cinco kilómetros diarios, almorcé y comencé a contestar cientos de mensajes de amigos y conocidos que me saludaban. Fue una sensación agradable saber que muchos me recuerdan, en el día de los inocentes. Algunos programas populares de televisión también me llamaron y saludaron con afecto. Lo pasé bien durante el día y llegó la hora de la cena. Nos hemos acostumbrado al horario norteamericano y a las siete de la tarde ya estábamos los cuatro sentados a la mesa.

Paralelamente los hijos, nueras, yernos, nietos, maridos, pololas (novias) y varios etcéteras estaban presentes a través de la magia virtual del zoom y de pronto, sin anuncio previo, entraron al comedor dos parejas de nietos que venían con una torta sin azúcar con sus velitas encendidas y el número destacado que recordaba mi cumpleaños.

Nunca he sido bueno para las sorpresas, y más bien diría que me incomodan, porque son situaciones que no controlo. Pero prometo que esta vez me sorprendí y me sentí muy contento del momento que estaba viviendo. El problema es que no lo supe (o no lo pude) expresar, como muchas veces me ha pasado en los acontecimientos íntimos.

Mi nieta Yael y su marido Andrés, mi nieto Amir y su novia Jazmín estaban ahí, mirándome. Habían realizado un gran esfuerzo viajando desde Chile, se hicieron el examen de covid-19, estuvieron incluso un par de días en cuarentena para asegurarse de que podían compartir con nosotros sin riesgo. Mandaron a hacer una torta especial y cumplieron con varios trámites más para darme esta sorpresa.

Mi hija Vivi, madre de Yael y Amir, que estaba viendo el evento a través de internet, se ofendió profundamente por mi controlada reacción, y por supuesto mi esposa Temy hizo causa común con ella y ambas se declararon abiertamente enojadas conmigo. No supe qué hacer, si transformarme y gritar o cantar: ¡Me lo gané! ¡Me lo gané! Pero nada de eso pasó y confieso que me quede desorientado ante lo ocurrido.

Cuando volvió la calma, pregunté con algo de preocupación a mis nietos si se habían ofendido por mi extraña reacción. Mi nieta Yael tomó la palabra y me respondió con absoluta honestidad: «Nunca pensé que tu reacción iba a ser diferente».

Esa noche me costó dormir porque sentí que le había fallado a la ilusión de gran parte de la familia que me tenía preparada una sorpresa.

Por supuesto, en mi siguiente sesión con el psiquiatra este tema estaba en el primer lugar de la agenda. Le conté de mi escasa reacción ante el esfuerzo de mi familia por sorprenderme y tal vez emocionarme en la celebración. El psiquiatra me respondió con la misma calma desesperante de las sesiones anteriores: «Mario, lo que pasa es que ellos esperaban la reacción de Don Francisco, pero el que estaba sentado esa noche cenando en esa mesa era Mario, un personaje intrascendente y aburrido».

Todo indica que este viaje al interior de mi extraña identidad está recién comenzando y tendré que seguir analizándome en muchas sesiones para entenderme y conocerme mejor. Si al final del camino lo voy a lograr, no lo sé, porque siento que me va a faltar vida para encontrar todas las respuestas.

Digo esto porque en algún momento el psiquiatra me preguntó: «Bueno, cómo vamos». «Me parece —le respondí— que medio lento.» A lo que él replicó: «Lo lamento mucho, porque en esto que estamos haciendo entre psiquiatra y paciente la batuta la llevo yo». Hasta ahí llegó mi reclamo del ritmo de este complicado proceso de introspección al que de manera voluntaria me he sometido.

Es el momento en que debo ser paciente, literalmente, y en todos los sentidos, en especial porque a mi familia quien más le importa es Mario y tendré que hacer todos los esfuerzos a mi alcance para ser mejor esposo, papá, hermano, abuelo, cuñado, tío y toda la parentela que forma parte de esta familia que amo. Me falta mucho por mejorar y por trabajar, sobre todo en mi imagen interna, para poder algún día expresar abiertamente mis sentimientos y reales emociones.

Sé que será difícil y me tendré que adaptar en todo sentido, pero estoy muy contento frente a este nuevo desafío, porque después de analizar lo bueno y lo malo de estas ocho décadas en esta parte de la vida, aún quiero seguir levantándome con ganas de vivir.

Epílogo

A VIVIR HAY QUE APRENDER TODA LA VIDA

En estas ocho décadas sin duda he aprendido mucho, y también debo decir que parte de lo que un día aprendí, con el tiempo he tenido que modificarlo, adaptarlo y acomodarlo a nuevos tiempos y realidades. El aprendizaje por lo tanto no es un proceso estático sino muy dinámico, y no debe detenerse mientras tengamos conciencia de vivir. Aunque sea un juego de palabras, creo que el filósofo y político romano Séneca tenía toda la razón cuando decía: «A vivir hay que aprender toda la vida». Los conocimientos que vamos recogiendo por el camino son los que al final se transforman en nuestra experiencia acumulada, y con ellos vamos moldeando nuestro desarrollo personal.

En este libro he querido compartir lo vivido en estas dos décadas más recientes de mi existencia, y tal como prometí al comenzar, he tratado de ser lo más honesto posible con este ejercicio que me propuse al llegar a mis ochenta años de vida. Reconozco que en todo ejercicio de introspección cuesta reconocer nuestras fallas y errores, y cuando las encontramos, se hace muy difícil compartirlas con los demás. La mente borra o guarda en un archivo profundo del cerebro aquello que no conviene recordar, y también nos esconde el camino y la clave para acceder a ello.

Luego de leer y releer lo escrito, me doy cuenta de que falta algo muy importante si es que realmente quiero completar la promesa inicial de sincerarme. Y eso que falta es precisamente aquellos aspectos de la vida que no he logrado modificar, mejorar ni cambiar. Hay cosas que con dificultad pude recuperar, y al revisarlas me ha costado aceptar que en definitiva son las que no pude aprender.

Fui educado en una época machista, por padres machistas. Con mi hermano aprendimos desde pequeños que los hombres debían ser proveedores y las mujeres encargarse del hogar y la maternidad. Ha pasado bastante más de medio siglo desde esa época, y el mundo ha cambiado tanto en este aspecto que me arrepiento de no haber tenido mucho antes la visión y comprensión para modificar y rebelarme contra este dañina creencia y conducta.

Son muchas las cosas que he encontrado y que sin duda hice mal. Comienzo por señalar que nunca aprendí a expresar física o verbalmente mis sentimientos y afectos. Decir, por ejemplo, a mi esposa que la amo, a mis hijos y nietos que los quiero entrañablemente, abrazarlos, besarlos. Nunca lo hice ni supe cómo hacerlo, y hoy pienso en todas aquellas ocasiones en que pude hacerles falta. Claro, de inmediato encuentro una justificación fácil: ni mi mamá y menos mi papá eran de dar besos y abrazos, más bien eran fríos y poco demostrativos, aunque debo decir que fueron excelentes padres y se preocuparon desde el alma por cada detalle de nuestro crecimiento y desarrollo.

Pero esta explicación pierde toda validez para mí, porque si considero que aprendí tantas cosas a lo largo de la vida, ¿por qué no pude aprender esta? Simplemente debo reconocer que me faltó sensibilidad y capacidad para entender la importancia que esto podría tener para mi vida y la de mis seres queridos. Pensé más en mí que en los que me rodeaban.

Tampoco aprendí a ser ordenado y jamás pude abandonar la categoría de «persona distraída». He llegado a la conclusión que no nací con el gen del orden. No lo fui de niño, menos de adolescente, y tampoco de adulto. Desde siempre se me ha perdido todo y hoy, llegando a la octava curva de la vida, estoy mucho peor que ayer.

Como ejemplo de mi distracción patológica, les puedo contar que hace pocos días salí de la oficina para ir al baño con el teléfono, en la otra mano un capítulo del libro para revisar, un lápiz y las llaves. Cuando regresé, me di cuenta de que no tenía el teléfono y volví a buscarlo. Sentado luego en el escritorio, noté que también había dejado los apuntes del libro y fui de nuevo al baño para recogerlos. El problema es que, al volver, me di cuenta de que tampoco tenía el lápiz y las llaves, que por cierto se perdieron para siempre y en el caso de las llaves tuve que pedir que me hicieran copias nuevas.

Esta pequeña muestra es solo un ejemplo de cientos de situaciones similares que me han ocurrido en la vida, y mi familia y compañeros de trabajo lo tienen tan bien asumido que sin mayor cuestionamiento van recogiendo todo lo que voy dejando en restaurantes, aviones, taxis, oficinas y lugares inverosímiles.

Hay cosas que ya no voy a poder cambiar ni aprender y afortunadamente en la vida existe la ley de las compensaciones; me casé muy joven con Temy, que es ejemplo de orden y no tiene nada de distraída. Por el contrario, está siempre muy atenta y podría decir sin equivocarme que «no se le va una».

Aunque en este libro dediqué un capítulo completo al «peso de mi peso» y a mi lucha constante contra los kilos o libras de más, debo aceptar que jamás pude aprender a ser delgado, y aún en esta etapa de la vida sigo intentando bajar de peso sin mucho éxito. Pese a mis esfuerzos, a los cientos de especialistas que entrevisté, las innumerables dietas que intenté seguir, a los centros especializados en los que me interné, y a los problemas de salud que esto me ocasionó, mi mente no fue capaz o no quiso entender dónde estaba la clave para ese cambio físico profundo que siempre busqué. Acepto que, en este punto, aún no me doy por vencido, y aunque tarde, todavía quisiera aprender.

Y hay algo que tal vez afectó sobre todo a mi señora, y también a mis cercanos, y es que nunca aprendí a ser privado con mis sentimientos y puedo ser terriblemente explícito cuando quiero expresar lo que pienso, siento o quiero. No me guardo las tristezas, experiencias, frustraciones, dolores, euforias, angustias, y tampoco los enojos. Todos me han insistido hasta el cansancio que debo ser menos extrovertido en esto, y creo que algo he aprendido, pero la verdad sea dicha, no lo suficiente.

Quizás a muchos les resulte difícil de creer, pero mis amigos me llaman «tristón», y es porque si hay algo que tampoco pude aprender en la vida personal fuera de la pantalla, es a ser alegre y positivo.

Creo también que esta actitud que tengo en la vida privada es parte de mi permanente estado de inseguridad. Pese a que me gusta tomar riesgos calculados, siempre pienso que puedo fallar. Pero como también me gusta ser perseverante y porfiado, lo intento aun pensando que no voy a tener éxito, y lo peor es que si logro el éxito, pienso que fue algo fortuito y que mañana todo pudiera fallar y tengo que prepararme mentalmente para intentarlo de nuevo.

Algunos de los que me conocen piensan que esta actitud ha sido parte fundamental de los triunfos en mi carrera, porque me ha permitido superar dificultades y nunca pensar que las metas alcanzadas son suficientes para detenerme a celebrar. Incluso una de mis «frases para el cobre» que siempre digo a mis compañeros después de un gran éxito es: «El éxito, los aplausos y los conocidos se van al mismo tiempo».

Sin duda sería mejor si mi alimento y energía inclinara la balanza hacia lo positivo, pero como dice mi hija Vivi, a esta altura debo aceptar que «es lo que hay».

Es cierto que aprendí a rodearme de los mejores, para que pudieran aportarme con sus conocimientos y experiencias, y de esa manera hacer mejor mi trabajo. Escuché siempre los consejos, felicitaciones y la crítica de mis compañeros, cercanos y colaboradores con respeto y atención, pero lo que nunca pude aprender es a delegar la responsabilidad en ellos. Incluso en la intimidad de mi familia siempre quise tener la última palabra, lo cual hacía difícil la convivencia porque se daba en un ambiente poco democrático.

Siempre me reservé la decisión final en casi todo, haciendo que mi tiempo fuera menos eficiente porque pedía estar presente en todos los procesos creativos y de producción hasta concluirlos. Esta fue una constante en mi vida laboral, y hoy lo veo como uno de mis grandes defectos porque puso límites a mis capacidades, ya que puedo ser muy bueno generando ideas para mí, pero no para que otros las realicen.

No fui capaz de alcanzar la categoría de gran ejecutivo y líder porque para eso se necesita la capacidad de delegar funciones, y dejar de manera genuina algunas decisiones en manos de los demás. Por eso *Sábado Gigante* tuvo que cerrar su ciclo histórico de cincuenta y tres años, ya que siempre me preocupé de que fuera un traje hecho a mi medida, y no pude entender que, si quería darle continuidad, debía ajustarlo a la medida de «otro» o de «otros». Todo lo que se inventaba y generaba debía estar construido de acuerdo con mis habilidades y posibilidades. No pude aprender ni entender que para crear una transición y el programa pudiera seguir al aire, aun sin que yo estuviera, era necesario pensar de una manera diferente.

Siempre estuve convencido de que lo lógico era que si al programa le iba bien en rating, era reconocido como uno de los clásicos de la televisión en español y generaba ingresos a la compañía, había que encontrar la manera de que permaneciera en el aire sin mi conducción, quizás por otros cincuenta años. Claro, reconstruyéndolo, modernizándolo, adaptándolo a la medida de otros conductores, para que una historia que siempre consideré épica pudiera tener permanencia en el tiempo. Lo intenté, y lo intentamos, pero ya era tarde y no supe cómo revertirlo, por lo tanto, la historia de *Sábado Gigante* se fue conmigo.

No supe aprender de la televisión norteamericana que mantiene el nombre y parte del formato de los programas, cambiando a los conductores y dándoles el espacio para que cada uno desarrolle su propio estilo. El mejor ejemplo es *Tonight Show*, el programa nocturno de conversación de NBC, uno de los más longevos de la historia de la televisión norteamericana, que se estrenó en 1954 con Steve Allen y ha tenido más de once presentadores, entre ellos nombres tan reconocidos como Jack Paar, Johnny Carson, Jay Leno, Conan O'Brien y en la actualidad Jimmy Fallon.

Otra cosa que debo agregar a la lista de lo pendiente es cómo manejar la peor droga que consume a todos los que vivimos del aplauso y el reconocimiento: el ego. El problema más grave del ego es que vive en medio del éxito, pero siempre perseguido por la derrota. El mecanismo que traté de utilizar para defenderme de esta adicción incontrolable fue tratar de no creer mucho en el mareo que producen los triunfos, y más bien concentrarme en cómo defenderme de las derrotas. Hay dos frases que inventé para esos momentos en que el ego intentaba dominarme, y me las repetía como un mantra: no te olvides que «La soberbia del éxito dura hasta el próximo fracaso» y que «El éxito dura menos que el tiempo que toma en conseguirlo».

Y al final hay algo que tampoco pude aprender, aunque creí que estaba preparado: a jubilarme. Durante años pensé en esta etapa y estaba convencido de que tenía todo bajo control, pero no sabía nada de lo que iba a enfrentar. Por la declinación de mis capacidades, o por la razón que fuera, de pronto me quedé sin un programa en televisión, que es lo que mejor me resultó y más me gustó hacer en la vida. Sabía racionalmente que en algún momento se silenciarían los aplausos, se acabarían los reconocimientos, y por lo tanto iba a desaparecer la posición privilegiada que tenía ante los demás, pero «otra cosa es con guitarra».

Lo sé, y me lo repiten con frecuencia mis amigos y compañeros. Debía estar más que agradecido de los casi sesenta años que disfruté del afecto de tanta gente, y la lógica me indica que este momento que estoy viviendo ahora es parte de la vida de todos los seres humanos. Y aunque esto lo medito varias veces al día, mi alma me dice otra cosa y se niega a aceptarlo.

Por eso quiero seguir intentándolo. Volver a probarme, aunque todos me digan que no lo necesito, que ya me probé suficiente en la vida y es tiempo del descanso. Yo escucho, asiento con la cabeza, y sé que en el fondo tienen razón, pero también una voz interior me dice que ellos no me entienden. Yo sí me entiendo y debo seguir luchando por mis sueños y obsesiones.

Esto le debe pasar a todos: los futbolistas que ya no pueden jugar en primera división, los cantantes que se deben retirar porque han perdido la voz, los políticos que pierden una elección, el gerente general o presidente de una empresa que debe entregarle el cargo a un sucesor, o el médico cirujano que ya no puede operar por su edad. Todos ellos tal vez sienten lo mismo que yo, quizás lo transitan como un duelo, y en definitiva es una etapa que hay que vivir y aceptar como algo inevitable.

Tengo que ser sincero: hay cosas que no he podido superar. He perdido seguridad en mis capacidades, y por qué no decirlo, a veces me siento inútil, inservible. Ahora mis días son largos y aburridos, llenos de largas conversaciones conmigo mismo. Me pregunto y me respondo. Me recrimino y luego me felicito. Al final de mis reflexiones llego siempre a la misma conclusión: no hay nada peor que la jubilación.

Pienso que en este proceso de profunda introspección estoy considerando seriamente que para salir de este estado negativo debo reinventarme a pesar de que todos me digan lo contrario, buscarme un espacio y encontrar un desafío que pueda superar y que esté de acuerdo con mi edad y mis nuevas capacidades. Creo que siempre hay posibilidad de hacer un aporte. Para eso estoy ejercitando el alma, el cuerpo y la mente.

Es verdad que estamos de paso en esta tierra, y todo lo bueno y lo malo lo tenemos que vivir aquí. Nuestra existencia tiene fecha de expiración y lo mejor es que no la conocemos, y mientras no llegue el día y la hora, soy partidario, como dicen en mi país, de disfrutar y soñar «a concho» (al máximo).

Estoy seguro de que es mucho más lo que no he aprendido, pero al momento de escribir este capítulo del libro esos recuerdos no acudieron a mi mente. Sin embargo, creo que es un buen ejercicio e invito a todos a que lo realicen y busquen en su propia vida lo que no aprendieron. No solo se darán cuenta de lo difícil que es la tarea, sino que nunca es tarde para corregir rumbos.

Estamos en esta parte de la vida un número indeterminado de años, y después eternamente muertos, sin discutir ni trasgredir las creencias o la fe de cada uno. Algunos dicen que la otra vida pudiera ser mejor, pero mientras esperamos que alguien regrese de allá para probarlo, yo al menos prefiero vivir plenamente, mientras el cuerpo y la mente me lo permitan.

Mario Kreutzberger, conocido como Don Francisco, nació en Talca, Chile, el 28 de diciembre de 1940. Creador y presentador desde 1962 de *Sábado Gigante*, el programa de variedad de más larga duración en la historia de la televisión según consigna el Guinness World Records. *Sábado Gigante* cerró el ciclo de su exitosa historia el 19 de septiembre de 2015 en la Cadena Univisión en Estados Unidos. Durante su carrera, Kreutzberger ha recibido importantes premios y homenajes, entre ellos la Estrella en el Paseo de la Fama en Hollywood (2001), Medalla Papal Benemerenti otorgada por el Papa Juan Pablo II (2002), Premio Emmy (2005), y su nombre está inscrito en el Salón de la Fama de la Academia de Artes y Ciencias de la Televisión en Estados Unidos (2012). Desde 1978, en colaboración con gran parte de los comunicadores chilenos, y el esfuerzo mancomunado de todos los sectores de la sociedad, realiza el Teletón, una cruzada solidaria que ha construido catorce institutos de rehabilitación a lo largo del país, donde se atienden cada año más de 31 mil niños y jóvenes en situación de discapacidad. Por su importante labor social, la Organización de Naciones Unidas para la Infancia le confirió el título de Embajador de UNICEF y además desde el 2012 es vicepresidente de la Muscular Dystrophy Association en Estados Unidos.